现代服务管理系列丛书

服务性企业战略管理

黄其新 陈伟军 编 著

北京大学出版社

内 容 简 介

本书结合中国服务性企业发展的现实需求,通过案例研究与理论分析相结合的方法,阐述了服务性企业开展战略管理的内涵和途径。本书在观点表达和案例选材上均强调实践和可操作的原则,同时在体例编排上力求有所创新,强调通过核心概念、典型案例、背景知识、相关链接以及图片说明等形式帮助读者了解相关知识点。

本书既可作为专业教师和学生的教材用书,也可作为行业内工作人员的培训教材和业务参考书,还可作为对服务性企业战略管理感兴趣人士的学习读本。

图书在版编目(CIP)数据

服务性企业战略管理/黄其新,陈伟军编著.—北京:北京大学出版社,2011.12
(现代服务管理系列丛书)
ISBN 978-7-301-20043-8
Ⅰ.①服… Ⅱ.①黄…②陈… Ⅲ.①服务业—企业战略—战略管理—高等学校—教材 Ⅳ.①F719
中国版本图书馆 CIP 数据核字(2012)第 001581 号

书　　　名:	服务性企业战略管理
著作责任者:	黄其新　陈伟军　编著
总　策　划:	第六事业部
责任编辑:	陈颖颖
标准书号:	ISBN 978-7-301-20043-8/F・3023
出　版　者:	北京大学出版社
地　　　址:	北京市海淀区成府路 205 号　100871
网　　　址:	http://www.pup.cn　http://www.pup6.cn
电　　　话:	邮购部 62752015　发行部 62750672　编辑部 62750667　出版部 62754962
电子邮箱:	pup_6@163.com
印　刷　者:	世界知识印刷厂
发　行　者:	北京大学出版社
经　销　者:	新华书店
	787 毫米×1092 毫米　16 开本　11.75 印张　261 千字
	2011 年 12 月第 1 版　2011 年 12 月第 1 次印刷
定　　　价:	28.00 元

未经许可,不得以任何方式复制或抄袭本书之部分或全部内容。
版权所有　侵权必究　　举报电话:010-62752024
　　　　　　　　　　　电子邮箱:fd@pup.pku.edu.cn

《现代服务管理系列丛书》编委会

总 主 编：马　勇　湖北大学
编　　委：俞　华　商务部国际贸易经济合作研究院
　　　　　田　里　云南大学
　　　　　梁文慧　澳门科技大学
　　　　　魏　卫　华南理工大学
　　　　　熊元斌　武汉大学
　　　　　刘　纯　上海大学
　　　　　徐　虹　南开大学
　　　　　刘静艳　中山大学
　　　　　高　峻　上海师范大学
　　　　　李志飞　北京大学/湖北大学
　　　　　黄其新　江汉大学
　　　　　郑耀星　福建师范大学
　　　　　李　昕　大连大学
　　　　　周　明　湖北大学
　　　　　许传宏　上海工程技术大学
　　　　　于干千　云南财经大学
　　　　　董观志　暨南大学
　　　　　王　浩　广东药学院
　　　　　刘名俭　湖北大学
　　　　　周　娟　宁波大学
　　　　　谢　苏　武汉职业技术学院
　　　　　陈雪均　重庆交通大学
　　　　　周　霄　武汉工业学院

《现代服务管理系列丛书》总前言

第二次世界大战以后，西方发达国家相继进入后工业化发展阶段，现代服务业在国民经济中的地位日益重要。时至今日，现代服务业已经成为许多西方发达国家的核心产业。从 20 世纪 60 年代开始，一些西方学者开始把学术研究的眼光转向"服务"这一新的领域。1990 年，首届服务管理国际学术会议在法国召开，这次会议第一次明确提出了服务管理的学科概念。其后，经过来自市场营销、生产运营、人力资源管理等不同学科的学者的努力，服务管理作为一门新兴的管理分支学科的地位逐步得到确立。目前，对服务管理的研究逐步从发达国家向发展中国家拓展，服务管理的理论体系日渐成熟，这门新学科对世界经济发展所起的推动作用也越来越显著。

我国现代服务业发展的历史较短，总体水平还有待提高，相关的理论研究也落后于实践的发展，因此尚不能很好地满足我国国民经济发展和现代服务业管理人才培养的需要。当前，我国党和政府已将大力发展现代服务业作为国家发展战略，现代服务业管理人才培养和理论研究的紧迫性日益凸显。为此，在湖北大学中国服务管理研究中心主任马勇教授的精心策划下，由北京大学出版社牵头组织了一批长期从事服务管理理论和教学研究的著名专家教授和学科带头人共同编写了这套能够适应中国现代服务业发展需要的系列丛书。马勇教授是我国现代服务业管理学科的开拓者之一，教育部工商管理学科教学指导委员会委员，教育部授予的国家级精品课程和国家级教学团队获得者兼首席教授，博士生导师。

本套丛书的宗旨是，立足现代服务业发展和相关从业人员的现实需要，强调理论与实践的有机结合，从"服务管理基础理论"和"服务行业应用指导"两个层面切入进行编写，力求涵盖服务管理研究和应用的主要领域，希望以此推进中国服务管理理论发展和学科体系建设，并有助于提高我国现代服务业从业人员的专业素养。

在编写本套丛书的过程中，我们力求系统完整和准确地介绍服务管理方面的基本理论和专业知识，并体现资料全、观点新和体系完整的特色，尽可能地把当前国内外现代服务业发展的前沿理论和热点、焦点问题收纳进来。北京大学出版社还特别邀请了全国服务管理领域的知名专家和教授对丛书进行了严格的审定，借此机会对支持和参与本套丛书编写、审读工作的专家学者表示由衷的感谢！

本套丛书既可以作为高等院校相关专业的教材和参考书使用，也可以作为现代服务业相关行业部门和企业的培训教材使用。

欢迎全国高等院校相关专业的师生和现代服务业相关行业人士选用本套丛书，并请提出宝贵意见，以利于本套丛书的修订和完善。

丛书编委会

2009 年 9 月

前　言

　　人类社会在经历了以农业、矿业为主的农业经济社会和以大规模制造业为主的工业经济社会后，服务经济逐步成为一国国民经济和世界经济的核心。美国经济学家维克托·福克斯(Victor R. Fuchs)在1968年《服务经济》一书中指出："从农业经济向工业经济演进，最先开始于英国，随后在大多数西方国家重复着。这曾被看作是一种'革命'。就业从工业转移至服务业，这在美国以及所有发达经济体都是很明显的，但这种转移是在悄悄地进行着，并对社会以及经济分析具有'革命性'的涵义"。事实证明，相对于传统的大规模制造业而言，以人力资本为基本要素的服务业对自然资源的依赖度较低，具有更高的生态效率。按照维克托·福克斯的标准(即服务业就业人口占全国总就业人口的比重超过一半)，现今几乎所有发达国家都已成为服务经济体。在此情形下，服务性企业自然成为决定一国经济竞争力的重要力量。

　　改革开放以来，尤其是加入WTO以后，我国服务业有了较大发展，但总体状况与发达国家相比仍存在较大差距，这尤其表现在我国服务性企业的整体竞争力不强和管理水平较弱等方面。服务性企业是为消费者提供产品和服务的组织。按照战略管理学家安德鲁斯(K. Andrews)的说法，战略管理就是帮助企业"努力去做正确的事"。对于快速发展中的中国服务性企业而言，战略管理不仅是一个理论问题，而且是一个有意义的管理实践问题。很多情况下，战略管理决策正确与否，往往直接决定着一个服务性企业能否在激烈的市场竞争中胜出。因此，许多知名的服务性企业都把战略管理作为企业管理的核心工作。

　　本书结合中国服务性企业发展的现实需求，通过案例研究与理论分析相结合的方法，阐述了服务性企业开展战略管理的内涵和途径。本书主要内容包括：①对服务业和服务性企业战略管理的初步认识；②服务性企业的战略目标管理和战略环境分析；③服务性企业的扩张战略和竞争战略；④服务性企业战略的实施、控制与评价。本书在观点表达和案例选材上均强调实践和可操作的原则，同时在体例编排上力求有所创新，强调通过核心概念、典型案例、背景知识、相关链接，以及图片说明等形式帮助读者了解相关知识点。

　　本书由江汉大学商学院黄其新博士和武汉理工大学管理学院陈伟军博士共同编写。在编写过程中，本书参考了大量的文献信息，在此对有关作者和企业表示感谢。

　　由于编者学识有限，书中难免存在缺陷和错误，敬请广大专家学者批评指正，以便今后补充和完善；很高兴和大家一起分享关于服务性企业战略管理的看法和见解，我们的联系方式是emhqx@126.com。

黄其新
2011年11月于武汉

目　录

第1章　理解服务性企业 1

1.1　认识服务业 1
   1.1.1　一种与实体产品不同的商品形态 2
   1.1.2　服务业的发展 4
   1.1.3　快速发展的现代服务业 5

1.2　了解服务性企业 8
   1.2.1　服务性企业的一般分类 8
   1.2.2　服务性企业的运营特点 11

本章小结 14
本章思考题 15

第2章　服务性企业需要战略管理 16

2.1　日本 7-ELEVEN 为什么成功 16
   2.1.1　日本 7-ELEVEN 的起源与发展 16
   2.1.2　日本 7-ELEVEN 背后的战略玄机 17

2.2　战略是什么 19
   2.2.1　战略和战略管理 20
   2.2.2　企业战略的特点 20
   2.2.3　服务性企业战略管理的意义 21

2.3　围绕"服务"制定战略 23
   2.3.1　顾客需要是服务战略的出发点 23
   2.3.2　顾客满意是服务战略的落脚点 24
   2.3.3　战略管理过程 25
   2.3.4　服务战略体系 27

本章小结 28
本章思考题 29

第3章　服务性企业战略目标管理 30

3.1　什么是共同愿景 30
   3.1.1　共同愿景的重要性 30
   3.1.2　稻盛和夫的觉醒 31

3.2　服务性企业的愿景和使命 32
   3.2.1　服务性企业的愿景 32
   3.2.2　服务性企业的使命陈述 37
   3.2.3　使命和愿景的内部沟通与对外传播 39
   3.2.4　使命、愿景与战略的关系 42

3.3　服务性企业战略目标的设定 43
   3.3.1　战略目标的特征 43
   3.3.2　战略目标的内容 44
   3.3.3　战略目标设定的过程 47

3.4　服务承诺 50
   3.4.1　服务承诺的基本要素 50
   3.4.2　设计服务承诺的原则 52
   3.4.3　服务承诺的履行 55

本章小结 56
本章思考题 56

第4章　服务性企业的战略环境分析 57

4.1　服务性企业的宏观环境分析 57
   4.1.1　政治环境 58
   4.1.2　经济环境 58
   4.1.3　社会环境 59
   4.1.4　技术环境 59

4.2　服务性企业的行业环境分析 59
   4.2.1　服务行业竞争的总体特点 59
   4.2.2　针对行业环境的具体分析 61

4.3　服务性企业的内部环境分析 67
   4.3.1　经营资源 67
   4.3.2　战略能力 68
   4.3.3　竞争优势 68
   4.3.4　核心能力 69
   4.3.5　BCG 矩阵分析法 69

| 4.4 服务性企业的战略选择 70
| 4.4.1 SWOT 矩阵分析法 70
| 4.4.2 扩张战略 71
| 4.4.3 稳定战略 71
| 4.4.4 收缩战略 71
| 4.4.5 混合战略 72
| 本章小结 73
| 本章思考题 73

第5章 服务性企业的扩张战略 74

5.1 密集型战略 74
    5.1.1 市场渗透战略 74
    5.1.2 市场开发战略 75
    5.1.3 产品开发战略 76

5.2 一体化战略 77
    5.2.1 纵向一体化战略 77
    5.2.2 横向一体化战略 80

5.3 多元化战略 82
    5.3.1 多元化战略的分类 83
    5.3.2 多元化战略的动机 86
    5.3.3 多元化战略的时机选择 87

5.4 虚拟经营战略 88
    5.4.1 虚拟企业与虚拟经营 88
    5.4.2 虚拟经营实施的前提条件 88
    5.4.3 虚拟经营运作的形式 89
    5.4.4 虚拟经营的竞争优势 91
    5.4.5 虚拟经营的要旨 91

5.5 战略扩张方式的选择 95
    5.5.1 直营扩张 95
    5.5.2 特许经营 96
    5.5.3 自由连锁 97
    5.5.4 委托管理 98
    5.5.5 并购扩张 98
    5.5.6 战略联盟 100
本章小结 100
本章思考题 101

第6章 服务性企业的竞争战略 102

6.1 西南航空公司成功的重要秘诀 102
    6.1.1 西南航空公司的早期发展 102
    6.1.2 西南航空公司"斤斤计较"的低成本战略 103
    6.1.3 西南航空公司取得成功的要诀 104

6.2 赢在成本 105
    6.2.1 获取低成本优势的途径 105
    6.2.2 成本领先战略的风险 110

6.3 走差异化道路 111
    6.3.1 差异化战略的形成 111
    6.3.2 差异化的实现途径 112
    6.3.3 差异化战略的风险 113

6.4 集中化也是一种选择 115
    6.4.1 集中化战略的概念 115
    6.4.2 集中化战略的优势 116
    6.4.3 集中化战略的具体形式 117
    6.4.4 集中化战略的风险 117

6.5 服务质量领先是根本 119
    6.5.1 服务质量的概念 119
    6.5.2 获取服务质量优势的途径 120
    6.5.3 服务质量领先战略的风险 124
本章小结 125
本章思考题 125

第7章 服务性企业战略实施 126

7.1 郑州亚细亚为什么陨落 126
    7.1.1 郑州亚细亚集团的崛起与陨落 126
    7.1.2 亚细亚商场陨落之谜 127

7.2 服务性企业战略实施的影响因素 129
    7.2.1 战略实施与战略制定的关系 129
    7.2.2 战略实施的影响因素 129
    7.2.3 战略实施的关键要素 133

7.3 服务性企业战略实施与组织结构 134
    7.3.1 服务性企业的组织结构 134
    7.3.2 设计与战略相匹配的组织结构应注意的问题 140

7.3.3 服务性企业组织结构和
战略的匹配 141
7.4 服务性企业战略实施与企业文化 143
7.4.1 企业文化的内涵 143
7.4.2 企业文化与服务性企业
战略实施的关系 146
本章小结 148
本章思考题 148

第8章 服务性企业战略控制与评价 ... 149

8.1 战略转型：劳埃德银行成功的
关键 149
8.1.1 劳埃德银行的起源与困扰 149
8.1.2 战略转型：拯救劳埃德
银行的利器 150

8.1.3 战略控制：战略成败的
关键 151
8.2 服务性企业战略控制 151
8.2.1 战略失效与战略控制 151
8.2.2 战略控制的基本类型 154
8.2.3 战略控制的层次 158
8.2.4 战略预警反应系统 161
8.3 服务性企业战略评价 164
8.3.1 战略方案评价标准 165
8.3.2 战略绩效评价工具——
平衡计分卡 166
本章小结 171
本章思考题 172

参考文献 173

第 1 章 理解服务性企业

本章导读：

全球服务业呈现出快速增长的势头，使得各国的服务业产值在本国的整个经济活动中的比重持续上升，如今多数国家的服务业产值在整个国家的经济活动中逐渐占据了主导地位。本章首先服务产品的特点进行分析，然后对服务业发展的历史进行简要回顾，并对现代服务业兴起的背景和重要影响进行分析，最后对现代服务业的五种类型和运营特点进行研讨。

核心概念：

服务　服务性企业　服务产品

服务业对于经济增长的拉动作用已经得到广泛认同。在发达国家，服务业已经成为产出和就业的主要来源，在 GDP 和就业总量的占比分别高达 70%和 60%。在发展中国家，适度规模的服务行业，特别是运输、电信、物流和金融服务是保持经济增长的前提。不仅如此，服务业产品的碳耗用量总体来讲比制造业产品小，因而增加服务业对经济增长的贡献有助于应对气候变化的努力。

——亚洲开发银行(ADB)[①]

发展中国家的服务业占国民经济生产总值的比例基本上在 51%左右，发达国家接近 70%，而不发达国家的经济一直以来都依靠农业，服务业只占国民经济生产总值的 42%左右。所以，服务业对于国民经济的贡献率正在成为发展和经济繁荣的标志。

——联合国开发计划署《2000 年人类发展报告》

1.1 认识服务业

人类社会在经历了以农业、矿业为主的农业经济社会和以大规模制造业为主的工业经济社会后，服务经济逐步成为一国国民经济和世界经济的核心，无论从发达国家还是发展中国家的实践来看，经济的"软化"趋势越来越明显。服务业对国家竞争力有着重要的影

---

① 亚洲开发银行(ADB). 发展服务业，助力中国经济再调整[Z]. ADB 观察与建议，2009, (07).

响，作为国民经济的一个重要行业，服务业在整个社会经济中发挥着越来越重要的作用，如交通、邮政、电信、信息、仓储、金融等为国民经济生产的顺利进行提供了保障。随着各方面研究和实践的深入，人们对服务业和服务性企业的理解正在日益加深。

1.1.1 一种与实体产品不同的商品形态

服务是一种既普遍又非常复杂的社会现象，从农业经济到工业经济再到服务经济，是人类社会发展的历史现象。早在300多年前，英国经济学家威廉·配第(William Petty，1623—1687)就用产业结构的变化来说明世界经济的发展，他指出，各国人均收入不同的主要原因在于产业结构的差别，"比较起来，工业的收入多，而商业的收入又比工业多"。1940年，英国的科林·克拉克(Collin Clark)在《经济发展的条件》一书中把经济划分为三级产业，并指出：在低度开发的经济社会，农业是人们收入的主要来源，人均收入较少；经济向前发展，制造业比重提高，人均收入又增加；经济进一步发展，第三级产业迅速提高，劳动力先从第一级产业向第二级产业转移，进而向第三级产业转移(刘丽文、杨军，2005)。

美国经济学家V·富克斯(V. Fuchs)在1968年《服务经济》一书中指出，"从农业经济向工业经济演进，最先开始于英国，随后在大多数西方国家重复着。这曾被看作是一种'革命'。就业从工业转移至服务业，这在美国以及所有发达经济体都是很明显的，但这种转移是在悄悄地进行着，并对社会以及经济分析具有'革命性'的含义"。V·富克斯认为，美国是第二次世界大战结束以后第一个成为"服务经济"(Service Economy)的国家，"即第一个一半以上就业人口不从事食物、衣着、房屋、汽车或其他实物生产的国家"。如果按照V·富克斯的这一标准(即服务业就业人口占全国总就业人口的比重超过1/2)，那么，当今世界上几乎所有高度发达的国家都已经成为服务经济体(程大中，2008)。

服务是人类生活中的普遍现象，著名的服务营销学家克里斯廷·格罗鲁斯(Christian Gronroos)认为："服务是由一系列或多或少具有无形特征的活动所构成的一种过程，这种过程是在顾客与员工、有形资源的互动关系中进行的，这些有形的资源(有形产品或有形系统)是作为顾客问题的解决方案而提供给顾客的。"例如，当自己为别人倒茶、他人为自己开门时——自己和他人的这些行为就可以称为"服务"。在商品社会中，"服务"可以看做用来交换的、与有形商品一样的对等物。例如，汽车厂生产的是实物物件——汽车，汽车必须经过汽车4S店等销售渠道的服务工作才能最终到达消费者手里，因此，消费者掏钱购买的商品，已经不是单纯的汽车物件了，其中还包含了汽车销售及相关环节的服务工作。

从形态上看，服务产品是一种与有形产品(如房子、汽车、玩具等)完全不同的交换物。美国著名的营销学家菲利普·科特勒把服务产品定义为"一方提供给另一方的不可感知且不导致任何所有权转移的活动或利益"。美国市场营销学会(American Marketing Association，AMA)则把服务产品定义为"一种用于出售或是同实体产品连接在一起进行出售的活动、利益或满足感"。大多数服务产品在形态、生产方式等方面体现出和有形产品完全不同的商品特性，见表1-1。

表 1-1 服务产品与有形产品的区别

有形产品	服务产品
有形	无形
同质	异质
生产、传递与消费过程分离	生产、传递和消费过程同时发生
一种物体	一种活动或过程
核心价值在工厂中生产	核心价值在买与卖的交互过程中实现
通常顾客不参与生产过程	顾客参与生产过程
可以存储	无法存储
牵涉到所有权的转移	不牵涉到所有权的转移

资料来源：克里斯廷·格罗鲁斯.2005.服务管理与营销——基于顾客关系的管理策略.第2版.北京：电子工业出版社，P33.

归纳起来看，服务产品的商品特征主要体现在无形性、同时性、交互性和同步性四个方面，如图1.1所示。

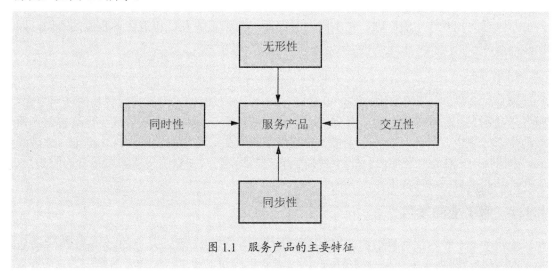

图 1.1 服务产品的主要特征

1. 无形性

无形性是服务产品的一个显著特征。通常情况下，服务不像那些有形产品，如汽车、冰箱、空调等，可以看得见、摸得着，服务很多时候是一种感受。例如，电话接线员提供的语音服务，企业售后服务人员提供的维修咨询服务等，这些常由服务人员通过一系列的动作、语言等来完成。当然，任何产品都有两重性，很多消费品和工业品是与附加的顾客服务一起出售的，如一个软件产品必须匹配相应的培训服务，餐饮服务企业不仅提供物质性的菜肴，而且也提供相应的服务过程。因此，"无形性"的意义在于提供了一个视角，将服务产品同有形的消费品或工业品区分开来。

2. 同时性

有形的工业品或消费品在从生产、流通到最终消费的过程中，往往要经过一系列的中间环节，生产和消费过程具有一定的时间间隔；而服务的生产过程与消费过程必须同时进行,即服务人员向顾客提供服务时,也正是顾客消费服务的时刻,二者在时间上不可分离。

3. 交互性

与制造企业的生产过程不同,服务产品的生产主体必须由服务人员和消费者共同承担,即服务产品必须依靠服务人员和顾客之间的交往互动来完成。例如,商场服务必须有服务人员和顾客共同参与、当场互动交流才能够完成,正因为如此,服务产品很难像有形产品那样实现标准化生产并保证取得完全一致的产品品质。例如,即使是一名优秀的银行工作人员,也很难做到为不同的顾客提供完全一致的服务过程,因为不同的顾客——老人、小孩、男人、女人等,他们参与服务过程的情况会各不相同——有的语言表达清晰,有的语言表达模糊,有的情绪急躁,有的漫不经心,等等。

所以,交互性特点决定了服务产品本身在质量上存在着相当的不稳定性,服务产品质量控制也存在着很大的难度,从而导致服务人员每次提供给顾客的效用、感知服务质量都可能不同。这主要由以下三个原因决定:①每名服务人员的工作技能、心理状态、努力程度不同,使得顾客对企业提供服务的感受会不同;②顾客的原因,由于知识水平、消费偏好等因素制约,每位顾客的服务需求水准及其对服务质量的评价能力会有所不同;③服务人员与顾客间相互作用的原因,在不同的时间段,由于服务人员和消费者心境的不同,即使同一服务人员向同一顾客提供的服务也可能会存在差异。

4. 同步性

粮食、汽车、空调等实物产品可以被储存和使用较长时间,因而具有较长的使用寿命;服务产品则无法储存,它是由一系列活动所构成的过程,并且顾客或多或少地会参与到服务的生产过程中,因此,服务至少在一定程度上具有生产与消费的同步性。例如,旅游观光、酒店住宿、观看文艺演出、外科手术等,这些活动都必须由消费者和服务者同时参与,生产活动和消费活动同步进行。

1.1.2 服务业的发展

服务业是一个广义而复杂的名词,从经济生产的形态上看,人类的经济生产活动包括两种类型,即物质生产和非物质生产,以农业生产和工业生产为代表的第一、二产业属于前者,而以运输业、金融业、商业等为代表的第三产业则属于后者。

服务业发展的历史非常悠久。公元前4000年,在两河流域就有了为商旅服务的住宿业,苏美尔人就已经开始使用钱或者通过以物易物的交换方式来支付交通和住宿费用,苏美尔人也是世界上第一个运用金钱进行商业贸易的民族。在中国的西周时期,全长3000多千米的驿道沿路设置"庐、宿、市"等住宿、膳食供应设施,号称"一市二宿三庐"。《周礼》一书中记载:"凡国野之道,十里有庐,庐有饮食;三十里有宿,宿有路室,路室有委;五十里有市,市有侯馆,侯馆有积"。

这些文字记载说明,早在西周时期,国家道路沿途就设有集市、客店等服务设施,并且这些服务设施中都备有住所、饮食、粮食和马匹,以供那些往来的旅客们使用(郑向敏,2000)。

不仅是交通和住宿服务业,随着社会生产力的发展,古代社会也出现了很多新的服务业形态。《长安志》记载唐代的长安东市"市内货财二百二十行,四面立邸,四方珍奇皆所积累",说明当时以商业为代表的各类服务业十分繁盛。

随着商品经济的逐渐发展,金融服务业也逐步发展起来。为了适应大宗货物的长途贩运,在中国的唐朝时期,市场上出现了"飞钱"(异地汇兑)这种创新的金融服务方式;此后,宋朝时期又出现了名为"交子"的纸币和各类有价证券(如茶引、盐钞等);明清时期,出现了商号会票、钱庄银票等更多的金融服务方式(陈明光,2007)。这些便捷安全的金融服务方式的出现与推广应用,对于当时社会经济的发展无疑起到了很大的推动作用。

工业革命以后,随着生产力的提高和城市化的发展,服务于生产者和消费者的各类服务业在欧美地区迅速发展起来。例如,火车、轮船的发明,促进了近代运输服务业的发展;电报、电话的发明,促进了近代电信服务业的发展,同时,金融服务业、旅游服务业、会展服务业、休闲服务业等都得到了快速发展。在经济全球化和信息化的推动下,自20世纪70年代开始,全球产业结构呈现出由"工业型经济"向"服务型经济"的重大转变,以美国为例,1970—1986年,美国现代服务业的产值与就业分别增长了173.3%和200.8%,远远高于同期国民经济的整体增长速度。

如今,许多有识之士都深刻地意识到服务业将决定国家竞争力。以策略管理闻名的麦肯锡管理顾问公司(Mckinsey & Company, Inc.)在其报告中曾指出:当今的世界经济中,创造财富的根本动力既不是制造,也不是贸易,而是服务业不断提升的生产力,我们应该从过度重视制造业转向同时注重制造业与服务业。因此,可以明确地说,服务业已经成为决定国家竞争优势的重要影响因素。

1.1.3 快速发展的现代服务业

"现代服务业"的概念是相对于"传统服务业"而言的。所谓"传统服务业",是指用传统的服务方式为人们的日常生活提供各种服务的行业,如传统饮食业、传统旅店业、传统小商业等,这些传统服务业的发展历史大都十分悠久,并且在经营方式上基本上采用传统的经营方法。如图1.2所示,传统的街边小吃店就是传统服务性企业。

图1.2 传统的街边小吃店

现代服务业是依托现代信息技术和现代经营管理技术发展起来的,其典型特点主要体现在两个方面。

1. 主要依托于信息技术

这又具体包括两种类型的企业：一类是直接因信息化及其他科学技术的发展而产生的新兴服务业形态，如计算机和软件服务、移动通信服务、信息咨询服务、健康产业、会议展览、国际商务、现代物流业等；另一类是通过应用信息技术，从传统服务业改造和衍生而来的服务业形态，如银行、证券、信托、保险、租赁等现代金融业，建筑、装饰、物业等房地产业，会计、审计、评估、法律服务等中介服务业等，它们通过其各种服务功能，有机连接社会生产、分配和消费诸环节，加快人流、物流、信息流和资金流的运转。

2. 普遍运用现代企业管理理念和方法

自1769年世界上第一家现代企业诞生以来，现代企业经历了200多年的发展历史，企业管理理论和实践也发生了巨大的变化。与传统企业相比，现代企业在生产经营管理方面表现出明显的差异，这突出表现在：

(1) 在管理思维方式上，传统企业基本上是直观的线性思维和单维的平面式管理模式，而现代企业则是针对多个管理因素实施多维的立体式协调处理。

(2) 在管理对象上，传统企业注重对物的分配和调度，而现代企业则注重企业资源的全面整合管理，强调建立起全员参加、全过程展开的立体化管理。

(3) 现代企业普遍把信息技术融合到企业管理过程中，各类基于信息技术的决策支持系统成为辅助企业管理的必要手段，这大大提高了企业管理的实效性。

依托于现代信息技术和现代企业管理方法，许多新兴服务企业不断涌现，同时许多传统行业中的企业也不断实现现代化转型。以传统的餐饮服务行业为例，世界快餐业巨头麦当劳(McDonald's)和肯德基(KFC)、咖啡饮品业的巨头星巴克(Starbucks)等服务性企业，就是通过普遍运用现代信息技术和企业管理方法而实现了企业服务能力的现代化，这些企业依托现代信息技术和现代管理方法，在员工工作绩效、企业物流配送、产品制作程序化控制等方面不断革新，从而在传统的饮食行业建立起现代化的跨国企业集团，现代化的餐饮服务企业——麦当劳，如图1.3所示。

图1.3 现代化的餐饮服务企业——麦当劳

总之,发达的现代服务业已然成为当今社会发展的重要组成部分,并成为推动当今世界科技进步和社会发展的重要助推器。总体来看,全球服务业发展呈现出以下特点(姜增伟,2008)。

(1) 世界经济全面向"服务经济"转型。进入 21 世纪以来,发达国家已完全确立了服务经济的产业结构,见表 1-2。在经济合作与发展组织(Organization for Economic Co-operation and Development,OECD)的 30 多个成员国中,服务业增加值占国内生产总值(Gross Domestic Product,GDP)的比重均达到了 70%以上,服务业吸纳的就业人口占到了总就业人数的 69%,而在发展中国家,服务业增加值占 GDP 的比重也超过了 50%,服务业已经成为推动世界各国经济发展的主要动力。

表 1-2 GDP 中三次产业构成的国际比较

国家和地区	GDP 中三次产业构成/%		
	第一产业	第二产业	第三产业
世界	3.9	29.8	66.3
发达国家	1.9	28.6	69.5
发展中国家	11.4	33.4	55.2
中国	15.4	51.1	33.4

资料来源:中国国家统计局,2004.

(2) 以信息技术为主的新技术革命浪潮成为服务业成长的主导因素。20 世纪 90 年代以后,以信息和通信产业为代表的知识型产业成为发达国家的主要经济增长点,OECD 在《以知识为基础的经济》(1996)报告中指出,以知识为基础的经济已经占其主要成员国 GDP 的 50%以上(刘丽文、杨军,2005)。在信息技术和知识经济的推动下,许多传统服务业由于采用了先进技术手段而重新焕发了生机,一批基于新技术、新管理方式、新经营模式而形成的新兴服务业崭露头角,并发挥日益重要的作用。

(3) 生产性服务业已经全面渗透到制造业的流程中。20 世纪 70 年代以来,生产性服务业作为服务业中最具活力的部门,发展速度超过了制造业,增加值和就业比重呈现逐年上升趋势。生产性服务业的发展,不仅改善了服务业自身结构,而且提升了其他产业的竞争力。

(4) 全球服务贸易迅猛发展。现代科技的发展大大提高了服务业的可贸易性。服务贸易作为服务业的高级表现形态,规模日益庞大,成为大国竞争的焦点。据世界贸易组织(World Trade Organization,WTO)统计,2000—2010 年,世界服务进出口额从 2.87 万亿美元增加到 7.17 万亿美元,增长了 1.5 倍。服务贸易结构也不断优化,新兴服务贸易部门增长强劲,服务外包快速发展。以上这些现象,不仅从根本上改变了世界服务业的发展模式,而且正日益深刻地改变着世界各国经济、产业、技术的发展模式。

1.2 了解服务性企业

作为一个新兴的战略性行业,现代服务业的发展越来越受到世人的瞩目。现代服务性企业在创造越来越多的产值的同时,其对经济和社会发展的影响也越来越广泛。要探讨现代服务性企业的发展状况,首先就要对现代服务性企业的一般分类和运营特点有所了解。

1.2.1 服务性企业的一般分类

国际上常见的服务业分类方法很多,主要有辛格曼分类法、联合国统计署的国际标准产业分类(International Standard Industrial Classification,ISIC)、北美产业分类体系(North American Industry Classification System,NAICS)、《服务贸易总协定》(General Agreement on Trade in Service,GATS)等关于国际服务贸易分类的方法,而中国目前对服务业分类主要依据 GB/T 4754—2002《国民经济行业分类》的标准进行。

综合这些分类方法,在实际经济交往活动中,人们通常把现代服务性企业划分为生产服务企业、生活服务企业、流通服务企业、知识服务企业和社会综合服务企业五种类型(叶万春,2001)。

1. 生产服务企业

生产服务企业是指那些从事与企业生产经营活动有关的服务性企业。现在,越来越多的企业倾向于实行扁平化的经营管理策略,这些企业越来越倾向于把一些与本企业核心能力关联度较小的工作对外承包给相关的服务企业。例如,一家房地产公司开发某个商业地产项目,在这个经营过程中,它可能会把项目规划工作外包给一家规划公司,把建筑设计内容外包给一家建筑设计公司,把房屋建造外包给一家建筑公司,把房屋销售外包给一家地产销售公司,等等,围绕这家房地产公司的各个经营活动环节,会形成一个生产服务网络,如图1.4所示。

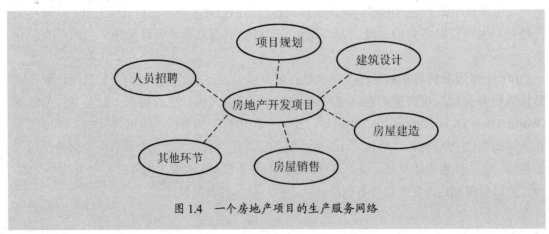

图1.4 一个房地产项目的生产服务网络

总体来看，生产服务企业的活动内容主要包括：

(1) 与企业经营管理相关的服务活动。许多生产服务性企业会参与企业生产组织、工时运筹、劳动力聘用调整，生产计划编制和进度控制，以及财务报表的编制等经营管理活动。国内外许多知名的管理顾问公司、财务管理公司等大都会承担这方面的服务工作。

(2) 与企业生产相关的维护服务活动。许多生产服务企业会参与制造企业的厂房、车间、机器等的维护、修缮工作，以及制造企业的生产作业线的装备、零部件的转换、机器的保养等服务工作。

生产服务的重要性在于它对劳动生产率和经济增长效率的影响。在现代经济中，科学技术在生产过程中的实际应用大都通过生产服务的投入来实现，因此，生产服务业被认为是最具有经济增长动力的服务业类型。

20世纪90年代以后，许多知名的制造企业通过大规模的进入或兼并生产性服务企业来整合原有的业务，并取得了新的发展优势，一些跨国公司由制造企业向服务转型的步伐不断加快。据统计，全球500强企业中，有56%的企业从事生产服务业。例如，美国通用电气公司(GE)通过进入金融业为其客户提供贷款来刺激其产品的销售；惠普公司(HP)通过兼并服务性企业来为客户提供从硬件到软件、从销售到咨询的全套服务。这些现象说明生产性服务业与制造业之间日益紧密的关系，并且发达的生产性服务业可以为制造业提供更大的发展空间。

相关链接

生产性服务业的吸引力[①]

  Mercer Management 公司对200家德国机械设备制造商进行的一项调查表明，这些公司2.3%的利润来源于机器销售，而10%的利润来源于服务。

  与服务业务相关的高边际收益也吸引了戴尔公司，这家著名的电脑硬件销售公司是低成本的领导者，它也正试图涉足这个领域。分析家认为，戴尔公司的安装服务、与基础设施相关的咨询服务(如Windows移植、SQL或备份)以及鉴定服务，将能带来30%的边际利润，而它先前核心业务的边际收益只有6.4%。

2. 生活服务企业

生活服务企业是指那些直接从事满足人们生活需要活动的服务性企业。这些企业从事的服务活动一般包括：

(1) 加工性服务。这类服务活动具有提供一定物质载体的特点，如饮食服务、缝纫服务、家用器具维修服务等。

(2) 活动性服务。这类服务活动具有不提供物质产品，而只提供活动形式的特点，如旅店服务、理发服务、洗浴服务等。

(3) 文化性服务。这类服务活动指戏剧演出、电视服务、电影服务等文化娱乐活动及旅游活动中的服务等。

---

① 孔翰宁, 张维迎, 奥赫贝. 2010商业模式: 企业竞争优势的创新驱动力[M]. 北京: 机械工业出版社, 2008.84.

生活服务业覆盖了居民生活的各个方面，主要反映在居民个人和家庭的消费支出上。由于与居民的生活密切相关，因此，生活服务业是否发达就直接与居民的生活品质相关联，并且，也是一个国家福利事业是否发达的直接反映。

3. 流通服务企业

"流通服务"的概念与经济学家布朗宁(Browning)和辛格曼(Singelmann)在1975年提出的"分配服务"概念有些类似，但外延更加扩大。布朗宁和辛格曼认为在服务业中存在着一种连带性或追加性的服务，这类服务的提供和需求都是由对商品的直接需求而派生出来的，如商品的仓储、搬运、分配等就是商品生产过程的延伸。基于这种认识，可以认为，所谓流通服务企业，是指那些从事以商品和资金的分配为主要服务内容的企业。这些企业具体包括：

(1) 生产过程的延伸服务，如商品的仓储、搬运、包装等服务活动。
(2) 交换性服务，如商品的贸易、结算等服务活动。
(3) 以资金分配为内容的服务，如那些从事银行、保险、证券和期货等金融服务活动的企业。

4. 知识服务企业

知识服务业是当今社会最具增长潜力的现代服务业形式，主要指那些以专业知识和技能为基础向社会提供服务的企业。知识服务企业从事的活动内容主要包括：

(1) 专业性知识服务，如专业技术咨询、专业教育培训、专业信息处理等服务活动。
(2) 发展性知识服务，如新闻出版、报刊杂志、广播电视、科学研究等服务活动。

相关链接

谷歌翻译服务新增 9 种语言[①]

2009年9月1日，谷歌产品经理杰夫·秦(Jeff Chin)在该公司官方博客中表示，谷歌在线翻译服务(Google Translate)当天已增加了对9种语言的支持，使该服务所支持的语种总量已达到51种，并已支持欧盟成员国的所有23种官方语言。

谷歌在2009年年初表示，其在线机器翻译服务对象已覆盖全球98%网民。据悉，谷歌机器翻译工具会参考大量目标语言的文字材料，从而使译文水平尽量向人工翻译质量靠近。

谷歌曾于2009年8月宣布，已为谷歌Docs在线办公套件服务增加了文档自动翻译功能，所支持语言达42种。谷歌Docs用户可在"工具"菜单中找到"文档翻译"的选项。点击该选项，则可看到可进行转换翻译的42个语种，然后再选择文档翻译的目标语种，即可实现文档翻译目的。

在此之前，谷歌还在其他数项互联网服务中增加了文档自动翻译功能，如Gmail电子邮件、博客阅读器等。杰夫·秦特别指出，机器翻译只能翻出

---

① http://tech.QQ.com，2009-09-01。

原文大意。假如译文对正确性和流畅性要求较高，则仍需要专业人员进行人工翻译。

5. 社会综合服务企业

社会综合服务企业指那些从事社会基础事业服务活动的企业。这些企业的活动内容主要包括：

(1) 社会公益服务，如公共安全服务、公共医疗保健服务、公共教育服务、环境保护服务、抗灾服务、消防服务等。

(2) 交通服务，如邮政和电信服务、城市公共交通服务，以及公路、铁路、航空运输及其他交通辅助服务等。

(3) 市政基础服务，如城镇供电、供水、供气、供暖和园林绿化等服务活动。

社会综合服务企业为社会的正常运行提供基本的服务保证。一般而言，社会综合服务业存在着政府和私人两种供给形式。政府提供的社会综合服务通常集中在社会公益业、城市基础服务业和公共交通服务业，而政府提供的这些服务往往是免费的或对一般公众收取较低的服务费用。

1.2.2 服务性企业的运营特点

典型案例

什么是沃尔玛？[①]

有人说，沃尔玛的成功完全来自它挖空心思、绞尽脑汁地省钱，这种说法既对也不对。说它对，是因为沃尔玛的经营宗旨，确实是用便宜来吸引顾客；说它不对，是因为很多时候，沃尔玛并非只意味着省钱。下面是沃尔玛的部分服务条款：

(1) 三米微笑。沃尔玛规定，员工要对三米以内的顾客微笑，这既是出于服务的目的，也能起到防损的作用。针对中国人不习惯微笑的情况，有的门店曾喊出"每天向至少一位顾客微笑"的口号。

(2) 日落原则。在太阳下山也就是下班之前把当天的问题解决，不要拖到第二天。在沃尔玛公司内部，有一条不成文的规定，即"为顾客服务"可以成为沃尔玛员工迟到的唯一理由。

(3) 200%满意。如果鲜食部门的自制食品出现任何质量问题，沃尔玛都保证退货并另外免费赠送一份。

(4) 收银七步曲。收银时要符合七个要求，包括说"您好、谢谢"等。如果某个收银台没有顾客，而收银员发现附近其他收银台有顾客在排队，这时，收银员就应当主动招呼那些顾客到自己这边来结账。

(5) 委屈奖。面对顾客，员工需要打不还手、骂不还口，否则可能立刻

---

① 梁东，刘建堤. 市场营销学[M]，北京：清华大学出版社，2006. 400-401.

服务性企业战略管理

被辞退或者受到处分。前台特意设立了"委屈奖",奖励那些能够"担当"的员工;还开展了"优秀收银员"的评比,谁接到的表扬信多谁就将受此殊荣。

当下,现代服务业已成为社会各个层面共同关注的热点话题,一大批新型的现代服务性企业也如雨后春笋般出现,如会展企业、物流企业、信息咨询服务企业、电子商务企业、创意广告企业、文化传播企业、娱乐休闲企业、公共关系服务企业等,表现出经济发展的活跃性。克里斯托弗·洛夫洛克(Christopher Lovelock)和约亨·沃茨(Jochen Wirtz)认为服务性企业的运营具有如下特点。

1. 无形要素主导价值创造

对于顾客而言,虽然服务常常包括一些有形要素,如酒店里的客床、餐馆里的餐具和食品等,但企业提供价值的核心部分——服务行为本身却是无形的。由于服务行为本身的这种特点,很多人把服务工作比喻成一种在工作舞台上的"表演"活动,整个服务传递过程近似于一个剧本的上演,而服务人员就是演员,传递系统就是舞台,顾客就是观众,这些要素结合起来,共同为顾客创造服务价值。

相关链接

酒店服务的无形性[①]

里兹·卡尔顿酒店集团的创始人里兹常说:人们喜欢有人服务,但是要不露痕迹。他把里兹·卡尔顿酒店的服务方法归纳为四点:看在眼里而不形于色,听在心中而不流于言表,服务周到而不卑躬屈膝,尊重客意而不自作主张。

好的服务应该是无形的服务,即客人接受了服务却感觉不出有额外的打扰。但是,现在不少酒店在这方面还存在着一定的差距。记得国内一位旅游专家就曾以自己的亲身经历指出过这种差距。有一次他在国内参加一个课题研讨会,住的是当地一家知名度较高的高档商务酒店,由于上午要在房间写稿子,所以他在门上挂了"请勿打扰"的牌子,可是到了九点钟,服务员还是坚持敲门询问是否需要整理房间,结果搞得很不愉快。

同样是高档酒店,有些国外酒店的做法却不是这样,即当客人在房间的时候,一般都没有服务员来敲门,而等到客人上街转一小圈或是吃饭回来,就会发现房间已被精心打扫过了。如果是晚上,则可能已做好了夜床,枕头上摆放了一枝鲜花和一块巧克力,他们的服务是不张扬的、细腻的。因为他们有一种理念:服务员经常在客人眼前出现是一种打扰。

确实,在客房服务中,要使服务更贴近客人的生活,就要给客人提供一个既舒适又极其私人的空间。笔者记得去泰国考察时,发现泰国一些好一点的酒店都有一种跟踪服务,即客人入住后,楼层服务员会在客房门口底下立

---
① 余昌国. 酒店服务的无形性[N]. 中国旅游报,2010-08-19.

上一根火柴棍大小、与房门颜色接近的小木棍。巡查的服务员以小木棍立着还是倒了来判断客人是否在客房里,当小木棍立着的时候,服务员一般不去敲门整理客房,而只有当小木棍倒了,客人不在房间里,服务员才会进入客房整理房间。这种灵活的服务方式相对于国内有的酒店规定客房服务时间的做法,无疑会让客人更加满意。

无形的服务还体现在对客人隐性需求的把握上。有一次,笔者到某地出差做培训,在一家酒店住了一个星期,却与客房服务员展开了一个星期的浴巾"拉锯战"。原因是笔者觉得酒店的枕头不合适,发现两个枕头显得高了些,一个枕头又觉得矮了点。于是在睡觉时就将卫生间里的浴巾拿过来对折两次,放在一个枕头下面,高度正合适。结果,第二天客房服务员整理房间时,把我放在枕头下的浴巾拿回了卫生间。第二天晚上睡觉时,笔者又把浴巾从卫生间拿回床上,服务员第三天整理房间时又把浴巾拿回了卫生间。服务过程就这样延续了一个星期。其实,这时候客人的需求已经明显告知了酒店,但是服务员却还是机械地执行酒店的服务程序,却没有顾及客人的个性需求。当然,如果笔者明确对服务员说不用把浴巾拿回卫生间了,结果肯定是另外一种情形。可问题是客人的需求,并不都需要客人用语言明确表达出来,无形的服务需要"尊重客意而不自作主张"。

2. 顾客可能参与服务生产过程

许多服务产品的生产往往需要顾客参与其中。例如,医生给病人诊断治疗,律师向顾客提供法律咨询,顾客在银行的柜台上取款等,都是顾客与企业服务人员互动的过程。在这些服务过程中,服务人员的态度和技能水平不仅是决定服务质量的重要因素,而且,顾客的情绪和认知水平等因素也会决定服务的质量和效率。

在顾客参与服务的情况下,服务企业可以把顾客看成是半个员工,可以通过训练顾客以使他们掌握更多的技能,从而提高生产率,获得更多的收益。例如,在珠宝首饰销售店里,服务人员会教授顾客识别货品成色的方法,从而提高顾客的认知水平,进而提高双方的交易效率,如图1.5所示。

图1.5 珠宝销售服务中的顾客参与

3. 服务人员经常作为产品的一部分

两个服务企业之间的差异通常在于为顾客服务的员工的素质不同，对于与顾客接触度较高的服务企业(如餐饮服务业、美容服务业、酒店服务业等)而言，服务人员对于服务质量的影响更为明显，因此，服务人员的态度和服务技能就会对服务企业的经营效益产生很大的影响。所以，服务企业对其员工的服务管理十分重要，除了精心挑选员工外，还必须拿出切实可行的措施来激励那些直接服务顾客的员工。

4. 运营投入与产出的可变性

人的因素(如服务员和顾客)对于服务质量的影响很大。在服务运营过程中，一些与顾客接触程度高的行业(如百货服务业、医疗服务业、酒店服务业等)很难对其服务的投入产出过程进行标准化管理，因此，这些企业对于服务质量的控制也比较困难。例如，服务员和顾客在服务接触过程中的情绪变化就可能对服务质量产生影响，从而影响到服务企业的投入产出效益。随着科技水平的进步，许多服务企业用机器代替服务人员开展服务生产，如银行企业使用自动存取款机、地铁企业使用自动检票系统等，这样做的结果是不仅减少了服务企业的人工成本支出，而且也降低了因人工服务而导致的质量风险。

5. 顾客对服务的评价较困难

顾客对服务的评价较困难的原因是大多数服务产品都具有相当高的"体验特性"(Experience Properties)。所谓体验特性，是指那些只有在购买或消费之后，消费者才能够感知到其产品特性的商品。例如，餐饮店的服务质量，只有在顾客吃过店里的饭菜以后才会知道；美容店里的美容品和按摩质量，顾客只有在亲自体验后才能够知晓和做出评价。

另外，一些服务产品还存在"信任特性"(Credence Properties)，这种特性适合那些即使在消费之后，顾客也很难做出准确评价的商品，这些商品一般存在于那些专业性很强的服务性行业中。例如，外科手术、会计服务、应用软件开发等，由于这类服务产品的专业性很强，顾客如果缺乏相应的专业知识，就很难对服务产品质量做出准确的判断，因此，在购买这些产品时，顾客往往依赖市场已有的信任性评价因素(如服务企业的声誉、品牌等)来做出选择。

本 章 小 结

服务是人类生活中的普遍现象，大多数服务产品在形态、生产方式等方面体现出和有形产品完全不同的商品特性，如服务产品具有无形性、同时性、交互性和同步性等典型特征。

服务业发展的历史非常悠久。工业革命以后，随着生产力的提高和城市化的发展，服务于生产者和消费者的各类服务业在欧美迅速发展起来，20世纪70年代开始，全球产业结构呈现出由"工业型经济"向"服务型经济"的重大转变，现代服务业依托现代信息技术和现代经营管理技术迅速发展起来。

人们通常把现代服务性企业划分为生产服务企业、生活服务企业、流通服务企业、知识服务企业和社会综合服务企业五种类型。服务性企业的运营特点主要体现在：①无形要素主导价值创造；②顾客可能参与生产过程；③人员经常作为产品的一部分；④运营投入与产出的可变性；⑤顾客对服务的评价较困难。

本章思考题

1. 服务产品与有形产品的区别表现在哪些方面？
2. 如何理解服务产品的商品特性？
3. 现代信息技术和企业经营管理技术如何影响现代服务业的发展？
4. 观察身边的服务性企业，观察它们的经营特点，并尝试对它们进行分类。
5. 如何理解服务性企业的运营特点？

第2章 服务性企业需要战略管理

本章导读: 战略的本质是解决企业发展的方向。如果把服务性企业比喻成一个人,那么战略就是这个人的灵魂。本章以日本 7-ELEVEN 连锁便利店的成功案例入手,分析了战略对于服务性企业发展的重要作用,以及服务性企业进行战略管理的基本原则。

核心概念: 服务战略 顾客需要 顾客满意 战略体系

2.1 日本 7-ELEVEN 为什么成功

服务性企业需要战略吗?"只要做好服务就可以了"——这是许多服务性企业经营者所有的惯性思考。事实上,如果把服务性企业比喻成一个人,那么战略就是这个人的灵魂。如果服务性企业没有战略作为方向指引,那么,其业务迟早会陷入迷惘之中。以下内容将简要讲述日本 7-ELEVEN(7-11)连锁便利店的发展故事,并以此说明战略管理对于服务性企业(包括小型服务性企业)的重要性。

2.1.1 日本 7-ELEVEN 的起源与发展

1927 年,7-ELEVEN(7-11)连锁便利店的前身南方制冰公司(Southland Ice Company)创立于美国得克萨斯州的达拉斯,这家公司所属的零售店铺在出售冰块的同时,还应顾客的要求,同时销售牛奶、面包和鸡蛋,后来更将营业时间延长为早上 7 点到晚上 11 点,从而为消费者提供了更多的方便,这就是便利店这一零售业态的萌芽。

1972 年,日本零售企业集团伊藤洋华堂的一名董事铃木敏文到美国考察,无意间走进一家 7-ELEVEN 店里,这家小小的门市立刻引起了铃木敏文的兴趣。当时,7-ELEVEN 在美国已经开设了 4 000 家门店,铃木敏文敏锐地意识到 7-ELEVEN 这种新的商业模式会有很大的发展前景,于是他兴致勃勃地与美国南方制冰公司洽谈,希望把美国 7-ELEVEN 的商业模式引进到日本。

当时的日本是大型商场当道,看到铃木敏文的投资计划,伊藤洋华堂集团的高管们普遍反对。经过一番争执和讨价还价,铃木敏文总算取得了美国南方制冰公司的授权,可以在日本开设 7-ELEVEN 商店，但是，伊藤洋华堂集团却只肯出一半的资金，另外一半资金需要铃木敏文自己想办法去解决。

铃木敏文执意想实现自己的理想，在他的努力下，1973 年 5 月，第一家日本 7-ELEVEN 特许经营店在东京都江东区开业。自此以后，7-ELEVEN 就在日本奇迹般地发展起来，到了 2003 年，7-ELEVEN 在日本已经拥有超过 1 万家门店，经营业绩也远远地超过美国的 7-ELEVEN。更为重要的是，1991 年，凭借日本 7-ELEVEN 骄人的经营业绩，其母公司——伊藤洋华堂成功地入主美国南方制冰公司，从而成为 7-ELEVEN 品牌的实际控制者。

现在，7-ELEVEN 已经发展成为全世界最大的连锁便利服务企业，如图 2.1 所示，其业务遍及全球四大洲的 20 多个国家及地区，截至 2006 年 6 月末，7-ELEVEN 在全球拥有 30 473 家店铺，稳踞全球最大连锁便利店的宝座。铃木敏文也由此获得了"零售业之神"的称号。

图 2.1　7-ELEVEN 已成为许多人生活的一部分

2.1.2　日本 7-ELEVEN 背后的战略玄机

美国著名管理学家彼得·F·德鲁克(Peter F. Drucker)说："没有战略的企业就像流浪汉一样无家可归，战略的作用就在于赋予企业果断把握机会的能力。"纵观日本 7-ELEVEN 的发展历程，其创办人铃木敏文独具特色的战略思路对企业的发展起到了至关重要的作用。

20 世纪 70 年代，铃木敏文颇具战略眼光的行动把 7-ELEVE 带到日本，并通过便民化服务战略的实施，使 7-ELEVEN 成为全世界最大的便利店集团。随着信息时代的到来，7-ELEVE 也随之而变，不断丰富经营内容，始终保持着行业领导者的地位。

在战略定位上，在 7-ELEVEN 品牌引进日本之初，铃木敏文就将其经营使命定位为"创建适合日本人消费生活习惯的便利店"。围绕这一定位，铃木敏文在门店选址和商品开发上都做了努力。例如，对店址的选择，日本 7-ELEVEN 的出发点是便捷，即在消费者日常生活行动范围内开设店铺；在商品开发上，日本 7-ELEVEN 严格遵循"便民"的原则，除了经营 3000 种以上的日用必需品外，日本 7-ELEVEN 还为社区居民缴纳电费、煤气费、保险费、水费、有线广播电视收视费，甚至快递费、国际通信费等提供全天候的便利服务。因此，在日本和世界很多其他地方，7-ELEVEN 已经成为当地居民生活的一部分。

在经营方式上，铃木敏文是一个敢于"破坏"和勇于创新的领导人，他认为"经营就是因应一切变化"，"破坏过去的规则，是孕育新事物的原动力"。例如，长期以来，日本 7-ELEVEN 一直重视实体门店的扩张，但是，随着网络消费的兴起，铃木敏文敏锐地察觉到了"网络"带给零售业的巨大市场潜力，毅然将日本 7-ELEVEN 市场开拓的重点从有形的店铺市场转向无形的电子市场。首先，7-ELEVEN 与"通贩"、"雅虎-日本"等公司合作成立名为"e-shopping books"的网上书店，以销售图书为开端进入电子商务领域，继而又与索尼、NEC、三井物产等共同成立了"7 梦幻"(sevendream.com)网络商店，开始销售各类商品和服务。目前，7-ELEVEN 经营的电子商务内容包括：

(1) 旅行服务。实时在线提供各种特价旅游预约、机票、车船票、出国折扣机票的销售，旅游有关商品的销售等。

(2) 音乐服务。利用多媒体终端直接录入方式的音乐销售、与互联网互动的 CD 唱片销售、有关音乐的信息提供。

(3) 照相服务。与富士公司合作，提供数字照相的店头显印服务，制作合成相片等。

(4) 礼品、移动电话等服务。面向初学者销售个人电脑、携带电话，销售插花、礼品等。

(5) 入场券销售服务。在线销售戏票、音乐会票、各种当天入场券、大型活动入场券等，提供与社区相适应的各种服务。

(6) 书籍服务。与 e-shopping books 合作，开展网上书籍销售。

(7) 汽车服务。利用多媒体终端，提供有关汽车销售、车检、维修、学车、租车等中介服务。

(8) 信息提供服务。提供各类娱乐信息和资格考试信息服务等。

根据铃木敏文的设想，日本 7-ELEVEN 将进一步扩展信息化服务，运用"网络"放大其实体店铺，通过网上网下"虚""实"结合，7-ELEVEN 便利店可以突破商品品种的限制，将商品经营范围扩大到几万甚至几十万种。这样，7-ELEVEN 既可以凭借丰富的商品、便利的服务与大型商店展开正面竞争，又可以凭借管理、顾客、物流、信誉等优势与单纯的"网络商店"竞争，从而全面提升自己的竞争力。

由此看来，对于服务性企业而言，战略管理是不可或缺的工作，而且越是处于发展初级阶段的服务性企业，就越需要用战略管理来解决发展方向问题，并且，战略管理不是一个孤立的策略，而是一个动态的体系，在这个动态的体系内，有很多重要的组成因素，如各种职能战略、企业资源和核心能力，这些组成要素在战略体系中的地位各自有所不同。

在日本 7-ELEVEN 的发展过程中，铃木敏文始终把握着正确的战略方向，带领这家企业在新的业务领域(便利店零售)不断向新的市场(区域市场和国际市场)扩张推进。在这个过程中，日本 7-ELEVEN 的服务创新能力、成本控制能力、合理组织和有效执行能力、信息管理能力等也在不断增强，逐步形成系统化的企业能力体系，这些能力成为促进企业成长的驱动力，确保企业能够走上持续发展的道路。

2.2 战略是什么

正如著名管理学家彼得·F·德鲁克所说的那样，战略管理是服务性企业必须始终每天牢记和思考的事情，并且公司战略制定得越明确，斟酌取舍的标准越清楚，服务性企业就越能抓住新的机会，证明自己的价值诉求。

背景知识

彼得·F·德鲁克

彼得·F·德鲁克(Peter F. Drucker，1909—2005)(图2.2)被誉为"现代管理之父"，生于奥匈帝国的维也纳，1937年移居美国，终身以教书、著书和咨询为业。德鲁克于1954年出版《管理实践》一书，从此将管理学开创成为一门学科。

德鲁克的著作多达30余本(其中3本为小说)，其中最受推崇的是他的原则概念及发明，包括"将管理学开创成为一门学科"、"目标管理与自我控制是管理哲学"、"组织的目的是为了创造和满足顾客"、"企业的基本功能是行销与创新"、"高层管理者在企业策略中的角色"、"分权化"、"民营化"、"成效比效率更重要"、"知识工作者"、"以知识和资讯为基础的社会"等。

德鲁克一生笔耕不辍，他曾发誓："如果我能活到80岁，我要写到80岁。"杰克·韦尔奇、比尔·盖茨等人都深受德鲁克思想的影响，《纽约时报》赞誉他为"当代最具启发性的思想家"。

图2.2 彼得·F·德鲁克

2.2.1 战略和战略管理

"战略"一词本为军事术语,指基于对战争全局的分析而做出的谋划。中国古代常称战略为谋、猷、韬略、方略、兵略等,西晋初期曾出现司马彪以"战略"命名的历史著作。英语中与"战略"相对应的词 strategy,源于希腊语"strategos",原意是"将兵术"或"将道"。到了现代,"战略"一词已被各个领域所借用,如政治战略、经济战略、科技战略、外交战略、人口战略等。20 世纪 60 年代,西方国家开始把战略一词引入经营学领域。美国管理学家 A.D. 钱德勒(A.D. Chandler)在其《战略与结构》(1962)一书中,将战略管理定义为确定组织基本长期目标、选择行动途径和为实现这些目标进行资源分配的活动。20 世纪 80 年代,加拿大管理学家亨利·明兹伯格(Henry Mintzberg)进一步把战略管理的定义概括为"5P",这"5P"分别是:

(1) 策略(Ploy),战略是管理者为了适应市场竞争环境而进行的谋略。
(2) 计划(Plan),战略是管理者施行的有预谋、有组织的行动过程。
(3) 模式(Pattern),根据计划开展的活动具有一致性的特点,这使得组织资源更容易形成合力。
(4) 定位(Position),一个组织在竞争环境中必须找到适合自己生存和发展的位置。
(5) 观念(Perspective),战略的本质是一种思想,一旦形成,它会根植于组织成员的思想之中,并指导成员的行为。

由此可以看出,战略既是一种谋略,也是一个具有明确目标性的组织行动过程,正如我国明代兵法家尹宾商在《白毫子兵》中所说的:"良将用兵,若良医疗病,病万变药亦万变。自古不谋万世者,不足谋一时;不谋全局者,不足谋一域。"这句话生动地道出了"战略管理"对于组织发展的重要性。

2.2.2 企业战略的特点

作为市场主体的企业的经营管理活动不是一个短期行为,面对不断变化的动态竞争环境,经营者需要结合自身资源和行业发展状况,对企业的发展远景进行战略性的思考和决策,即通过分析、判断、预测,设置企业的远景目标,界定企业经营的使命、经营的范围、发展的方向、经营的方式等。因此,企业战略具有纲领性、全局性、长远性、竞争性、系统性、风险性六大显著特点。

1. 纲领性

按照著名的战略管理学家 H.I. 安索夫(H.I. Ansoff)的观点,战略是管理者为保证企业的持续生存和发展,通过对外部环境与内部条件的分析,对企业全部经营活动所进行的根本性和长远性的规划与指导,它界定了企业的经营方向、远景目标、经营策略和行动指南,因而战略对企业经营起着核心导向的作用。

2. 全局性

企业战略立足于未来发展,通过对国内外政治、经济、文化及行业等经营环境的深入分析,并结合企业自身的资源特点,站在系统管理的高度,对企业的远景发展轨迹进行全面的规划,因而具有全局性的特点。

3. 长远性

企业战略的长远性体现在两个方面：①企业的市场环境是不断变化的，要想持续发展，就必须持续地谋划和决策，"人无远虑，必有近忧"，对于企业而言，战略管理是一个"无止境的过程"；②面对动态的环境，企业在进行必要的战略调整的同时，尽量保持战略体系的相对稳定性，唯有这样，企业才会开展长效、稳定的经营活动。

4. 竞争性

竞争是市场经济的本质特点之一，面对不断变化的市场环境，企业需要进行内外环境分析，明确自身的资源优势，通过设计适宜的经营模式增强适应市场竞争的能力。

5 系统性

围绕长期发展愿景，企业需要建立系统化的战略管理体系，以保证和促成其战略愿景的实现。例如，从组织关系的角度看，企业必须建立起由决策层战略、事业单位战略、职能部门战略等构成的战略层级体系：决策层战略是企业总的指导性战略，事业单位战略是下属经营单位围绕决策层战略而制定的战略体系；职能部门战略是企业各职能部门的总体性谋划，如人力资源部战略、市场销售部战略等。

6. 风险性

企业管理者做出任何一项决策都存在风险。管理者制定正确的战略，能够引导企业健康、快速的发展；反之，仅凭个人主观判断市场，设立的战略目标过于理想化，或者对行业的发展趋势预测偏差，那么就会对企业战略的制定产生误导，从而就给企业的发展带来巨大的风险。

2.2.3 服务性企业战略管理的意义

服务性企业是为消费者提供产品和服务的组织，制定科学的经营战略是服务性企业发展的前提条件。战略管理对于服务性企业有以下重要意义。

1. 有利于充分认识自己在竞争中的地位

企业战略制定的过程也是管理者了解行业发展状况、知己知彼、谋划发展的过程，通过对自己、对竞争对手、对环境的准确评估，服务性企业的管理者能够对企业目前所处的位置有正确的判断，不盲目从事。

2. 有利于建立长远的发展方向和奋斗目标

战略管理可以促使管理者时刻关注于服务性企业的未来发展，不断观察外部环境因素和内部资源条件的变化状况，随时调整经营管理策略，使企业发展路线始终朝着长远的奋斗目标迈进。

3. 有利于全面提高企业的经营管理水平

对于服务性企业的管理者和员工而言，战略目标本身就是巨大的前进推动力。在制定和实施战略的过程中，企业管理者通过有效的战略实施过程管理，把管理思想、管理组织、管理人员、管理方法、管理手段等结合成一个整体，促使各级管理人员和员工不断提高管理和服务技能，从而全面提高企业的经营管理水平。

典型案例

华侨城："旅游+地产"战略的成功实施者①

早在1989年，华侨城就开始尝试将旅游和地产相结合，当年建成的锦绣中华打响了"主题公园企业"和"人造景观"的品牌。随后在1990年年初期推出了中国民俗文化村、世界之窗和深圳欢乐谷——这一中国最大的主题公园群基本奠定了华侨城在旅游地产上的领军地位。图2.3为深圳东部华侨城的因特拉根小镇。1999年，华侨城正式将"旅游主题地产模式"作为战略提出。

值得关注的是，在华侨城旅游地产概念的背后是一个庞大、多元的产业集群，包括旅游、酒店、地产、文化、电子和包装等，各个产业链之间必须形成互动和协调的格局，这样才能形成"乘数"效应。同时为了培养企业发展所需人才，华侨城还成立了旅游讲习所和旅游研究院，集团内部很多旅游管理业务骨干都出自这里。

在华侨城整合主营业务整体上市的同时，进军全国的战略也开始实施。根据集团战略规划，在2006—2010年，华侨城要基本完成"1+3"的战略格局，即以深圳为大本营，北上北京、东入上海、西进成都。北京欢乐谷2006年开业，截至2009年，已累计创下游客近300万人次的成绩；上海天祥华侨城新浦江项目在2010年初具规模，建成上海欢乐谷——这两大项目将为华侨城在上海世博会中赢得商机；成都欢乐谷已于2009年1月建成开园，未来的成都华侨城将成为西南乃至全国最大的都市娱乐和公共文化活动平台。

图2.3 深圳东部华侨城的因特拉根小镇

---

① 佚名. http://www.sina.com.cn，2007-11-24，编著者有改动.

2.3 围绕"服务"制定战略

与第一产业和第二产业的企业不同,服务性企业存在的前提是顾客消费和企业生产的同时性,即企业的生产过程也就是顾客的消费过程,并且,顾客的消费感受是服务性企业生产的最大产出,因此,服务性企业的战略管理应当更多地以满足顾客的服务需求为目标,并通过针对性的服务手段和方法来确保战略的执行。

2.3.1 顾客需要是服务战略的出发点

与制造业、矿产业的生产不同,顾客在服务性企业生产过程中占有特殊的地位,这是因为:(1)顾客是服务性企业生产的重要参与者,即没有顾客的消费参与,服务性企业的服务生产过程就没法进行;(2)顾客的消费体验感受是企业服务生产效果评价的唯一依据,即企业服务质量的好坏评价完全取决于顾客的主观感受和评价。由此看来,尽管服务行业种类繁多,每个行业的生产过程都有其自身的特点,但是,对于服务性企业而言,深刻理解顾客的需求,并根据顾客需求定义"服务"的内涵,却是对所有服务性企业经营的共性要求。

理解所处行业的顾客,这是服务性企业实施战略管理的首要前提。韩国的三星公司曾经有一个理论说,所有人都在地面 10 厘米之上,也就是说人们的脚并没有踩在地面,而是浮在地上,当脚落地的时候,企业的经营才会真正地"落地"——所谓"落地",就是要认真地面对顾客,扎实地为顾客创造其想要的价值。

按照市场细分理论,不同的顾客群都有不同的价值需求,这就如同开宝马汽车的人都追求张扬的个性和时尚感,而驾驶奔驰汽车的客户群都有寻求尊贵的价值主张一样,通过对不同顾客的价值需求的深入了解,企业能够提供更具针对性的服务产品,从而尽可能满足顾客的需求,增强服务性企业的竞争力。

典型案例

以顾客体验为中心,USPS 不断改进服务质量[①]

美国邮政服务公司(USPS)从不满足于已有成绩,最近又推出了新的测量工具——顾客体验测量(CEM),旨在更好地了解客户在 USPS 的所有业务窗口的总体体验。顾客体验测量方法是对 USPS 提供的顾客服务进行全程评估,让顾客分别对以下四项邮政服务的顾客体验进行评分:接收 USPS 的邮件;发送邮件至 USPS;到邮局办事;联络 USPS 寻求帮助。

在 2009 年 10 月 1 日至 12 月 31 日的财政季度里,USPS 对全体顾客进行了体验质量测量,其中 86.2%的居民客户和 81.3%的中小型企业客户反馈表示"非常满意"或"比较满意"。调查的客户对四项邮政服务的满意度如下所示。

---

① 佚名. 顾客体验质量促进了美国邮政服务公司客服质量的提升[J]. 上海质量, 2010, (10).

服务性企业战略管理

　　(1) 接收 USPS 的邮件：89.7%的居民客户表示非常满意/比较满意，86.1%的中小型企业客户表示非常满意/比较满意；
　　(2) 发送邮件至 USPS：88.8%的居民客户表示非常满意/比较满意，84.7%的中小型企业客户表示非常满意/比较满意；
　　(3) 到邮局办事：81.8%的居民客户表示非常满意/比较满意，76.6%的中小型企业客户表示非常满意/比较满意；
　　(4) 联络 USPS 寻求帮助：61.7%的居民客户表示非常满意/比较满意，51.4%的中小型企业客户表示非常满意/比较满意。
　　USPS 的消费者利益维护暨消费者事务副总裁德洛利斯·基莱特表示，CEM 增进了企业对客服的理解，提供了可操作的数据，有助于更准确地识别顾客各方面的需要，从而找到提供更完善的顾客服务的新方法。"这些测量结果使我们掌握了更为翔实、更具操作性的信息，为我们的服务改进工作奠定了基础。"基莱特说，"我们现在可以全程测量那些对顾客至关重要的方面，测量数据将有助于 USPS 采取措施来改进客户服务质量。"

2.3.2　顾客满意是服务战略的落脚点

　　菲利普·科特勒认为，顾客满意是指通过对一个产品或服务的可感知的效果(或结果)与他的期望值相比较后，所形成的愉悦或失望的感觉状态，它以构成顾客满意度的各个要素作为评价标准，这包括顾客经历的服务质量、感知价值和顾客预期的服务质量等。但是，由于顾客满意水平的不同，导致了顾客对于某项服务的不同反映，即可能的两个结果变量：顾客抱怨和顾客忠诚。

　　顾客满意这一概念可以通过一个定量化的指标来得以反应和比较，这就是顾客满意度或顾客满意指数(Customer Satisfaction Index，CSI)。美国商务部于 1987 年设立的马尔科姆·鲍德里奇国家质量奖(Malcolm Baldrige National Quality Award)评估项目中占比重最大的就是顾客满意度。顾客满意度评价体系一般可以包括如下一些具体的项目：①对顾客要求和期望的认知程度；②顾客关系管理(Customer Relationship Management，CRM)；③顾客服务标准；④对顾客的承诺；⑤对质量改进要求的解决；⑥顾客满意度的确认；⑦顾客满意效果；⑧顾客满意度比较。顾客满意度的衡量主要通过调查的方式来进行。

　　顾客满意水平是可感知效果和期望值之间的差异函数，如果效果低于期望，顾客就不会满意；如果可感知效果与期望相当，顾客就满意；如果可感知效果超过期望，顾客就会高度满意。用数学公式表达的两种形式为：

　　(1) 顾客满意水平(CSL)＝可感知的效果(EOF)－顾客期望(EOC)

　　如果 CSL 值大于 0，则高度满意；如果 CSL 值等于 0，则刚好满意；如果 CSL 值小于 0，则不满意。

　　(2) 顾客满意水平(CSL)＝$\dfrac{\text{可感知的效果(EOF)}}{\text{顾客期望(EOC)}}$

　　如果 CSL 值大于 1，则高度满意；如果 CSL 值等于 1，则刚好满意；如果 CSL 值小于 1，则不满意。

一些研究认为顾客对服务的期望存在着满意和渴望这两个水平,所以对潜在的服务质量的评价也应该有两个方面:感觉到的服务与满意的服务之间的差距,以及感觉到的服务与渴望之间的差距。由此可以将前者称为服务合格度,后者称为服务优秀度。

用公式表述为:

服务合格度(MSA)=感觉到的服务-满意的服务

服务优秀度(MSS)=感觉到的服务-渴望的服务

一个企业的 MSA 和 MSS 的分数将会从服务质量角度确定它在竞争中的位置。根据顾客的感觉和期望的相对水平,企业可能在经营服务上处于竞争劣势或成为顾客的首选目标。

服务性企业贯彻顾客满意理念,可为企业带来如下优势。

1. 减少企业的浪费

了解顾客满意度的过程往往就是了解顾客需求信息的过程,这样可以使服务性企业及时知晓顾客对服务内容和服务质量的评价,指导企业服务项目的创新和调整服务流程,减少不必要的弯路,从而降低企业经营成本。

2. 获得价格优势

满意的顾客往往会因为满意而情愿额外付出一定的货币成本,这就使得服务质量好的企业可以获得较高利润,形成良性循环。又由于口碑的作用以及服务的重复购买特征,企业的市场份额扩大,同样可以得到与制造企业类似的规模优势,这种优势也会表现在经营成本上来,也就是说,提供满意服务的企业仍然可以通过提供较低的价格保持一定的利润水平。

3. 降低沟通成本

由于口碑的作用,提供良好服务的企业会获得源源不断的顾客,这些满意的顾客又会从积极的方面影响至少 25 个人,其中会有 7 位成为该企业的顾客。这样宣传的效果比起任何一种促销方式都好。"最好的广告不花钱",这会从很大程度上减少服务性企业的促销费用,以此改进服务设施和服务流程。

4. 导致顾客依赖,乃至顾客忠诚

服务性企业经营的关键是要保持顾客,因为保持一位顾客的成本是吸引一位新的顾客成本的 1/5。只有使顾客满意,才会使顾客在遇到同样的服务需求时想到曾经获得满意感受的企业,这就是顾客依赖的表现。如果顾客始终能够获得满意,或企业通过某种关系营销的方式将顾客牢牢地吸引住(如"顾客俱乐部"这种形式),那么顾客对企业的忠诚度就会随之提高,否则顾客会在消费一次后放弃,转而寻找其竞争对手接受服务。

2.3.3 战略管理过程

战略管理过程是对服务性企业的未来发展方向制定和实施决策的动态管理过程。如图 2.4 所示,一个完整的战略管理过程一般包括明确战略愿景和使命、分析战略环境、制定企业的战略方案、控制和评估战略实施四个阶段。

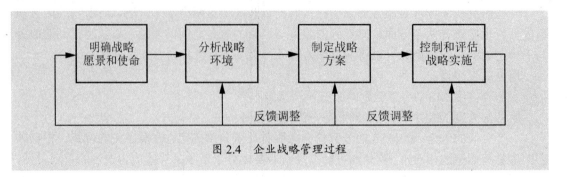

图2.4 企业战略管理过程

1. 明确战略愿景和使命

愿景是人们为之奋斗并希望达到的图景，是一种意愿的表达。从企业经营的角度看，愿景是告诉人们"企业将要发展成什么样子"，是对企业未来发展的一种期望和描述，只有清晰地描述愿景，社会公众、员工、合作伙伴才能对企业有更为清晰的认识，同时也可以激发员工强大的凝聚力和向心力。

使命建立在愿景的基础上，具体回答企业在社会经济领域活动的范围或层次，尤其要回答以下问题：①我们的事业是什么？②我们的顾客群是谁？③顾客的需要是什么？④我们用什么特殊的能力来满足顾客的需求？⑤如何看待投资者、顾客、员工和社会的利益？

相关链接

一些著名企业的愿景和使命

1) 迪士尼公司

   愿景：成为全球的超级娱乐公司。

   使命：使人们过得快活。

2) 麦肯锡公司

   愿景与使命合一：帮助杰出的公司和政府更为成功。

3) 苹果电脑公司

   愿景：让每人拥有一台计算机。

   使命：探索革命性的创意和高风险技术。

4) 沃尔玛公司

   愿景：给普通百姓提供机会，使他们能与富人一样买到同样的东西。

   使命：天天低价。

5) 索尼公司

   愿景：为包括我们的股东、顾客、员工乃至商业伙伴在内的所有人提供创造和实现他们美好梦想的机会。

   使命：体验发展技术造福大众的快乐。

6) 通用电气公司

   愿景：使世界更光明。

   使命：以科技及创新改善生活品质。

2. 分析战略环境

所谓战略环境分析，是指管理者对影响服务性企业现在和未来生存发展的一些关键因素进行分析。战略环境分析的内容包括对服务性企业的宏观环境、行业环境和内部环境状况进行分析。

3. 制定战略方案

服务性企业战略方案的制定主要包括三个步骤：①确定企业的经营方向和目标；②制定为实现企业发展目标服务的对策或措施；③为了最后决定应采取的最优战略，对已制定的各种战略方案进行评价和选择。战略方案评价主要从两个方面进行：①看战略方案的效果如何，即对实现企业发展目标的影响程度如何；②看战略方案实现的可能性如何。一般选择效果好又易于实现(如不需要太多投资，不需要新增很多新的专门人员等)的战略方案作为企业首选的战略。

4. 控制和评估战略实施

战略实施是贯彻执行既定战略规划所必需的各项活动的总称。企业战略方案一经选定，服务性企业管理者的工作重心就要转到战略实施上来。战略实施主要包括战略执行和战略控制两部分内容。服务性企业在战略执行过程中要做好以下工作：①战略方案的分解，即为了使每一个下属单位都明确自己在一定时期内的任务，应将战略方案中规定的总目标进行分解；②行动计划的编制，即编制具体的行动计划，进一步明确每一战略任务的工作量、起止时间、资源保证、负责人等；③组织机构的调整，即根据战略的要求把企业的组织机构调整好，使各个职能部门更好地为企业的总体发展战略服务。

战略控制和评估过程是将战略的执行结果与既定的战略目标进行对比，发现偏差，分析原因，采取措施加以克服的整个过程。这个过程包括四个基本环节：①制定科学的战略评价标准；②采用一定的控制方法，建立有效的管理信息系统；③将实际工作成果与预定的目标或评价标准进行对比，发现和纠正偏差；④经营战略的调整，当发现偏差原因属于战略本身时，就要对原有的战略进行调整或修订。

2.3.4 服务战略体系

对于较大规模的服务性企业而言，由于其组织结构较为复杂，因此其战略是多层次的，一般而言，这类企业的经营战略可划分为总体战略、竞争战略和职能战略三个层次；对于小规模的服务性企业而言，其战略层次则要简单一些，很多只包含总体战略和职能战略两个层次。

1. 总体战略

总体战略又称公司战略，是整个企业经营战略的总纲，也是企业最高管理层进行经营管理行为的最高行动纲领。服务性企业的总体战略主要强调两个方面的问题：①"我们应该从事什么业务"，即确定企业的使命与任务，以及经营的服务市场领域；②"我们怎样去管理这些业务"，即在企业不同的战略事业单位之间如何分配资源以及采取何种成长方式等。

2. 竞争战略

竞争战略又称事业部战略或分公司战略，是在企业总体战略的指导下制定的经营管理某一个特定的战略经营单位的子战略。企业竞争战略内容主要包括行业竞争地位的确立，以及如何有效地利用好现有的经营资源。

竞争战略的内容比总体战略更为具体，主要包括：①认真分析企业的资源和潜力，塑造企业的核心能力；②通过行业比较，确定企业在未来较长时期内的持续竞争优势；③回答如何发展这种竞争优势，通过怎样的竞争方法来维持成功的竞争。因此，竞争战略主要研究的是企业的服务产品在市场上的竞争问题，其目的是使企业的竞争能力和市场地位超过其他竞争对手。

3. 职能战略

职能战略是企业在特定的职能管理领域制定的战略，是为贯彻、实施和支持其总体战略和竞争战略而制定的。例如，服务性企业制定的营销战略、人力资源战略、财务战略等。相对于总体战略和竞争战略而言，职能战略更为详细和具体，也更具有针对性和操作性，其目的是力求使企业在各职能管理领域的资源利用效率达到最大化。

总体战略、竞争战略与职能战略一起构成了服务性企业的战略体系。在服务性企业的内部，战略的各个层次之间是相互联系、相互配合的，每一层次的战略都构成了下一层次的战略环境，同时低一级的战略又为上一级战略目标的实现提供保障和支持，因此，一个企业要想实现其总体战略目标，就必须把三个层次的战略有机地结合起来。

本 章 小 结

战略是服务性企业的灵魂。在铃木敏文的带领下，日本 7-ELEVEN 在零售服务领域不断获得成功，说明了正确的战略管理对于服务性企业发展的重要性。亨利·明兹伯格把战略管理定义为 5P，即策略(Ploy)、计划(Plan)、模式(Pattern)、定位(Position)、观念(Perspective)，这一定义揭示了企业战略管理是一个具有明确目标性的组织行动过程。

企业战略具有纲领性、全局性、长远性、竞争性、系统性、风险性六大显著特点。服务性企业的战略管理应当更多地以满足顾客的服务需求为目标，并通过针对性的服务手段和方法来确保战略的执行。一个完整的战略管理过程一般包括明确战略愿景和使命、分析战略环境、制定战略方案、控制和评估战略实施四个阶段。一般而言，较大规模的服务性企业的经营战略可分为总体战略、竞争战略和职能战略三个层次，而小规模服务性企业的战略层次则要简单一些，很多只包含总体战略和职能战略两个层次。

本章思考题

1. 如何理解明兹伯格的关于战略管理的"5P"含义？
2. 以日本 7-ELEVEN 为例，分析战略对于服务性企业发展的重要意义。
3. 为什么说顾客需要是服务性企业战略管理的出发点，而顾客满意则是企业战略管理的落脚点？
4. 如何理解服务性企业战略管理过程的四个阶段？
5. 服务性企业的战略管理体系包括哪几个层次？

第3章 服务性企业战略目标管理

本章导读:
战略目标是服务性企业发展战略的重要组成部分,体现了服务性企业的战略思想和使命,也是企业管理者制定、选择战略方案,实施战略计划,开展战略控制与评价的核心依据。本章将以大量知名企业案例为依据,对服务性企业如何构建战略目标,明确企业愿景和使命,以及如何开展服务承诺进行阐述。

核心概念:
服务愿景　使命　服务战略目标　服务承诺

3.1 什么是共同愿景

3.1.1 共同愿景的重要性

古罗马时期,斯巴达克斯在公元前71年领导一群奴隶举行起义,曾两度击败罗马大军,但是在克拉斯将军长期包围攻击之下,他们最后还是被打败了。

克拉斯告诉几千名斯巴达克斯部队的生还者说:"你们曾经是奴隶,将来还是奴隶。但是罗马军队慈悲为怀,只要你们把斯巴达克斯交给我,就不会受到钉死在十字架上的刑罚。"

在一段长时间的沉默之后,斯巴达克斯站起来说:"我是斯巴达克斯。"

忽然,与他相邻的人站起来说:"我才是斯巴达克斯。"

紧接着下一个人站起来也说:"不,我才是斯巴达克斯。"

很快地,被俘虏军队里的每一个人都站了起来。

每一个站起来的奴隶都选择了死亡,并不是他们忠于斯巴达克斯个人,而是情愿选择由斯巴达克斯所激发起来的"共同愿景(Shared Vision)",即在未来奋斗的某一天可以成为自由之身,这样的"共同愿景"是如此难以抗拒,以至于没有人愿意放弃它,这便是"共同愿景"的雏形。

中国北宋时期,宋江上梁山,给江湖好汉们带来的最大变化,就是有了使命和追求。一面"替天行道"的大旗,指明了绿林英雄们的使命,解决了为什么上梁山的问题。同时,也正是由于官吏出身的宋江始终没有提炼出共同的组织愿景("大碗喝酒、大块吃肉"显然太低俗),没有夺取政权、改朝换代的政治主张,因此,最终沦落到受"招安"和分崩离析的结局。

3.1.2 稻盛和夫的觉醒

日本京都制陶株式会社成立伊始，业务发展十分迅速，企业的创办人稻盛和夫经常要求年轻的员工加班，不但每天要加班到深夜，就是星期天也经常不休息。慢慢地，一种不满的情绪在员工中蔓延。一次加班之后，一群员工决定用强硬的手段向公司提出要求，并以集体辞职相威胁。第二天，员工提交了按了血指印的抗议书，指明了不满之处，提出了诸如加薪、增加奖金的要求。稻盛和夫虽然没有同意他们的要求，但是却不得不花三天三夜做说服工作才使得这批人才留了下来。

这件事深深地刺激了稻盛和夫，经过一番痛苦的思考，最终他发现，经营公司的目的是为全体员工谋求物质和精神方面的幸福，为人类社会的进步贡献力量。从此以后，"为全体员工谋幸福，为人类社会的进步贡献力量"就成为该公司的追求目标，也成为公司所有员工共赴的使命。在这一使命的感召下，日本京都制陶株式会社发展得越来越好，员工的忠诚度也越来越高。

事实上，人们寻求建立共同愿望与前景的理由，就是人们内心世界渴望能够归属于某一项重要的任务与使命，当人们真正共有共同愿景时，这个共同愿景能紧紧地将他们团结起来，斯巴达克斯领导起义的奴隶如此，一个企业也如此。斯巴达克斯领导起义的奴隶愿意与斯巴达克斯生死与共，是因为他们有个共同愿望，有朝一日他们可以自由，一个企业，同样也需要全体员工为之奋斗的共同愿景。先贤C·弗朗西斯(C. Francis)曾经说过："你可以买到一个人的时间，你可以雇一个人到固定的工作岗位，你可以买到按时或按日计算的技术操作，但你买不到热情，你买不到创造性，你买不到全身心的投入，你不得不设法争取这些，企业愿景会帮你争取到这些东西。"稻盛和夫创办的企业正是因为意识到了这一点，才能成为名企。

因此，对一个企业而言，愿景概括了企业的未来总体目标、使命及核心价值观，它可以团结人、激励人，并把企业凝聚成一个共同体，支撑企业长远发展。

服务性企业同样需要共同愿景，因为它孕育了无限的创造力，有了它企业成员就会有无限的勇气去做他们想做的事情。共同愿景会改变成员与组织间的关系，它不再是"他们的公司"，而是"我们的公司"；它是使互不信任的人一起工作的第一步，产生一体感。事实上，组织成员所共有的目的、愿景与价值观，是构成共识的基础。美国著名心理学家亚伯拉罕·马斯洛(Abraham Maslow)晚年从事于杰出团体的研究，他发现这些杰出团体最显著的特征就是具有共同愿景与目的，这使得这些团体的行动力和竞争力十分强大。

背景知识

日本"经营之神"——稻盛和夫

稻盛和夫(Inamori Kazuo)(图3.1)1932年出生于日本鹿儿岛，被誉为日本企业经营的传奇人物之一。技术员出身的他，最终成就了两家名列全球500强的大企业。27岁创办京都陶瓷株式会社(现名京瓷Kyocera)，52岁创办第二电电(原名DDI，现名KDDI，目前在日本为仅次于NTT的第二大通信公司)，两大事业皆以惊人的力道成长。

稻盛和夫从博大精深的东方传统文化中汲取精华，形成了独特的经营哲学。他认为办企业和做人一样，都应遵循一些伦理原则，比如"敬天爱人"、"诚实公正"、"满招损，谦受益"等，办企业不能一味地只是赚钱，其最终目的是贡献社会，既要利己，更要利人。

稻盛和夫不算是个常规意义上的聪明人，初中、高中、大学考试经常不及格，原本的理想是当一个医生，可是现实却只能到陶瓷厂打工。陶瓷厂濒临倒闭，稻盛和夫却呆在实验室拼命研发，高度的关注和毅力，使他在既无知识经验、又无设备的情况下研究出世界领先的产品发明，挽救了陶瓷厂。亲身经历使稻盛和夫明白人才所发挥出来的巨大潜能，他坚信只要能将拥有朴素、开朗的心的人才齐聚一堂，让大家团结一致，就一定能够成就大的事业。

图 3.1　稻盛和夫

3.2　服务性企业的愿景和使命

3.2.1　服务性企业的愿景

1. 企业愿景的内涵

"愿景"一词来源于英文的"vision"，最早出现在20世纪80年代的现代管理学思想中。在解释"愿景"这个概念时，西方曾有一本教科书用了一幅漫画，画中一只小毛毛虫指着它眼前的蝴蝶说："那就是我的愿景。"如图3.2所示。由此可见，"愿景"是一个主体对于自身想要实现目标的刻画。

一般而言，"愿景"可以分为三个层次：个人愿景、团队愿景和企业愿景。企业愿景是企业永远为之奋斗并希望达到的图景，是一种意愿的表达，概括了企业的未来目标、使命和核心价值，是企业发展的源动力，也是企业最终希望实现的战略图景。

图 3.2　毛毛虫的愿景

1990年，美国麻省理工学院的彼得·M·圣吉博士(Peter M. Senge)出版了著名的《第五项修炼——学习型组织的艺术和实务》，如图3.3所示，在这本被誉为"21世纪的管理圣经"的书中，彼得·M·圣吉提出了企业转型为学习型组织所必须完成的五项修炼任务，其中，第三项修炼就是"建立共同愿景"。彼得·M·圣吉指出，"共同愿景"是一个组织中各个成员发自内心的共同目标，人们寻求建立"共同愿景"的理由之一，就是他们内心渴望能够归属于一项重要的任务、事业或使命。在这一前提下，"共同愿景"便成为每个企业能长期发展下去的关键特质。国内外一些著名的服务性企业的发展也不例外，比如沃尔特·迪斯尼公司的愿景就是"让人们快乐"。

对于服务性企业而言，整合"共同愿景"并将它与全体员工的目标和价值观联系在一起——这对于企业的成功发展至关重要。如果把服务性企业比作一艘行进于茫茫大海之中的航船，那么，"共同愿景"就是那座引领航船前行的灯塔，它始终导引和昭示着"企业之船"前进的方向。对于服务性企业的管理者而言，努力设法将领导者的理念与企业愿景、员工发展目标相结合，并使之转化为能够鼓舞组织的共同愿景，是锻造卓越企业的必要基础能力。

图 3.3　彼得·M·圣吉

服务性企业战略管理

典型案例

洛克菲勒基金会的愿景

洛克菲勒基金会是由约翰·D·洛克菲勒(John D.Rockefeller)在1913年创办的,基金会最初的愿景是:"提高全世界人们的福利。"洛克菲勒基金会于1998年任命了一位新会长,并决定对基金会最初的愿景进行扩展、构建一个新愿景。在这位新会长的领导下,洛克菲勒基金会对原有的愿景进行了细致的考查,对世界正在和可能发生的变革进行了追踪分析,并对基金会已经取得的成绩进行了评估。

该组织接下来的想法是,在未来的20年里,洛克菲勒基金会应努力为世界上贫穷的人们提供一些期望的变革,这些变革包括给非洲提供足够的食物,给艾滋病和结核病患者提供成功的医治。接下来的关键步骤是基金会形成统一的价值观,即平等和公平、多元化、知识和创造、参与、谦虚和尊重。经过细致的调查分析,洛克菲勒基金会达成了这样的组织新愿景:未来该基金会将是一个以知识为基础,致力于对贫穷地区以及全世界受排斥的人们的生计和生活水平进行提升和持续改善的组织。

2. 共同愿景的架构

每个服务性企业的组织愿景都是一个复杂的体系。如图3.4所示,服务性企业的组织愿景就像是一座大厦,包含很多内容。从结构上看,组成服务性企业"愿景大厦"的基石包含了历史、地理和文化三个因素(刘大星,2004);而"清晰"、"持久"、"独特"、"给予"四个要素则构成了服务性企业"愿景大厦"的四根支柱;最后,服务性企业"愿景大厦"的金顶是其组织"凝聚力"。

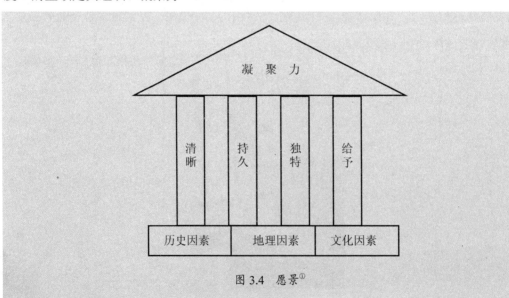

图3.4 愿景[①]

[①] 加里·胡佛. 愿景:企业成功的真正原因[M]. 薛源,夏扬,译. 北京:中信出版社,2004. 编著者有改动.

1) 企业愿景的三块基石

基石是"愿景大厦"的支撑，也是制定企业愿景要考量的三个最重要因素。如图 3.4 所示，在服务性企业"愿景大厦"的三块基石中，历史因素是基础，是对企业过去发展的审视，也是对企业未来前进的一种借鉴。例如，同仁堂集团公司从中国传统儒家、道家文化的高度，结合中医养生文化，逐渐形成了独具特色的经营之道，即"同修仁德，济世养生"。

地理因素是服务性企业"愿景大厦"建立的立足点。任何企业在开业之初和经营发展过程中都必须依托特定的地理环境，那么，企业就必须对其依存的自然地理环境有所认知。地理环境发展到今天，已不仅仅是实际存在的位置，而是一种文化、是一种历史、是一种种族划分，更是一种生活方式(加里·胡佛，2004：132)。服务性企业在制定发展愿景时，应该充分地考虑地理环境因素的影响。例如，沃尔玛公司在中国的定位是平价商店，就是充分考虑到了中国大众消费者的特点。

文化因素融合具体的地理环境，是服务性企业产生、成长和壮大的土壤。服务性企业在制定组织愿景时，必须考虑民族的、地域的文化差异。例如，作为西方文化代表的美国文化崇尚个人自由，以平等、民主、博爱为主要价值取向，西方企业在制定公司愿景时就会更加重视独立意识和开放精神的塑造；而亚洲文化崇尚隐忍、牺牲、奉献为主的价值取向，因此，亚洲的公司在制定组织愿景时，则会更加强调集体主义和奉献精神。

总之，服务性企业在建构"愿景大厦"时，应当充分考虑融合历史、文化、地理这三个因素，在此基础上形成企业愿景，这样才会更加容易地顺应社会潮流，并被企业员工和社会所广泛认知和接受。

2) 企业愿景的四根支柱

清晰、持久、独特、给予是服务性企业构建共同愿景时的四根坚不可摧的支柱，同时，这四根支柱是对服务性企业管理者提出的四大要求。

(1) 企业愿景应该是"清晰的"。彼得·M·圣吉指出，企业愿景是一个方向舵，能够帮助企业在遭遇混乱或者阻力时继续沿着正确的路径前进。一个清晰的愿景，为人们带来的不仅仅是希望，还有未来；而一个模糊的愿景就如狂风中的船一般，惶惶不知终点和方向。

从形式上看，服务性企业的愿景要吸引人、感召人、鼓舞人，就必须简洁、清晰、明了。例如，美国西南航空公司的愿景是"让每位民众都乘得起飞机"。正是这个看似普通的愿景的引领，让美国西南航空公司从 30 多年前得克萨斯州的一个基地走向了今天的全美，实现了为千百万人持续不断提供可靠的、能支付得起的、快捷的交通运输服务。在公司愿景的战略指导下，该公司的所有活动都以此为目标，在做好服务的同时，力求降低经营成本。例如，该公司在 30 年的时间里只使用一种机型的飞机，公司所有的空勤、地勤人员都在这种机型上训练——这既降低了公司在飞机保养上的成本，也保证了公司的驾驶人员、乘务服务人员在操作训练上的低成本，从而为该公司为顾客提供更好、更低廉的交通运输服务创造了可能的机会。因此，从某种程度上说，"让每位民众都乘得起飞机"这一清晰的公司愿景，带领美国西南航空公司不断加强管理，逐步实现了企业的成功。

(2) 企业愿景应该是"持久的"。服务性企业如果知道自己擅长什么，哪些因素重要，如何去经营,然后专注一件事,一代接着一代,反反复复做这件事,不论是繁荣还是萧条,顺境还是逆境,不含糊,不动摇,始终如一地朝着一个方向迈进,企业就可获得成功。例如,"同仁堂"是中国医药服务行业的老字号,"同修仁德,济世养生"是同仁堂人300多年来始终努力遵循的经营准则,是同仁堂药业经久不衰的重要基础。进入新的历史时期后,同仁堂药业又对"同修仁德,济世养生"这个核心理念赋予了新的含义,即"以提高人类健康水平和生命质量为己任,坚持以义取利、以诚守信的经营之道,以爱国爱人之心,仁药仁术之本,取信于民,造福人类"。

(3) 企业愿景应该是"独特的"。美国管理学家加里·胡佛历经30多年实践与研究,发现一条"奇怪的"规律:许多企业获得成功的经验往往是"独特的",这些经验往往与通常认为的企业成功要素并不相同。因此,加里·胡佛在《愿景》一书中明确指出:"伟大的企业之所以伟大,是因为它们能够看到别人看不到的东西,将洞察力与策略相结合,描绘出独一无二的企业愿景。"

所以,独特性是服务性企业的立身之本,盲目模仿只会招致失败。以沃尔玛公司为例,"通过物美价廉的商品,来提高人们的日常生活水平"是沃尔玛公司的愿景,这个愿景看似简单,但在该公司成立之时,却把"沃尔玛"与大多数百货零售公司的经营模式给区分出来。在这一愿景的指引下,经过多年艰辛的努力,沃尔玛公司在消费者心目中逐步树立起了"价廉物美"的市场形象,该公司也逐步从一个小店发展成为世界性大公司。

(4) 企业愿景应该是"给予的"。日本"经营之神"稻盛和夫认为,企业和人一样,应具有奉献精神,企业不仅是"利己的",而且更要"利他"。对于服务性企业而言,"利他精神"更为重要。"利他"不仅是服务的本质,而且"给予"和"帮助别人"的行为更可以体现服务性企业的社会责任感,就像中国古典哲学思想中"舍"和"得"的关系一样,良好的社会责任感必然会给服务性企业带来良好的"社会形象",良好的社会形象自然会给企业带来更多的利润。

因此,对于服务性企业而言,其公司愿景理当与社会责任相结合,并以"奉献社会"、"帮助他人"为己任。俗话说:"一流企业奉献社会,二流企业赚钱和兼顾社会,三流企业只管赚钱,而不择手段赚钱的企业则是不入流的"。这句话在很大程度上诠释了"为什么有的企业可以长久不衰,可以得到社会的广泛认同,而有的企业却招致人们的反感,其寿命也短得可怜"的道理。

中国著名的互联网服务企业腾讯公司提出的愿景是"成为最受尊敬的互联网企业",其创办人之一马化腾认为,要成为"最受尊敬"的企业,需要具备以下三个标准:良好的口碑,公司实力,高度的社会责任感。马化腾的话也在很大程度上诠释了以上道理。

3) 企业愿景的"金顶"

对于服务性企业而言,其企业愿景的"金顶"就是它的组织凝聚力。美国著名管理学家彼得·M·圣吉认为,对于想取得成功的企业而言,首先要有一个有力的愿景,因为这是能凝聚公司全体员工的力量。如图3.5所示,在一个服务性企业的内部,尽管每个员工的个人愿景会各不相同,但是,通过有效的组织管理,企业可以通过确立"共同愿景"把不同的个体目标统一起来,以此充分调动员工的工作热情,增强员工服务的主动性和自觉性,增加其对从事的事业的归属感,使员工真正全身心地为企业作贡献。在这方面,麦当劳、肯德基等知名快餐企业为很多服务性企业树立了学习的榜样。如果你是顾客,当走进这些快餐厅时，会发现，这里的员工总是能做到精神饱满、孜孜不倦，并且面带微笑，主动提供服务，或者说主动寻找为顾客服务的机会。

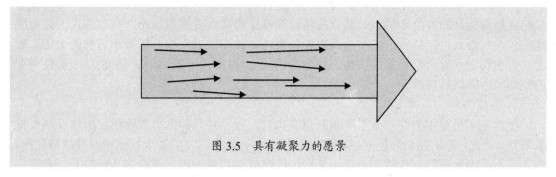

图 3.5　具有凝聚力的愿景

近年来，有许多服务性企业的领导者赶搭愿景列车，他们拟定了企业愿景及任务宣言，他们努力使每个人投入愿景，然而，他们所期望的目标却经常无法达到，这个现象导致许多人对企业愿景不再感兴趣。图 3.6 描绘的是不具有凝聚力的企业愿景，这种情况尤其在服务行业中比较常见，因为服务不同于产品制造，服务主要是由"人"来完成的行为过程，因此，服务性企业管理的核心问题是人的管理，如果企业无法把团体中的"人"有效地组织起来，那么，服务性企业的健康发展就很难做到。

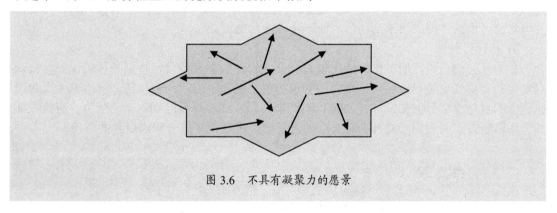

图 3.6　不具有凝聚力的愿景

3.2.2　服务性企业的使命陈述

1. 企业使命的内涵

《辞海》中使命的意思是"使者奉命出行，今指重大的任务"；《高级汉语大词典》中使命的汉语解释是"派遣人去办事的命令，比喻重大的责任"；中世纪拉丁语中，使命(Mission)特指宗教使命，"分派的任务"。上述三种解释所表达的核心思想是一致的：使命是一个组织的信仰和诺言，是赋予个人或团体的重大责任，个人和团体的行为都要以此为依据。

简而言之，企业使命是企业所肩负的责任，回答企业为什么存在。如 Google 的使命是"整合全球信息，使人人皆可访问并从中受益"；微软公司的使命是"致力于提供使工作、学习、生活更加方便、丰富的个人电脑软件"。

2. 使命陈述的特点

使命陈述是企业使命的具体表现形式,是公司制定战略和目标的基础环节,并贯穿于战略规划与执行的各个环节。大部分战略管理专家和实践者普遍认为,有效的企业使命陈述应包含九要素,包括客户、产品或服务、市场、技术、对生存、增长和盈利的关切、观念、自我认识、对公众形象的关切、对雇员的关心(弗雷德·R. 戴维,1998)。服务性企业的使命陈述应该具有如下三个特点。

1) 态度声明

使命陈述是对服务性企业态度和展望的宣言,而不是具体细节的阐述,所以要高度抽象概括。首先,好的使命陈述应当能够激发并产生一定范围内的多个目标和多种战略选择,而不应不适当地抑制管理的创新性;其次,能有效调和企业内部存在的各种差异,并吸引企业的不同利益相关者。

2) 顾客导向

一个好的使命陈述体现了企业对顾客的服务预期。顾客的需要决定了服务性企业的基本经营方向和价值取向,顾客购买的是产品或服务的使用价值,所以,服务性企业的使命应突出产品或服务满足顾客需求的效用。例如,迪士尼公司强调的是"使人们过得快活",而不是"提供娱乐场所";万科的使命是"建筑无限生活";而不是"建造、出售房子";雅芳公司的使命是"成为一家比女人更了解女人的公司",而不是"出售化妆品";哥伦比亚电影公司旨在"提供娱乐活动",而不是"经营电影业"。

3) 社会责任

作为社会的一员,服务性企业应以对社会负责任的态度经营,特别是环境保护、公众利益等社会责任更是企业应该主动关心和承担的。例如,以"同修仁德,济世养生"为经营理念的百年老字号同仁堂,在 2003 年"非典"(SARS)爆发时期,主动低价供应抗"非典"中医药方,表现出了对社会和公众的责任感,也赢得了社会和消费者的信任。

典型案例

中国移动通信的核心价值观、使命与愿景[①]

如图 3.7 所示。

1. 核心价值观:正德厚生,臻于至善

"正德厚生,臻于至善"既体现了中国移动独有的特质,又阐释了中国移动历来的信仰。"正德厚生,臻于至善"就是要求移动人以人为本打造以"正身之德"承担责任的团队,就是要求移动人成为以"厚民之生"兼济天下、承担社会责任的优秀企业公民,就是要求移动人培养精益求精、不断进取的气质,锻造勇于挑战自我,敢于超越自我的精神。

2. 企业使命:创无限通信世界,做信息社会栋梁

使命是核心价值观的载体与反映,是企业生存与发展的理由,是企业一种根本的、最有价值的、崇高的责任和任务,回答的是"我们要做什么、为

---

① http://www.gs.10086.cn/aboutus/culture.

什么这样做"的现实问题。使命体现了企业全体员工的行为共识,是引导和激发全体员工持之以恒,为企业不断实现新的发展和超越而努力奋斗的动力之源;使命不仅包括目前面临的任务,更涵盖对过去的认识、反思以及对未来的期望和判断,揭示企业成长的基本原则和思路。

"创无限通信世界"体现了中国移动通过追求卓越,争做行业先锋的强烈使命感;"做信息社会栋梁"则体现了中国移动在未来的产业发展中将承担发挥行业优势、勇为社会发展中流砥柱的任务。

3. 愿景:成为卓越品质的创造者

愿景是中国移动在新环境下,适应市场需求、保持价值增长,实现新跨越的着力点。随着信息社会的发展,未来的通信消费需求将逐步由单纯的产品需求向复杂的品质需求转变,运营商只有在产品的功能性、服务的系统性、体验的崇尚性、内容的时尚性等诸多方面不断创新才能形成长期的差异化竞争优势,将2G优势延续到3G时代,最终实现新的发展跨越。

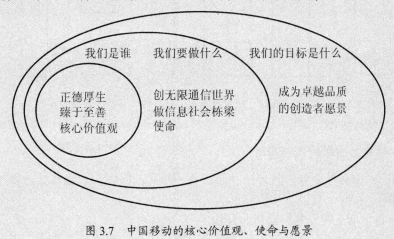

图 3.7 中国移动的核心价值观、使命与愿景

3.2.3 使命和愿景的内部沟通与对外传播

曾有一位经理到外地出差,住在旅馆时,他看到窗外有两个工人在干活。第一位工人挖了个1米深的洞,第二个工人又把土填回去,接下来仍在重复这个动作。第二天,这两个工人还是如此。这位经理感到非常奇怪,于是走出去问:"你们在做什么?"他们说:"我们在种树。"经理纳闷地说:"怎么没有种树苗呀?"工人回答道:"我们本来是三个人一组干活,但那个负责种树苗的人这两天生病请假了。"这位经理觉得既可气又好笑,同时也想到:有些员工绩效很低,并不是因为偷懒,相反,他们甚至很敬业,但就是不知道自己所在团队的共同目标——愿景是什么。由此,他问自己:假如这些员工是自己的下属,那么作为领导者的自己,又该做些什么?

这是《商业评论》杂志和麦肯特顾问公司主办"2005全球领导力大师论坛"上,中国台湾悦智顾问公司董事长黄河明进行"如何领导高绩效团队"演讲时讲的一个寓言。在这个寓言中,两个工人除了明白自己的职责是挖土、填坑之外,并不知道大家最终的目标是种树,这个寓言表明,如果缺乏沟通,员工对企业的使命和愿景一无所知,那么,再好的企业目标也会成为一纸空文。

因此，对于服务性企业而言，不仅需要制定切实可行的企业使命和愿景，而且还需要通过一定的方法和手段来传播它们，使它们为人们所知晓和理解，这样才会收到良好的效果。如图3.8所示，服务性企业如果能够主动与员工、顾客分享共同的事业和愿景，那么，就会引起员工和顾客的认同及善意回应，这些对于企业的发展无疑会起到很大的助推作用。

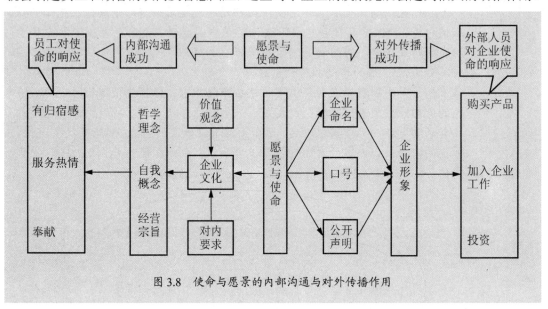

图 3.8　使命与愿景的内部沟通与对外传播作用

1. 使命与愿景的内部沟通

不同的服务性企业，其使命和愿景各不相同，因而，企业与其内部员工沟通的途径也是多样的。在此，有以下几种建议。

1) 自下而上建立共同愿景与使命

服务性企业是由诸多员工汇聚而成，因此，企业的"共同愿景"也是由诸多"个人愿景"汇聚起来的；只有凭借个人力量，企业的共同愿景才能够实现。但是，在一些服务性企业中，一些员工在升职后却选择离开企业，问其原因，很多人回答说"因为在这里工作缺乏热情，我的个人梦想与公司理想没有融合在一起"。

对于这一现象，汉诺瓦保险公司总裁欧白恩做了明确的解释，他说："我的愿景对你并不重要，唯有你的愿景才能够激励自己。"欧白恩之所以强调个人对周遭事物的关注，是由于他认识到真正的公司愿景必须根植于员工个人的价值观、关切与热望中(彼得·M·圣吉，2002)。然而，这个简单的道理却被许多领导者忽略，他们往往希望自己的组织必须在短期内建立一个共同愿景，结果是很多企业领导制定愿景只是纸上谈兵。

相关链接

在励志电影《为人师表》中饰演角色的演员爱德华·奥尔莫斯应邀参加大学生的毕业典礼时，曾满怀激情地对大学生说："在大家离开前，我有一件事要提醒各位，记住千万不要为了钱而工作，不要只是找一份差事。我所说的'差事'是指为了赚钱而做的事情，在座各位当中许多人在校期间就已经做过各式各样的差事，但工作是不一样的。你对工作应该有非做不可的使命感，并且要乐在其中，甚至在酬劳仅够温饱的情况下，你也无怨无悔。你投入这项工作，因为它是你的生命。"

2) 自上而下与员工沟通

(1) 告知。所谓告知，是指共同愿景一旦形成，就需要正式告知所有的员工。"我们一定得这么做，这是我们的愿景。假如这个愿景不能打动你，那么你最好重新考虑你在公司的前途。"告知带有官方的、使命式的色彩，通过带有传统且是权威式的方式鼓动变革，但它也有一定的激发力量，因为员工们会知道，假如他们不同意，他们在这个服务组织中的前途也就没有了。不过这种激发，通常是强迫性的。

(2) 推销。告知只能表明已经把愿景公开宣布了，然而员工仍然可以用各种不同方式说"不"，包括消极抵抗。而推销是指服务性企业的领导人努力将企业愿景推至员工的心中，以推动他们为实现共同愿景而全心奉献。

服务性企业的领导向员工推销企业愿景时，需注意以下三点：

① 应设立沟通渠道，随时听取员工对共同愿景的反应，同时也随时在不同渠道中反复宣传共同愿景。这种沟通渠道既可以是正式的，也可以是非正式的。

② 强化说明愿景所带来的好处，而不仅仅勾画愿景如何。因为员工们在企业奉献时也总要考虑企业给他们的回报，唯有借助他们的这种考虑，强调愿景可能带来的好处，才能有效地激发员工们的积极性。

③ 推销的努力中隐含的信息是"企业要仰仗你们的努力才能实现愿景"，为此推销者一定要重视与员工的关系，让他们明白并不会强迫他们做其不愿做的事。

典型案例

麦当劳创始人的"走动管理"

麦当劳快餐店创始人雷·克罗克，是美国社会最有影响的十大企业家之一，他不喜欢整天坐在办公室里，大部分工作时间都用在"走动管理上"，即到各公司、部门走走、看看、听听、问问。

麦当劳公司曾有一段时间面临严重亏损的危机，克罗克发现其中一个重要原因是公司各职能部门的经理有严重的官僚主义，习惯躺在舒适的椅背上指手画脚，把许多宝贵时间耗费在抽烟和闲聊上。于是克罗克想出一个"奇招"，将所有经理的椅子靠背锯掉，并立即照办。开始很多人骂克罗克是个疯子，不久大家开始悟出了他的一番"苦心"。他们纷纷走出办公室，深入基层，开展"走动管理"，及时了解情况，现场解决问题，终于使公司扭亏转盈。这正如著名的管理学大师彼得·德鲁克所说："人无法只靠一句话来沟通，总是得靠整个人来沟通。"

2. 使命与愿景的对外传播

1) 与顾客开展战略性合作

事实上，任何一个企业都不会否认"顾客"所扮演的重要角色。如果顾客不用手里的钞票来支持企业的话，企业就得关门大吉。那些成功的企业从来都不曾忘记这个颠扑不破的真理，它们无不力求提供体贴入微的服务、可靠耐用的产品和公平合理的价格来为顾客效劳，无论何时都是如此，而且，这一真理对于服务性企业来说尤为重要。

如今，很多服务企业已经开始改变其战略管理方法，不再视顾客为简单的局外人或单纯服务购买者的角色，而是主动让顾客参与进来，作为合作伙伴来分享企业所从事的事业，这在一些企业的经营理念中可以发现。例如，万科公司提出的"客户是我们的永远的伙伴"，阿里巴巴公司提出的"让天下没有难做的生意"，都在一定程度上体现了企业与客户为伴的战略思维模式。

2) 与公众进行交流

服务性企业对外传播其公司使命和愿景的重要对象是社会公众，只有公众的充分了解和理解，服务性企业的愿景和形象才能够被社会所接受。由于信息渠道的多样化，现在的社会公众已经不愿意只被当做被动接受宣传和市场营销的目标，相反，他们要求在社会和企业信息传播中发挥更大作用。对于服务性企业而言，需要改变过去一贯的观点，即不再单纯借助有影响力的媒体的力量，而是要建立与公众坦诚对话的平台，提升企业的透明度，让公众全面了解自己的企业和服务产品，并设法让公众参与到企业愿景的实现过程中来。

3) 让员工在服务接触中传播公司理念

企业员工是企业核心价值观、企业愿景与使命的承载者，也是对外传播的最重要环节，其代表的企业形象和企业理念直接作用于其他利益相关者。企业员工在与顾客(或其他利益相关者)的接触中，有很多机会向外部传播公司的愿景。对于一家内部沟通良好的服务性企业而言，其员工向外部所传递的信息足以让外部人员了解并认同企业的愿景。

3.2.4 使命、愿景与战略的关系

服务性企业的使命、愿景与战略的关系如图 3.9 所示。服务性企业的愿景和使命都是对一个企业未来的发展方向和目标的构想和设想，都是对未来的展望、憧憬。服务性企业的使命是企业愿景的一个方面，换句话说，服务性企业的愿景包括企业使命，企业使命是企业愿景中具体说明企业经济活动和行为的理念，明确的使命表达是确立战略目标和制定战略的基础，也是企业战略管理的起点。

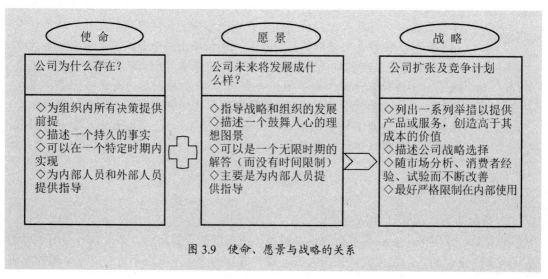

图 3.9 使命、愿景与战略的关系

3.3 服务性企业战略目标的设定

对于服务性企业而言，要制定正确的企业战略，仅有使命和愿景是不够的，还必须将使命和愿景转化为具体的战略目标。战略目标是对企业愿景进一步的具体化和明确化，是企业在一定时期内预期达到的理想成果。战略目标是企业战略的重要组成部分，体现企业的战略思想和使命，是制定、选择战略方案和战略实施与控制的依据。正确合理的战略目标，对企业的经营具有重大的引导作用，是企业制定战略的基本依据和出发点。

3.3.1 战略目标的特征

为了使战略目标真正发挥应有的作用，服务性企业的战略目标设定应满足以下原则要求或具备以下特征。

1. 可操作性

在制定企业战略目标时，必须从实际出发，在全面分析企业内外部环境的基础上，判断企业经过努力所能达到的程度。战略目标必须是引领性和可行性的有机结合，既不能脱离实际将目标定得过高，也不可把目标定得太低，要在可行性和挑战性之间建立平衡。过高的目标让人感到不切实际，难以让员工接受，还会挫伤员工的积极性，使组织成员失去信心，甚至导致企业资源的浪费；反之，目标过低，无需努力就可轻易实现，容易被员工忽视，错过市场机会。此外，若目标不具有挑战性，容易被员工忽视，非但不能起到激励引领的作用，更严重的是可能导致市场机会尤其是重大战略机会的丧失。

2. 可检验性

战略目标应该是具体的、可度量和可检测的。因此，战略目标应尽量用数据表达，尽量有明确的时限，具体说明将在何时达到何种结果，如多米诺比萨饼战略目标："在30分钟以内将我们高质量的热比萨饼安全地送到顾客手中，价格公平，利润合理。"

量化的战略目标具有便于分解为目标体系、便于检查评价控制、便于动员激励员工等优点。当然，也有许多目标难以量化。一般时间跨度越长、战略层次越高的目标，越具有模糊性，也就越难以量化。对于这样的目标，服务性企业的管理者应当尽可能对要达到的程度作准确的界定，一方面明确实现目标的时间，另一方面说明工作的特点，只有这样，战略目标才会变得具体而又有实际意义。

相关链接

中国电信的战略目标[①]

中国电信的战略目标："把中国电信建设成为世界级现代电信企业集团。"

"世界级"企业是中国电信不断追求的目标，主要表现为价值优、规模

---

① http://xxgk.chaohu.gov.cn/

大、能力强。价值优是指净利润率、已投资本回报率、自由现金流占收入比等主要价值指标达到世界同行企业的平均水平。规模大是指业务收入(或用户、网络规模)持续、稳定增长,并位居世界同行企业前列。能力强是指市场营销、运营管理、资源利用和创新实践等方面的竞争能力达到世界同行企业的领先水平,形成客户领先、运营卓越、资源高效或领导创新的竞争优势。做优价值是做世界级企业的核心目的,做大规模是做世界级企业的主要目标,做强能力是做世界级企业的根本保障。

3. 系统性

战略目标是企业的整体目标。服务性企业是在开放环境下运行的组织,战略目标的制定必须建立在实事求是地对内外部环境进行分析和预测的基础上,应该根据整体目标的要求,制定出一系列相应的分目标。这些分目标之间,以及分目标和总目标之间,应该具有内在的相关性,并形成一个完整的、相互配套的目标体系,如图3.10所示。

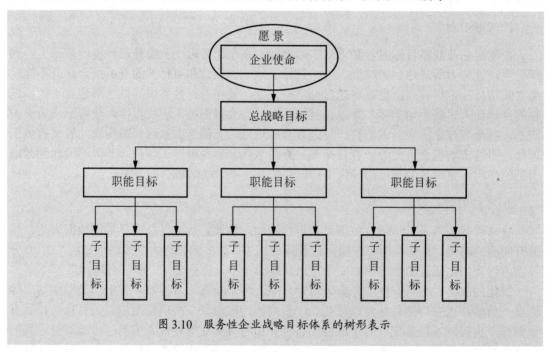

图3.10 服务性企业战略目标体系的树形表示

从时间上看,服务性企业发展的不同阶段都会有不同的战略目标。各个阶段的目标,要能使企业不同阶段的生产经营活动前后衔接;从层次上看,服务性企业不同的管理层、职能部门都有自己的目标,而这些目标都应该围绕企业的总目标而展开,使企业各方面各个阶段的目标协调一致,确保目标的同步化和协调化。

3.3.2 战略目标的内容

不同行业中的服务性企业,不同发展阶段和规模的服务性企业,不同环境条件下的服务性企业,其发展的具体战略目标都会有所不同,但由于企业在经营中所涉及的利益相关者大体一样，因此，企业战略目标的内容是大体相似的。关于战略目标内容的概括和表达，代表性的观点主要有"战略目标核心结构(四大内容)说"、德鲁克的"战略目标体系(八大内容)说"、企业战略地图标示法等。

1. 战略目标核心结构(四大内容)说

在企业使命和企业功能定位的基础上，服务性企业的战略目标可以按四大内容展开：市场目标、创新目标、盈利目标和社会目标。并且每一个目标又可以进一步分解，如图3.11所示。

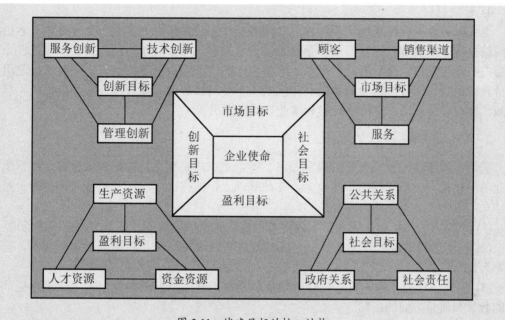

图 3.11　战略目标的核心结构

1) 市场目标

一个服务性企业在制定战略目标时，最重要的决策依据是这个企业在市场上的相对地位，它常常反映了企业的竞争地位。服务性企业预期达到的市场地位应该是最优的市场份额，这就要求服务性企业在制定战略目标时，必须对其顾客群体、目标市场、服务产品、销售渠道等进行仔细分析。

2) 创新目标

在环境变化加剧、市场竞争激烈的社会里，创新是服务性企业增强竞争能力的必要手段。对于服务性企业而言，应着力于实现服务创新、技术创新和管理创新这三大创新目标。

(1) 服务创新是服务性企业实现永续发展的内在要求，是提高服务水平和服务质量，获得竞争优势的关键。通过持续的服务创新，服务性企业能够实现服务产品的差异化，培育忠诚的顾客群体，从而减少进入威胁。

(2) 技术创新。这一目标将导致新的服务生产方式的引入。例如，在信息技术飞速发展的时代背景下，银行业普遍采用新的技术设备来提高其服务生产力，"自主银行"、"网络银行"、"手机银行"等新的服务方式不断出现，这些就是银行业采用新的技术开展服务的结果。

(3) 管理创新。对于服务性企业而言，不断创新其管理模式，也可以大幅提升企业的市场竞争力。例如，某些服务企业对其经营思路、组织结构、管理风格和手段、管理模式、服务流程等多方面的革新，都会带来新的管理革新效应。

3) 盈利目标

盈利是服务性企业生存的基本目标。作为企业生存和发展的必要条件和限制因素的利润，既是对企业经营成果的检验，又是企业的风险报酬，也是整个企业乃至整个社会发展的资金来源。盈利目标的达成取决于企业的资源配置效率及利用效率，包括人力资源、生产资源、资本资源的投入-产出目标。

4) 社会目标

现代服务性企业越来越认识到自己对顾客及社会的责任，一方面，企业必须对本组织造成的社会影响负责；另一方面，企业还必须承担解决社会问题的部分责任。服务性企业日益关心并注意树立良好的社会形象，既为自己的产品或服务争得信誉，同时又促进组织本身获得认同。服务性企业的社会目标反映了企业对社会的贡献程度，如环境保护、节约能源、参与社会活动、支持社会福利事业和地区发展等。

2. 战略目标体系(八大内容)说

美国学者彼得·德鲁克经过研究发现，各个企业需要制定目标的领域全都一样，所有企业的生存都取决于同样的一些因素，在此基础上，他提出了一个很有参考价值的公司目标体系，包括八个方面的内容：

(1) 市场方面的目标。应表明本公司希望达到的市场份额或在竞争中占据的市场地位。

(2) 技术改进和发展方面的目标。应对改进和发展新产品和新服务、削减成本、提高效率等设立目标。

(3) 提高生产力方面的目标。有效地衡量原材料利用情况的指标，最大限度地提高产品的数量和质量方面的指标。

(4) 财务与实物资源取得和占用方面的目标。企业应说明它如何取得这些资源，并占用多少。

(5) 利润方面的目标。应明确企业给业主的回报率和经营效益大小。

(6) 人力资源方面的目标。人力资源的获得、培训和管理人员的培养及其个人才能的发挥。

(7) 员工积极性方面的目标。对员工的激励和报酬指标。

(8) 社会责任方面的目标。注意公司对社会产生的影响及回报。

上述八个方面的目标只是服务性企业制定战略目标时可能涉及的基本方面，并非都要包括，也未必非要按照上述次序进行。

3. 企业战略地图标示法

值得注意的是，由罗伯特·卡普兰(Robert Kaplan)和戴维·诺顿(David Norton)提出的战略平衡记分卡指标体系，对制定战略目标具有指导作用。战略平衡记分卡体系主要由财务、客户、内部经营过程、学习与成长四个角度的指标组成。卡普兰和诺顿的第三部力作《战略地图》，进一步发展了平衡记分卡理论，战略地图就是平衡记分卡的进一步发展，战略地图保留了平衡计分卡的基本框架，同样是"财务、客户、内部流程、学习与成长"四个基本层面，但又有新的发展，表现为每一个层面更加细致。卡普兰和诺顿认为，战略地图与平衡计分卡相比，增加了两个层次的内容：①颗粒层，可以看到每一个层面下都可以分解为很多要素；②增加了动态的层面，即战略地图是动态的，可以结合战略规划过程来绘制。图 3.12 是深圳市某银行分行的战略地图。

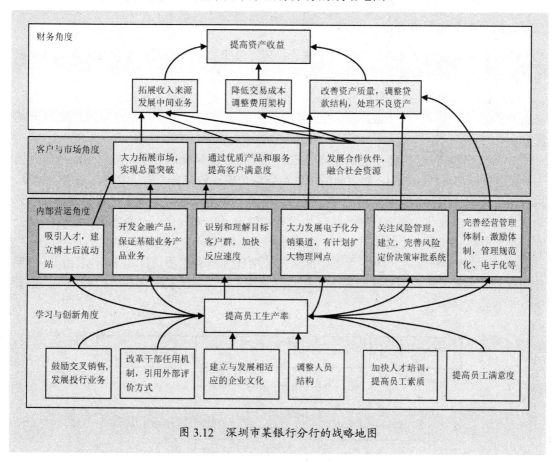

图 3.12　深圳市某银行分行的战略地图

3.3.3　战略目标设定的过程

一般而言，服务性企业确定战略目标需要经历战略目标分析、拟定战略目标、评价和确定目标等具体步骤，如图 3.13 所示。

1. 战略目标分析

为了制定战略目标，服务性企业必须对企业环境、自身资源等进行充分的调查与分析，将机会与挑战、优势与劣势、自身与对手、企业与环境、需要和资源、现在与未来加以对比，弄清楚它们之间的关系，才能为确定战略目标奠定比较可靠的基础。

2. 拟定战略目标

经过细致周密的调查研究，服务性企业便可以着手拟定战略目标了。首先，在既定的战略经营领域内，企业管理者依据对外部环境、需要和资源的综合考虑，确定出目标方向；其次，通过对现有能力与手段等各种条件的全面估量，企业管理者对沿着战略方向展开的活动所要达到的水平也作出初步的规定,这便形成了可供决策选择的目标方案;再次在拟定战略目标的过程中,企业管理者应注意充分发挥各方面人员的作用,并根据实际需要与可能,尽可能多地提出一些目标方案,以便于对比选优。

3. 评价和确定战略目标

战略目标拟定出来以后,服务性企业的管理者要组织多方面的专家和有关人员对提出的目标方案进行评价和确定。

(1) 论证和评价要围绕目标方向是否正确进行。要着重研究:拟定的战略目标是否符合企业的宗旨,是否符合企业整体利益与发展的需要,是否符合外部环境及未来发展的需要。

(2) 评价战略目标的可行性。评价的方法主要是按照目标的要求,分析企业的实际能力,找出目标与现状的差距,然后分析用以消除这个差距的措施,而且要进行适当的运算,尽可能用数据说明。如果制定的途径、能力和措施,对消除这个差距有足够的保证,就说明这个目标是可行的。需要注意的是,如果外部环境及未来变化对企业发展比较有利,企业自身也有办法找到更多的发展途径、能力和措施,那么就要考虑提高战略目标的水平。

(3) 设定战略目标时,应注意短期目标与长期计划是否相协调,如果短期目标与长期计划相矛盾,那么长期的发展愿景就没有任何意义,用僵化的长期计划来约束企业,则会限制企业的发展。

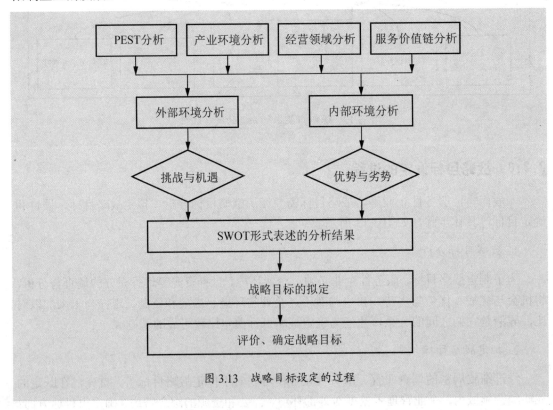

图 3.13 战略目标设定的过程

典型案例

索尼克连锁餐厅的故事[①]

如果要说明执行短期计划比制订长期计划更重要，没有比"索尼克免下车连锁餐厅"(以下简称"索尼克")更好的例子了。该餐厅在美国30个州有3 000家分店，在快餐业中具有最高的顾客回头率。在过去的10年中，其平均营业收入增长率是惊人的23.09%。

按照过去10年的财务业绩，索尼克是文化、创新和效率的典范。我们追问该公司的CEO 克利夫·哈德森：为什么不在每个州都开设分店？为什么开设3 000家分店而不是10 000家？

"我们不缺钱，可以发展得更快些，"他说，"但是如果我们没有注意把每天的事情都做好，那么长期的发展愿景就没有任何意义。对我们来说，更重要的是以能够盈利的方式发展，保证所有的合伙人都干得不错并尊重我们的品牌，同时培养适当类型的团队成员。从而我们可以继续发展，并且明智地在那些最赚钱的地方发展新分店。"

然而，索尼克发展的前40年，像许多公司一样面临着错综复杂的问题：由于公司发展太快，公司合伙人有无数"宏伟的计划"，与此同时，一个个好的想法和创新却被埋没；人们在想象明天的回报方面所花的时间，比在思考今天的具体情况方面所花的时间多得多。到20世纪80年代中期，无休止的内讧和权力斗争使得公司面临破产的危险，甚至有几个合伙人被踢出了公司。最终有400家加盟餐馆离开了索尼克或者被关闭了，剩下的董事会成员为了扭转乾坤，引进了年轻的律师克利夫·哈德森任CEO。

哈德森并没有依靠神奇的战术或者强迫自己遵守一份有关5年后他们将有多少家分店的时间表，相反他们实施了一些最基本的措施：要求所有的餐馆集中采购以保证实现显著的成本节约和质量控制；实施了营销合作，对媒体广告提供财务保障；不断更新所有分店的外观以及在整个连锁系统内提供标准的菜单。哈德森知道，通过提高同一家分店的年销售额，耐心地以每年一两百家的速度增加分店的数量，保证每个供应商都成为有价值的合作伙伴和各自为政的情况不再出现，以及一如既往、坚定不移地执行和实现短期目标，那么他们公司就离实现全部经济潜力这个长期目标不远了。

索尼克连锁餐厅的故事告诉我们：一个服务性企业要想达到成功的目标，首先必须集中精力完成重要的短期目标，同时也要不断密切关注企业的长期远景，这样的企业才能实现非凡的收入增长。

[①] Jason Jennings.索尼克连锁餐厅的故事[EB/OL]. http://www.ittime.com.cn.

3.4 服务承诺

服务承诺(Service Promise)是服务性企业通过对其战略目标的逐层分解,转化为企业在服务内容、服务时间、服务效率以及服务质量方面的目标,并将这些目标分解到部门和岗位,使各职能部门和岗位明确其应该做什么,不应该做什么,应该怎么做,以及应该做到什么程度。当服务机构确定其能提供的服务承诺后,再通过广告、人员推销和公共宣传等沟通方式向顾客预示服务质量或服务效果,并对服务质量或服务效果予以一定的保证。

3.4.1 服务承诺的基本要素

一个完整的、可执行的、有效的服务承诺应该具有以下八个方面的要素(韩伟,2006)[①],如图3.14所示。

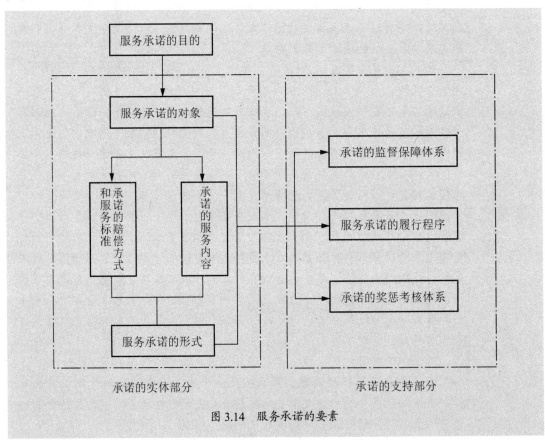

图3.14 服务承诺的要素

(1) 服务承诺的目的。清楚地表明执行这项服务承诺的目的。
(2) 服务承诺的对象。该项承诺面对的特定市场和特定的顾客群体。例如,杭州联通

---
① 韩伟. 关于服务承诺框架体系及其应用的研究[C]. 东北大学硕士学位论文,2006.

公开向社会承诺，档案实名制的杭州地区联通用户(承诺的对象)，对浙江省内产生的话费账单持有异议，可通过来人或来电向杭州分公司反映，如果一时无法核实，杭州分公司将给予先行退费；如果确是联通公司工作过失，在话费上造成用户损失的，杭州分公司将予以双倍赔付。杭州联通率先实施"先行赔付，诚信联通"工程，首开我国通信界"先行赔付"之先河。

(3) 承诺的服务内容。承诺一定是要对某项服务提出承诺，让顾客清楚了解究竟这项承诺要对顾客承诺什么。例如，Well Fargo 公司承诺，消费者在其谈话热线上的等待时间不超过 5 分钟，如果他们确实等了 5 分钟，他们可以得到 5 美元；麦当劳公司的承诺声称：热的食物，快速、友好的服务，双重检查，确保您的食品清洁、新鲜，以及做好自己的事情，否则来买单；在因特网上，网络服务提供商承诺，如果一天内掉线超过 10 分钟，服务提供商将免收上网费用的 5%。

(4) 承诺的赔偿方式和服务标准。承诺要有明确的、经济合理的赔偿方式和提供承诺服务的标准。这样的赔偿方式和标准的执行承诺的服务，既可以使顾客满意，切实地达到承诺的目的，又可以避免服务机构蒙受经济上不必要的损失。

例如，美国波士顿的一家餐厅在顾客食物中毒后还以提供免费的餐券作为赔偿顾客的方式，使得顾客勃然大怒，显然此时的承诺是不合理的。而有的服务机构提供过高的赔偿，例如，如果感到口味不满意，可以重新享受一顿免费的午餐，这样的承诺很容易促使顾客欺骗，从而使服务机构蒙受不必要的损失。

(5) 服务承诺的形式。服务承诺的形式多种多样，概括起来有以下几种：以服务性企业的经营目标和宗旨表现出来；通过传播媒介，树立良好的企业形象，以此向顾客承诺优秀的企业一定能提供优质的服务；以海报、公告等形式向顾客提供服务承诺；以规定的形式向顾客保证，他们将获得不同于其他企业的良好待遇和更多的利益；口头宣传。图 3.15 是某楼市的承诺广告。[①]

图 3.15 某楼市的承诺广告

---

① http://www.house365.com

服务性企业战略管理

(6) 服务承诺的履行程序。承诺要有明确、简单、可行的履行程序,即顾客能够清楚地知道服务性履行承诺的步骤,企业员工能够知道该怎样执行承诺。

(7) 服务承诺的监督保障体系。服务性企业的承诺需要完善、细致的监督保障体系,以确保承诺顺利地按照设计标准来执行,并收到预期的效果。例如,一位医生要有效地履行对于病人的承诺,就必须得到医院内部系统的支持,让他了解病人的资料,给他配备先进的手术和检查设备,并得到相应的辅助工作人员的支持。

(8) 承诺的奖惩考核体系。服务性企业的承诺应该有一套合理、科学的奖惩考核体系,以此来激励员工积极有效地执行承诺、维护承诺。

总之,在以上服务承诺的八个要素中,承诺目标是整个服务承诺的方向;承诺对象、承诺赔偿方式、承诺服务内容和承诺外在形式组成了服务承诺的实体部分,也是一项服务承诺的基本组成部分;承诺奖惩考核系统、承诺的履行程序和承诺监督保障体系是服务承诺的必要支持系统,它们能够保证服务性企业的承诺能够顺利、有效地实施。

3.4.2 设计服务承诺的原则

服务性企业在设计服务承诺时,应以顾客为导向,把顾客的需求放在首位,在这个大前提下,设计服务承诺应坚持如下原则。

1. 服务承诺应给顾客带来利益

有吸引力的服务承诺,应当针对顾客迫切的期望和要求,为顾客带来实实在在的利益。承诺所涉及的赔偿或奖励,必须能让顾客清楚感受所伴随的利益。例如,江西省婺源县推出的"游客损失预赔制度",是针对旅游治安环境的一项承诺,这项承诺针对游客最关心的治安问题,提出"游人在婺源游玩期间,遭受失窃、抢劫等不可预测的事件,游客财产损失,在公安机关破案之前,由婺源县财政拨款对游客先行照价赔偿";又如,杭州大众出租汽车公司的一项承诺是,凡气温在30℃以上的时候,大众出租一律打开空调接客,如发现擅自不开空调的,投诉乘客可退回所有乘车费,并获得面值30元的乘车证一张,违纪司机则视情节轻重予以处罚;而如果一家送水公司的承诺是保证当天送到,否则下次免费送一桶水,实际上这个行业当天送水到家服务几乎每一个竞争者都可以做到,因此该承诺对顾客而言就没什么吸引力。

2. 服务承诺应是无条件的

强而有力的服务承诺,一般是无条件的承诺,不应留有向顾客"还价"的余地。彻底的、无条件的承诺,显示了服务质量的可靠性和保证性,也显示了服务性企业对其服务产品质量的信心,对顾客有很大的吸引力,也不会让顾客怀疑服务机构提供的服务承诺的诚意。相反,有些承诺之所以缺乏吸引力,是因为它留有一定的"还价"余地。执行服务承诺的条件太多,除让顾客怀疑服务机构的诚意外,也让顾客感到获取服务承诺的成本太高。图3.16是某家超市的价格承诺,因其附加的条件太多,反而引起客户的不满。

图 3.16 某超市的价格承诺

3. 服务承诺应是毫不含糊的

有力的服务承诺应当是不含糊、不引起误解的。肯德基公司在美国的服务承诺是，顾客在任何一家肯德基快餐店付款后必须在 2 分钟内上餐，否则可免费用餐。这里的"2 分钟内上餐"是明确的承诺。而如果快餐店承诺"保证尽快用餐"，就是含糊的、不明确的承诺。不明确的承诺，难以真正兑现，从某种意义讲，等于没有承诺。

4. 服务承诺应有合理的补偿措施

由于影响企业服务水平的因素并不都是企业可以控制的，一些外部条件和环境变化带来的影响，企业往往是无能为力的。因此，在做出服务承诺前应对不可控因素出现的种种可能性做出准确的分析，并预计不可控因素可能给顾客造成的损失，在设计服务承诺时加上合理的补偿措施。例如，平安车险的理赔承诺"对赔款金额在 1 万元以内(含 1 万元)的车辆保险，在客户提交索赔资料齐全有效的情况下，即刻起三个工作日内完成案件审批并通知付款。未能达到上述承诺的案件，将以银行活期利率 10 倍的罚息(按日结算)赔偿客户"。

5. 服务承诺应适度

消费者对于服务的满意度不仅在于服务的承诺有多少，更看重的是兑现了多少。过低标准的服务承诺对于顾客无法产生足够的吸引力，而脱离实际的过高承诺不仅对企业无益，一旦失信于消费者，就更会影响自身的信誉。所以在设计服务承诺时，一定要切合实际而便于履行，宁愿承诺定得低一点，而在兑现承诺时，可适当过度一些，这样才能超越顾客的期望，给他们带来惊喜，提高顾客的满意度。

服务性企业战略管理

申新巴士的"路抛赔偿"

上海申新巴士有限公司是全国第一家中外合资的城市公共交通企业，该公司率先在全市推出"路抛赔偿"的服务承诺，收到了良好的效果。以往乘客碰到公交车抛锚，司售人员顶多招呼大家转乘后车了事。上海申新巴士公司49路车队在公交车行业率先推出"汽车抛锚赔偿乘客一张预售车票"的承诺后，在社会上引起强烈反响。"车辆抛锚，司售人员不仅负责送我乘坐后面的车，还赔偿了一张预售票。"一位亲历其事的老年乘客感慨地说："乘车一辈子，头一次碰到这样的新鲜事。"

该车队在承诺近一年中，共发生"路抛赔偿"151次，次次承诺兑现，共赔偿预售车票计人民币3 557元。"路抛赔偿"虽然付出一定经济代价，但49路车队却因此赢得了更多的乘客，与上一年同期相比，车队客运人数净增加17万人次，营业收入也大大提高。

"路抛赔偿"的承诺推出后，申新公司加大了监督力度，明确了内部惩罚条例，有效地强化了企业管理：①增强了公司内部各个环节的基础管理，定期、随机对驾驶员的操作技术进行辅导，细化例行保养中的保养项目，对故障保修严格考核；②员工的素质有了明显提高，司售人员，尤其是驾驶员例行保养的责任感和爱车护车、钻研技术的自觉性大为增强；③通过考核，汽车修理部门的修车质量和服务态度都有了明显提高，改善了历年来机务系统"出门不认账"现象。

6. 服务承诺应不断创新

对于服务性企业而言，服务承诺并非一成不变，因为顾客的需求在不断地变化，同时竞争对手的策略也在不断地调整。所以，服务性企业需要根据市场变化，不断地对其服务承诺进行创新，以努力适应顾客需求和市场竞争态势的变化。

适度承诺与过度兑现①

坐落在桂林灵湖风景区的"乐满地"游乐园是一家集主题公园、度假酒店、高尔夫俱乐部等为一体的大型综合旅游休闲场所。其总经理谈起他们的经营体会时说，"乐满地"的游客服务标准就是"低调和超值兑现"，超值兑现对于客人的承诺就会让客人感动，留给客人一份美好的回忆。例如，游乐园一般都有标准的营业时间，超过时间，各种游乐设施就要停止运行；而"乐满地"游乐园却有一条不成文的规矩，只要是在营业时间内进了游乐设施等

---

① 论企业对服务承诺的研究[EB/OL]. http://wenku.baidu.com.

待区内排队，即使超过了营业时间，他们也坚持服务完每一位游客，不让他们失望而归，这样就在无意中赢得了游客的心。

3.4.3 服务承诺的履行

服务性企业不但要敢于和善于提出服务承诺，而且要切实地和有效地履行服务承诺。

从履行承诺的角度看，服务承诺与实物产品承诺有着较大的不同：首先，在履行对象上，实物产品承诺是关于物的承诺，而服务的承诺是关于人、行为及政策的承诺，其中包括运行部门(或一线人员)、二线人员和顾客(就参与意义讲)三类人；其次，从履行结果上看，实物产品承诺的履行比较容易，而服务承诺的履行比较困难，因为它涉及服务性企业的政策、程序、服务生产线的负荷能力和人员管理等诸多因素，尤其是在服务过程中，上述三类人的行为都可能偏离服务承诺的内容，从而影响到服务承诺的履行。

因此，服务承诺履行管理对于服务性企业的战略发展十分重要，服务性企业在履行服务承诺的过程中，应重点采取以下管理策略。

1. 加强服务运行部门与营销部门的协调

服务承诺的履行，需要加强服务运行部门与营销部门的协调。在服务承诺的问题上，营销部门与运行部门之间沟通得不够，会影响服务承诺的履行和造成服务承诺与服务实际之间的差距。因为营销部门是承诺者，运行部门是承诺履行者，承诺者与履行者之间缺乏沟通和协调，就容易造成服务实际与服务承诺之间的脱节。

2. 加强二线人员的配合

服务承诺的履行，需要二线或后勤支援人员的配合。二线人员较少直接接触顾客，对顾客的期望或要求以及相关的服务承诺了解得不如一线人员多，这可能影响他们在服务过程中履行服务承诺的责任心及反应。

例如，饭店餐饮部前台与后厨是一个不可分割的整体，无论缺少哪部分或者双方配合不好，都会使酒店陷入困境，因此要加强双方协调，厨房应与前台在一起有规律地开座谈会，互相提意见，说说双方都有何看法，在一起学习菜谱，讨论菜式，客人都有哪些建议，举行一些活动、比赛增进感情，更好地为酒店服务配合注入生机。

3. 加强顾客的配合

服务承诺的履行，需要顾客的配合。顾客在参与服务过程时，顾客的行为会影响服务质量和效果，顾客有效的参与行为是保证服务质量和满意度的必要条件和重要条件，因此，服务机构对自己承诺的履行，离不开顾客的有效参与和配合。顾客不配合，服务机构承诺的服务效果就难以达到，服务承诺就难以履行；顾客予以配合，服务机构的承诺就比较容易履行。

例如，在医院服务承诺的履行过程中，医生与病人的配合就非常重要，病人如果不好好配合医生，会给医院带来许多不必要的麻烦，也会给医生工作的开展带来阻碍，但是最重要的是，病人如果不配合治疗会造成病情的延误，拖延治疗，也会错失抢救最佳时间。医生与病人的配合如图 3.17 所示。

图 3.17 医生与病人的配合

本 章 小 结

  企业愿景概括了企业的未来目标、使命和核心价值,这既是服务性企业发展的源动力,也是服务性企业最终希望实现的战略图景;而且,服务性企业的愿景应该是清晰、独特、持久的。企业使命是企业所肩负的责任,回答企业为什么存在。服务性企业制定切实可行的愿景与使命,就需要进行有效的内部沟通和外部传播,内部沟通有自下而上和自上而下两种途径,外部传播的途径很多,与顾客进行战略性合作、与公众进行交流都是很好的途径。

  服务性企业的战略目标是对其愿景的进一步具体化和明确化,是企业在一定时期内预期达到的理想成果。服务性企业确定战略目标一般需要经历战略目标分析、拟定战略目标、评价和确定目标几个步骤,服务承诺是服务性企业对其战略目标的逐层分解,服务承诺应该能给顾客带来利益并且是无条件的、毫不含糊的、适度的,还附带有合理的补偿措施。

本章思考题

1. 企业愿景与个人愿景的区别与联系是什么?
2. 企业愿景有哪些特点?
3. 企业使命陈述有哪些特点?
4. 服务性企业的战略目标包含哪些内容?
5. 服务性企业的服务承诺设计应坚持哪些原则?
6. 结合实例说明服务性企业的愿景、使命陈述与战略目标的关系。

第 4 章 服务性企业的战略环境分析

本章导读： 服务性企业要展开经营活动和制定发展战略，首先必须对其自身所处的经营环境进行战略性分析。服务性企业的战略环境是指与企业经营有关的外部因素和内部因素的总和。本章将从宏观、中观和微观三个方面对服务性企业的战略环境分析方法进行介绍。

核心概念： 宏观环境　行业环境　内部环境　战略选择

服务性企业的战略环境是指与企业经营有关的外部因素和内部因素的总和，包括宏观环境、中观环境(行业环境)和微观环境(内部环境)三个层次。服务性企业战略环境分析的主要方法包括 PEST 分析法、竞争因素分析法、BCG 矩阵分析法、SWOT 分析法等，战略方向则包括扩张战略、稳定战略、收缩战略和混合战略。

4.1 服务性企业的宏观环境分析

服务性企业的宏观环境主要包括政治环境、经济环境、社会环境和技术环境四个方面的影响因素，这些因素之间存在着相互联系、相互作用的关系，它们共同对服务性企业的管理决策产生影响。如图 4.1 所示，通常可以采用 PEST 模型(Political-Economic-Social-Technological)来对服务性企业的宏观环境进行分析。

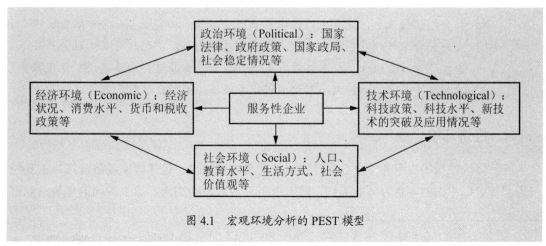

图 4.1　宏观环境分析的 PEST 模型

服务性企业战略管理

4.1.1 政治环境

政治环境是指那些制约和影响企业发展的政治要素和法律系统,包括国家的方针政策、法令法规,国内外政治形势的发展状况。政治环境是保障企业开展正常的经营管理活动的基本条件。

相关链接

中国"十二五"规划新蓝图:营造环境 推动服务业大发展[①]

把推动服务业大发展作为产业结构优化升级的战略重点,营造有利于服务业发展的政策和体制环境,拓展新领域,发展新业态,培育新热点,推进服务业规模化、品牌化、网络化经营,不断提高服务业比重和水平。

(1) 加快发展生产性服务业。深化专业化分工,加快服务产品和服务模式创新,促进生产性服务业与先进制造业融合,推动生产性服务业加速发展。有序拓展金融服务业,大力发展现代物流业,培育壮大高技术服务业,规范提升商务服务业。

(2) 大力发展生活性服务业。面向城乡居民生活,丰富服务产品类型,扩大服务供给,提高服务质量,满足多样化需求。优化发展商贸服务业,积极发展旅游业,鼓励发展家庭服务业,全面发展体育事业和体育产业。

(3) 营造有利于服务业发展的环境。以开放促改革,以竞争促发展,推动服务业制度创新,完善服务业政策体系,优化服务业发展环境。

① 加快推进服务领域改革,建立公平、规范、透明的市场准入标准,打破部门分割、地区封锁和行业垄断,扩大服务业开放领域,鼓励和引导各类资本投向服务业,大力发展多种所有制服务企业,建立统一、开放、竞争、有序的服务业市场。

② 完善服务业政策。实行鼓励类服务业用电、用水、用气、用热与工业同价;扩大服务业用地供给,工业企业退出的土地优先用于发展服务业;结合增值税改革,完善生产性服务业税收制度;拓宽服务业企业融资渠道,支持符合条件的服务业企业上市融资和发行债券;扩大政府采购服务产品范围;建立健全服务业标准体系;支持服务业企业品牌和网络建设;优化服务业发展布局,推动特大城市形成以服务经济为主的产业结构。

4.1.2 经济环境

经济环境是指构成服务性企业生存发展的社会经济状况,包括国家经济政策、宏观经济形势等。以中国的零售服务业为例,随着改革开放政策的实施,原来封闭的零售商业市

[①] 我国国民经济和社会发展十二五规划纲要之第四篇[EB/OL]. (2011-03-17).http://www.people.com.cn.

场逐步向世界开放,许多知名的百货公司(如伊藤洋华堂、新世界百货、SOGO 等)、连锁超市(如家乐福、沃尔玛、麦德龙等)、连锁便利店(如 7-ELEVEN 等)等商业资本纷纷进入中国;加之国内居民收入逐步增加,其对企业产品和服务质量的要求也在不断提高——这些都从根本上改变了中国零售服务企业发展的经济环境,在此情况下,一些传统的零售服务企业如不改变竞争战略,其生存和发展都会遇到很大的难题。

4.1.3 社会环境

社会环境是指服务性企业所处的社会结构、社会风俗习惯、信仰和价值观念、行为规范、生活方式、文化传统、人口规模与受教育情况等因素的集合。例如,对于许多生活服务性企业而言,当今中国具有重大意义的社会环境变化包括居民闲暇时间的增多、三口之家小型家庭的增多、晚婚晚育倾向、人口老龄化等,这些因素都会影响到人们日常的生活消费选择。

4.1.4 技术环境

技术环境是指与服务性企业经营有关的科技水平和发展趋势,包括科技政策、科技水平、科技发展趋势、新技术应用情况等因素。

现代服务业发展与科技进步息息相关,尤其是 20 世纪信息革命以来,以信息技术为基础的新技术在不断地改造传统服务业。例如,在饭店服务业,客房预定系统、饭店内部信息管理系统的出现就提高了传统饭店企业的竞争力。与此同时,在信息技术的推动下,许多新型的、能够向社会提供更高附加值的服务业态也在不断涌现。因此,现代科技不仅促进着服务性企业的发展,而且还在不断地丰富着服务性企业的活动内容。

4.2 服务性企业的行业环境分析

行业环境是服务性企业发展的中观环境。所谓行业,就是指能够提供高度替代性产品或服务的一类企业;也就是说,行业是由一群能够提供高度相似产品或服务的企业所组成的。行业环境对服务性企业的经营活动有着直接的影响。

4.2.1 服务行业竞争的总体特点

行业的结构和竞争环境决定着行业的竞争原则和企业可能采取的战略,服务行业竞争有其自身规律,美国服务管理学者詹姆斯·A·菲茨西蒙斯(Fitzsimmons J.A.,2003)等认为,服务行业竞争的特点主要体现在以下方面。

1. 行业进出门槛总体较低

除了金融服务业和一些智力密集型服务业以外,总体来看,大多数服务行业的市场进出门槛较低，一些服务性企业甚至可能在低盈利甚至不盈利的情况下继续经营。例如，一些以家庭成员就业为主要目的的小型服务企业就不是以利润最大化为目的；还有一些服务企业，如垂钓用品店、古董店、潜水用品店等，大都是出于店主的爱好或兴趣，工作上的满足感可以弥补较低的回报。在这种情况下，利润驱动的竞争者会发现，他们很难把这些私人企业逐出市场(Fitzsimmons J.A.& Fitzsimmons M.J.，2003)。

具体来看，一些与人们的日常生活息息相关的传统服务行业，如饮食业、旅店业、零售业、理发业、修理业等的市场进出障碍是最低的，并且缺少政府的政策保护，这就使得很多资本可以很容易地进入到这些行业中，因而，这些传统服务行业内的竞争状态常常十分激烈，价格竞争常常成为这些企业竞争的主要手段(罗时龙，2008)。

另外，一些随着工业化而兴起的现代服务业，如机器维修业、运输和物流业、照相业、旅行社业等，尽管有些企业采取了现代企业管理制度和方法，但是，相对于资本密集和知识密集的现代先进制造业而言，这些行业的技术含量和资本要求并不是很高，从而也造成了市场进入障碍较少，因此，一般情况下，这些行业内的企业竞争也是十分激烈的。

但是，在某些特定的服务行业里，一些企业克服了这些竞争困难并壮大起来。例如，麦当劳公司克服了上述许多困难，从而在快餐业赢得了统治地位，在这个领域里，新的进入者要获得成功，就必须开发出更具竞争力的服务产品。

2. 难以达到规模经济

由于服务性企业的生产和消费必须同时进行，也就是说，顾客必须亲赴服务设施所在地或服务人员必须上门与顾客真实接触，这样才会产生服务生产绩效，因此，服务性企业的这种必要性客观上限制了企业的市场范围，从而导致服务性企业的经营规模较小，而且，由于缺乏规模优势，许多小型服务企业在与有实力的购买者或供应商讨价还价时，往往处于劣势的地位。

为了克服这一障碍，许多服务性企业尝试通过服务方式创新的途径来达到规模经济。例如，7-ELEVEN便利店、麦当劳、肯德基、星巴克等企业通过采取连锁经营或特许经营的方法成功地扩大了经营规模，并获得可观的规模经济效应。

3. 服务产品容易被仿制和替代

服务创新没有专利保护，而且在许多情况下，服务业也不是资本密集型的，因此，服务性企业的创新产品很容易被竞争者模仿。

另外，服务性企业也面临着产品替代的风险，这种风险主要来自于以下三个方面。

1) 新型产品和服务的开发

工业革命以来，科技快速发展导致产品创新层出不穷，许多新出现的科技产品能够成为服务的替代品。例如，银行的ATM自助存取款机可以替代部分银行职员的职能；电子通信(E-mail、MSN、QQ等)可以替代传统的邮政服务的部分功能；电视机的普及使得电影观众减少；数码照相机的普遍使用使得传统照相业的生意日渐衰落等，诸如此类的案例在生活中经常可以看到。

2) 来自顾客"自我服务"的威胁

由于服务业收费上浮,人们可任意支配的收入的局限以及最大边际效用原则的影响,顾客从节省开支的角度出发,对有些较为简单的服务,如烫发、吹发、小型修理、粉刷装饰房间和洗染等进行自我服务,这也使得一些服务性企业的服务产品面临被替代的威胁。

3) 制造企业的服务竞争

随着市场竞争的日渐激化,许多制造企业的管理重心开始向服务方面转移,制造企业对产品的售前、售中和售后的服务管理十分重视,这些企业普遍把服务当作一种强有力的竞争手段。例如,许多家电企业建设了网络化的维修服务中心,并且完善了更换制度、进货制度和咨询制度,还有些企业率先实行了定制营销。制造企业的这些服务活动,也对相关的服务性企业发展带来了压力。

4. 顾客忠诚因素的影响

顾客忠诚是顾客的内在积极态度、情感、偏爱和外在重复惠顾行为的统一。塔克(Tucker)将顾客忠诚定义为连续 3 次购买,迪克(Dick)和巴苏(Basu)在 1994 年提出,只有当重复购买行为伴随着较高的态度取向时才产生真正的顾客忠诚。

顾客忠诚可以为企业带来竞争优势和长期利润。在服务行业中,现有企业凭借个性化的服务建立起忠诚的顾客群,从而为其他新的服务企业设置了进入障碍。例如,商业连锁企业把自己的门市部开设在社区中,银行把计算机终端安装在居民区附近,这些都可以使顾客很方便地使用服务企业的产品,从而培养了顾客的忠诚度并有效地排除了竞争者,当新的同类型的服务企业要进入本地区发展时,就必须考虑到顾客忠诚因素的影响。

4.2.2 针对行业环境的具体分析

行业环境分析的主要内容,主要包括服务性企业所处行业的竞争格局,以及该行业与其他行业之间的关系。行业环境分析的主要方法则包括竞争因素分析法、BCG 矩阵分析法等。

1. 影响行业竞争的主要力量

一个服务性企业要制定发展战略,除了对自身发展的宏观环境进行分析外,还需要对企业所在行业的发展和竞争情况进行系统的分析。按照美国著名战略学家迈克尔·波特教授的观点,服务性企业的行业环境主要包括五种要素及其关系,这五种竞争力量就是现有企业间的竞争、潜在进入者的威胁、替代产品的威胁、供应商的议价能力和购买者的议价能力,这五种竞争力量决定了服务性企业的盈利能力和水平,如图 4.2 所示。因此,在制定企业战略规划时,管理者应对这五种力量怎样影响服务性企业的发展有充分的了解。

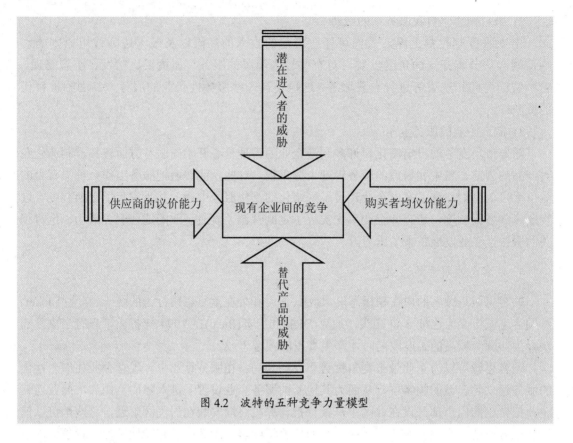

图 4.2　波特的五种竞争力量模型

相关链接

"竞争战略之父"——迈克尔·波特

迈克尔·波特(Michael Porter)是哈佛大学商学院著名教授，如图 4.3 所示，全球商业管理界公认的"竞争战略之父"。他毕业于普林斯顿大学，后获哈佛大学商学院企业经济学博士学位。

波特曾经于 1983 年被任命为美国总统里根的产业竞争委员会主席，开创了企业竞争战略理论并引发了美国乃至世界的竞争力讨论，他的三部经典著作《竞争战略》、《竞争优势》、《国家竞争优势》被称为"竞争三部曲"。"五种竞争力量"、"三种竞争战略"、"价值链理论"等经典学说在世界上有着广泛的影响力。在 2005 年世界管理思想家 50 强排行榜上，波特位居第一位。

图4.3 迈克尔·波特

1) 现有服务企业间的竞争

在一个服务市场中,为了赢得市场地位和市场份额,现有服务性企业之间往往进行着全方位的竞争,这常常表现在服务价格、服务产品、服务质量、客户关系、品牌形象等方面。在驱动服务市场竞争的五种力量中,现有企业之间的竞争是最为激烈的,它是一个动态的、不断变化的过程。

2) 顾客的力量

服务企业之间的力量对比,很大程度上取决于服务市场的状况:在卖方市场(服务企业占主导的市场)中,服务企业在产品价格、产品供给方式等方面享有较大的权力;反之,在卖方市场(顾客占主导的市场)中,顾客则对服务企业有着较大的影响力。一般在以下情况下,顾客对于服务企业会体现出较强的影响力:

(1) 顾客的购买量很大时。一般而言,大批量购买会使购买者拥有相当的优势,从而可以获得服务性企业给予的价格折让和其他一些有利的条款。

(2) 可供顾客挑选的服务提供者很多,而且各企业提供的服务产品的特性和质量并没有太大的差异。

(3) 顾客更换服务供应商的成本很低,或者基本没有成本方面的风险。

必须重视的是,从市场经济发展的历史轨迹看,顾客的力量处于不断加强之中,其原因在于:一方面,由于信息技术革命的影响,顾客对于服务企业的产品、价格和成本等掌握的信息越来越多,这使得顾客在交易中所处的谈判地位日益增强;另一方面,随着经济全球化的发展,商品的生产和供应方式日益全球化和网络化,商品和服务的供应十分充裕,顾客有着足够的挑选余地,这也意味着顾客拥有更大的影响力。因此,如何更好地满足顾客的需求,就是服务企业制定竞争战略时所必须考虑的核心问题。

3) 供应商实力

供应商向服务性企业提供经营活动所需的一切资源,如能源、资金、货品、信息等,对于一些服务性企业来说,其交通工具、通信工具、服务材料等也是由特定的服务商来供应的,因此,供应商讨价还价能力的强弱直接影响着服务性企业的经营成本。一般而言,

服务性企业战略管理

如果某种经营资源是由供应商垄断经营的，特别是当这种资源在企业经营活动中起着重要作用的时候，那么供应商就可凭借这种地位最大限度地榨取服务性企业的利润；同时，上游供应商的生产成本也会对服务性企业的经营成本和服务产品价格产生影响。

典型案例

沃尔玛向供应商再念"紧箍咒"[①]

进入中国 16 年的沃尔玛已和超过 2 万家供应商建立了长期合作关系，在中国，沃尔玛95%以上本地销售商品自国内采购，和沃尔玛直接合作的国内供应商达数千家。沃尔玛的物流流程示意图如图 4.4 所示。

张明(化名)是广东省一家食品公司的老总，和沃尔玛是多年的全球合作商。通过与沃尔玛、好市多(COSTCO)这样的跨国连锁企业结盟，张明公司的 90%产品卖到全球，另外的 10%产品主要是为沃尔玛等大型零售企业做代工。

在他为沃尔玛加工的食品中，除去原材料、人工、能耗等成本，他能拿到 10 个点的利润，他估计沃尔玛可以拿到 25 个点。在沃尔玛强大的下游渠道优势面前，国内一大批贴牌商们冲着"走量大"而持续着这个利润微薄的生意。但是，在 2010 年的新一轮谈判中，他可能连这 10 个点的加工费都保不住了，因为沃尔玛的新条款已发生明显的变化。

张明表示，在仓储、运输费用上，沃尔玛由原来要求供应商承担 3 个点，现在变成了 5 个点；另外销售费用要让贴牌商再增加 5 个点。以往退货由沃尔玛自行处理，供应商将退货产品按点数还给沃尔玛，供应商还可以换货，如今沃尔玛直接退货给贴牌供应商。

最让他头疼的是，原来只管后方生产的张明现在也要为沃尔玛的自有品牌产品销售"出谋划策"了。2008 年沃尔玛每月可以给张明的公司下单 40 万元，但 2009 年每月订单不到 5 万元。张明着急地一遍遍询问沃尔玛采购人员，对方提醒他也要考虑如何提高销量，如在口味、包装上可以模仿那些大品牌，但张明认为模仿容易，关键是自有品牌没有广告宣传，很难带动销量。

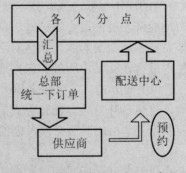

图 4.4 沃尔玛的物流流程示意图

[①] 沃尔玛整合直采，向供应商再念"紧箍咒"[N]. 经济观察报(北京)，2010-01-09.

4) 替代产品的威胁

替代产品是指那些与服务性企业的产品功能相似的其他产品。例如，在某一居民社区内，向当地居民提供日用消费品的服务性企业中，既有较大规模的超市，也有许多小型商店，这些企业提供的服务产品都具有相当程度的可替代性，同时，市中心的大型购物中心也对这些服务企业的生存构成了替代威胁。

5) 潜在进入者的威胁

新的服务企业的建成开业，总会对该地域范围内原有的企业竞争格局产生影响。迈克尔·波特认为，新进入者所面临的竞争威胁主要来自进入壁垒和已有企业的反应。在服务行业内，新进入者常常遇到的市场壁垒主要包括以下方面。

(1) 法律政策。服务企业的建立会涉及土地利用、环境保护、价格与税收、卫生防疫等方面的法律与政策；同时，从社区居民的利益出发，地方政府也会制定一些鼓励或限制某类服务性企业发展的政策。例如，一些歌舞厅、音乐会所等开设在居民区附近，如果噪声很大就会遭到当地居民的抗议，从而迫使当地政府采取限制这类企业发展的措施。因此，法律政策对于新建服务企业的进入具有明显的壁垒作用。

(2) 资源要求。每一类服务性企业的发展都有其特殊的资源要求，这既包括土地资源、运行资金等硬性资源，也包括管理者水平、员工技能等软性资源，投资者在开发新的服务项目时必须充分考虑这些因素。

(3) 规模经济。新的服务企业开始运行时，其服务产品必须有一定的市场销售规模，才能保证企业正常运行。

(4) 品牌偏好。已有的知名服务企业往往在当地有很大的市场影响力，新进入企业如果没有很好的战略规划和服务产品运行能力，则很难吸引到足够的顾客前来消费。

(5) 销售渠道。服务企业必须依赖一定的销售渠道，才能销售其服务产品，如果没有一定的销售渠道体系作保障，新的服务企业往往会在经营上陷于被动。

(6) 既有企业的阻止行为。指原有的服务企业为了巩固自己在市场上的地位，通过降低价格等手段来阻止或压制新企业的进入和发展。

2. 驱动行业变革的主要因素

与其他行业一样，服务企业的经营也处在不断变化的环境之中，推动行业环境发生变化的力量和要素也构成了企业变革的驱动因素。这些驱动因素通常包括以下方面。

1) 服务行业长期发展趋势的变化

某一服务行业长期发展趋势的上升或下降，会直接影响到行业中的企业发展前景，如果某一服务行业的长期发展趋势向好，就会吸引一些新的竞争者进入到这个市场，反之，则会导致某些服务性企业退出市场。

2) 居民消费方式的变化

居民消费方式的改变，会迫使一些服务性企业改变产品结构和服务方式，从而对行业的整体竞争格局产生影响。例如，互联网和旅游预订系统的广泛使用，使得许多居民更愿意采用在线预订和电子支付的方式来进行旅游消费，从而迫使旅游服务企业在电子商务领域展开更激烈的竞争。

3) 服务产品创新

通过服务产品创新，服务性企业可以塑造自身的产品特色，扩大与其他同行之间的竞争优势，从而动摇已有的行业竞争结构。

4) 技术创新

技术进步可以大大改变服务行业的竞争结构。例如，服务企业应用信息技术可以明显提高工作效率和节省人工费用，从而降低企业的经营成本。

5) 营销创新

一些服务企业通过营销创新的方式，成功地拓宽了销售渠道，提升了产品销售业绩，这会对其他同类型的企业形成竞争压力，从而推动整个行业的营销创新。

3. 市场需求状况

对市场需求状况的分析是服务性企业制定发展战略的基础工作。服务市场由实际消费者和潜在消费者构成，如果消费者发生了购买服务产品的行为，其前提条件必然是该消费者对该产品有兴趣，同时又买得起和买得到；若是消费者对该产品有兴趣，但由于没有预算或在该地区买不到，或者是目前嫌价格太高而不想购买，那么这些人都可称为服务性企业的潜在消费者。因此，对于服务市场需求状况的分析，必须把这两类消费者的需求都统计起来。

在分析方法上，可从市场需求的决定因素和需求价格弹性两个角度分析服务市场需求。从市场需求的角度看，人口、购买力和购买欲望决定着市场需求的规模，其中，企业可以把握的因素是消费者的购买欲望，而服务产品的价格、差异化程度、促销手段，以及消费偏好等因素都对消费者的购买欲望产生影响。从价格角度看，影响服务产品需求价格弹性的主要因素有产品的可替代程度、产品对消费者的重要程度、购买者转换到替代品的转换成本、购买者对该产品的认知程度等。

4. 行业内的战略群体

战略群体是指行业内执行同样或类似战略，并具有类似战略特性的一组企业。战略群体分析是按照行业内各企业战略地位的差别，把企业划分成不同的战略群体，并分析各群体间的相互关系及群体内企业间的关系，从而进一步认识行业及其竞争状况的一种分析方法。

战略群体图是一种分析工具，有助于服务性企业了解自己在行业内的相对地位，也可更好地了解与自己相关的战略群体间的竞争状况，预测市场变化和发现战略机会。图 4.5 给出了一个商业零售企业战略群体图的例子，显示出 A、B、C、D 四个商业零售企业集团所处的战略位置。其中，A 集团接待的顾客的地理分布范围广，顾客来自全国各地和海外部分国家，营销力度强，市场知名度高，是有着重要影响力的商业零售企业战略群体；B 集团接待的顾客的地理分布较广，但市场营销力度不大，是有较大发展潜力的商业零售企业；C 集团主要立足本地区市场，营销能力较强，是区域性的知名企业；D 集团接待的顾客完全来自于本地市场，消费者对其认知度不高，市场竞争力较弱。

除了战略群体之间的竞争外，在战略群体内部(即各个服务性企业之间)也存在着激烈的市场竞争。因此，对于一个企业而言，要制定科学的战略规划，除了充分掌握自己所处的战略群体的竞争位置外，还必须对自己所处的战略群体的内部竞争情况有充分的了解。

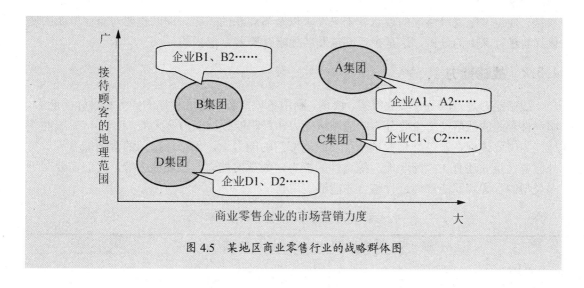

图 4.5 某地区商业零售行业的战略群体图

4.3 服务性企业的内部环境分析

微观环境(内部环境)是指企业赖以生存发展的内部资源条件状况。通过外部环境和行业环境分析，经营者可以发现和分析企业面对的机会和威胁；通过内部环境分析，经营者可以进一步明确企业的经营资源、战略能力、竞争优势等条件，从而为制定正确的发展战略奠定基础。

4.3.1 经营资源

经营资源是指那些能给服务性企业带来竞争优势或劣势的任何要素，是构成企业经营实力的物质基础。服务性企业的经营资源可以划分为有形资源、无形资源和人力资源三大类，见表4-1。

表4-1 服务性企业经营资源的分类

有形资源	实物资源	企业开展服务活动的空间环境、服务景观资源，以及交通、住宿、餐饮等服务设施和设备
	财务资源	现有资金和可融资资源
无形资源	组织资源	企业内部组织结构和市场销售网络
	技术资源	企业经营必备的知识和技术条件等
	信誉和形象资源	由于消费者信任而积累的市场形象
	文化和商标资源	愿景、使命、价值观、商标等
人力资源	工作的动机	员工从事服务工作的动机、目标、意愿等
	专门知识与技能	员工的岗位经验和专门的服务技能
	交流和沟通能力	员工与顾客、同事之间的交流和沟通能力

对服务性企业进行资源分析要从全局和动态的角度来把握，既要了解企业各种资源的

数量、质量、配置等情况的现状、未来需求以及与理想的差距,同时也要对企业资源的变化趋势进行深刻的分析,这是企业制定发展战略时要着重把握的。

4.3.2 战略能力

战略能力是指服务性企业统筹、协调、利用各项资源以完成预期的任务和目标的能力。服务性企业的战略能力主要分为职能领域能力和跨职能领域能力两大类,见表4-2。职能领域能力主要体现在服务性企业各个管理职能部门的能力上,如市场部门的营销能力等。另外服务性企业还有一些跨职能、综合性的能力,如学习能力、创新能力等,它们需要对更多类型的资源和职能部门进行整合才能够实现。

表4-2 服务性企业战略能力的分类举例[①]

职能领域能力	服务产品开发	能够开发出受消费者欢迎的服务产品
	员工服务能力	企业员工有为顾客服务的愿望和技能
	市场营销能力	敏锐的市场意识、完善的销售网络、有效的促销手段
	信息管理能力	完整的信息管理系统;基于顾客关系的信息管理能力;开展电子商务的能力
跨职能领域能力	学习能力	作为整体的企业能通过实践进行学习;鼓励员工个人学习
	创新能力	随着市场环境变化,企业拥有创新变革的能力;企业鼓励员工开展服务创新活动
	战略整合能力	企业与所在社区、顾客及相关企业建立有效的战略联盟关系

4.3.3 竞争优势

竞争优势是指服务性企业在某一个时点上为消费者创造价值方面所表现出来的超过其他竞争对手的态势,拥有竞争优势的服务性企业获得的收益往往高于行业平均水平。服务性企业的竞争优势通常体现在以下几个方面(王永贵、韩经纶,2002)。

(1) 有形资产优势。对于某些服务性企业来说,突出的有形资产优势可以使其获得更强的竞争力。例如,医院拥有更加先进的医疗设备,旅游度假区拥有优美宜人的景观资源等,这些都可使该企业在市场上处于有利的竞争地位。

(2) 无形资产优势。服务性企业拥有优秀的品牌形象,以及积极进取的组织文化,这些都可以帮助企业取得竞争优势。

(3) 人力资源优势。人力资源是服务性企业参与市场竞争的关键,如果某个企业拥有尽职的和积极上进的员工,并且这些员工拥有一定的专长和学习能力,那么该企业将会拥有很强的市场竞争力。

(4) 组织体系优势。高质量的管理体系和经营水平是服务性企业拥有竞争优势的组织保证。

(5) 竞争能力优势。服务性企业拥有强大的市场销售网络,在市场份额上处于领导地位,并与伙伴企业的关系良好,这是该企业获得市场竞争优势的能力保证。

---

① 董大海(2000),编著者有改动.

4.3.4 核心能力

所谓核心能力,就是企业所有的、相互联系的一组单项技能和技术的综合体。核心能力是一种系统专长,是服务性企业获得和保持市场竞争优势的源泉。例如,联邦快递公司在包裹运输和交付方面的能力就是条码技术、线性规划技能和许多其他技能或技术的综合体。如果撇开制造企业与服务企业的差别,核心能力一般具有以下特征(王永贵、韩经纶,2000)。

(1) 核心能力不是一种会计意义上的资产,而是无序的知识积累活动,由显性知识和隐性知识构成,如丰田公司的精益制造技能、沃尔玛公司的供应链管理技能和可口可乐公司的品牌经营艺术等。

(2) 就像沃尔玛的供应链管理技能一样,服务性企业的核心能力是一组能够为顾客带来根本利益的技能,并且,在向顾客提供利益的过程中,这种技能也能够为企业带来大量的成本优势。

(3) 核心能力必须能够在竞争中产生区别于竞争对手的某种差异性。

(4) 核心能力超越了传统的基于产品的观点,能够扩大服务性企业发展的机会范围。

4.3.5 BCG 矩阵分析法

BCG 矩阵分析法(即波士顿矩阵分析法,Boston Consulting Group Matrix)也叫增长/份额矩阵分析法。如图 4.6 所示,BCG 矩阵是将企业的现有业务按照增长速度及现有市场份额分成以下四类。

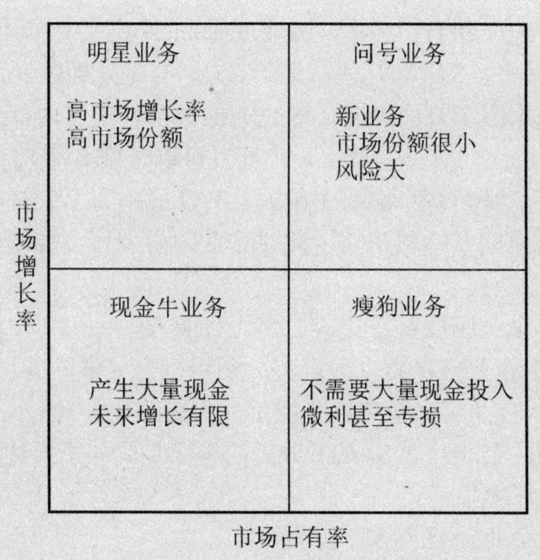

市场增长率	明星业务 高市场增长率 高市场份额	问号业务 新业务 市场份额很小 风险大
	现金牛业务 产生大量现金 未来增长有限	瘦狗业务 不需要大量现金投入 微利甚至亏损

市场占有率

图 4.6 BCG 矩阵分析法

(1) 明星业务——是企业最佳的长期增长和获利机会所在。对于服务性企业而言,战略上可以采取纵向和横向一体化、市场与产品开发战略,通过战略性投资以加强企业及其产品在服务市场的主导地位。

(2) 问号业务——属于问号的业务是处于高速发展阶段，但市场份额小，因此，服务性企业需要采取市场渗透、产品开发或市场开拓等战略措施来增加其市场份额。

(3) 现金牛业务——对于服务性企业而言，属于现金牛的业务能够产生大量的现金流，具体战略依其未来前景而定，若能够持续增长一段时间则可以采取相关多元化战略；若马上就要衰落，则可以采取收缩或剥离战略。

(4) 瘦狗业务——是指在停滞或萎缩的市场中拥有较小的市场份额的业务单位，其财务特点是利润率低、处于保本或亏损状态、负债比率高。对于服务性企业而言，瘦狗业务必须采用清算、剥离或收缩战略。

4.4 服务性企业的战略选择

战略是服务性企业对未来发展方向做出的长期性和总体性战略安排。SWOT 矩阵可以帮助管理者对服务性企业的总体经营环境进行扫描，而服务性企业的总体经营战略一般可分为扩张战略、稳定战略、收缩战略和混合战略四种。

4.4.1 SWOT 矩阵分析法

SWOT 矩阵分析法是一种对组织内部条件和外部条件各方面内容进行综合与概括，进而分析组织的优劣势、面临的机会和威胁的方法，它根据组织自身的既定内在条件进行分析，找出组织的优势、劣势及核心竞争力所在，从而将该组织的战略与其内部资源、外部环境有机结合。S 代表 Strength(优势)，W 代表 Weakness(弱势)，O 代表 Opportunity(机会)，T 代表 Threat(威胁)，其中，S、W 是内部因素，O、T 是外部因素。SWOT 矩阵可以帮助服务性企业的管理者从这四个方面出发，对企业的外部环境与内部条件匹配进行分析，找出发展面临的问题。在发现问题的基础上，管理者可以运用 SWOT 矩阵策略配对方法获得四种针对性的解决方案，即 SO 战略、ST 战略、WO 战略和 WT 战略，如图 4.7 所示。

(1) SO 战略：此种策略是最佳策略，此时企业的内外环境能密切配合，管理者应充分利用优势资源寻求扩张发展。

(2) ST 战略：表示企业应投入资源，加强优势能力。

(3) WO 战略：表示企业应尽力克服弱势并利用机会寻求发展。

(4) WT 战略：表示企业应克服劣势并规避外部威胁。

一般情况下，服务性企业开展 SWOT 分析的程序步骤如下所述。

步骤一：进行企业环境描述。

步骤二：确认影响企业发展的所有外部因素。

步骤三：预测与评估未来外部因素的变化趋势。

步骤四：审视企业内部的优势与劣势。

步骤五：利用 SWOT 分析框架研讨企业的发展战略方案。

步骤六：选择可行的发展战略。

		内部环境	
		优势(Strength)	劣势(Weakness)
外部环境	机会(Opportunity)	SO战略	WO战略
	威胁(Threat)	ST战略	WT战略

图 4.7　SWOT 矩阵分析图

根据 SWOT 的战略原则，服务性企业发展战略应是"能够做的"(由内部优劣势分析得到)和"可能做的"(由外部机会分析和威胁分析得到)之间的有机组合。在服务性企业的管理实践中，SWOT 分析法不是机械地照搬四种战略清单，而是要根据面对的实际情况，科学地评价服务性企业的优势、劣势、机会和威胁，最终得出切实可行的发展战略方案。

4.4.2　扩张战略

扩张战略是使服务性企业在现有基础上向更高层级目标发展的战略。从服务性企业生命发展轨迹来看，任何成功的服务性企业都经历了长短不一的扩张战略实施期，因为从本质上说只有扩张战略才能不断扩大企业经营规模，从而创造更大的经营效益。扩张战略一般包括密集型战略、多元化战略和一体化战略三种类型，扩张战略的具体内容将在本书第 5 章进行详细介绍。

4.4.3　稳定战略

稳定战略是指服务性企业使其经营状况基本保持在目前状态和水平上的战略。服务性企业采取稳定战略的原因一般在于以下几个方面：①行业结构和市场需求稳定；②决策层不希望改变企业经营现状；③战略改变需要付出很大的成本，如财务成本、人力成本等。

服务性企业采取稳定战略的优点在于：①继续从事熟悉的服务产品经营模式，经营风险相对较小；②由于主要经营领域与过去大致相同，能避免因改变战略而导致企业资源和管理能力接济不上的局面；③使企业获得一个平稳发展期，以便为今后更好地发展做好准备，从这个意义上说，适时的稳定战略能够保障服务性企业获得持续性的发展。

但是，服务性企业采取稳定战略也会有不少缺陷。例如，稳定战略会使企业的风险意识减弱，甚至失去对服务市场变化的敏感性。

4.4.4　收缩战略

所谓收缩战略，是指服务性企业从目前的经营领域收缩和撤退的一种战略。采用收缩战略的服务性企业有不同的动机，从原因来看，收缩战略大致可以分成以下三类：

(1) 适应性收缩战略。企业为了适应外部环境的较大变化而采取的紧缩型战略，如国家经济处于衰退之中，企业所处的行业市场规模急剧萎缩等。

服务性企业战略管理

(2) 失败性收缩战略。企业由于经营失败造成竞争地位下降和资源短缺,此时只有撤退才有可能最大限度的保存实力。

(3) 调整性收缩战略。企业为了利用环境中出现的新机会,谋求更好的发展,而对原来的服务产品进行调整,以便集中资源开发新的业务。

相关链接

寻找企业的蓝海

蓝海战略(Blue Ocean Strategy)是由欧洲工商管理学院的 W. 钱·金(W. Chan Kim)和莫博涅(Mauborgne)提出的。他们认为,企业聚焦于红海,等于接受了商战的限制性因素,即在有限的土地上求胜,却否认了商业世界开创新市场的可能;运用蓝海战略,企业可跨越现有竞争边界,把战略眼光移向买方需求,并将不同市场的买方价值元素筛选并重新排序,从给定结构下的定位选择向改变市场结构本身转变。

蓝海以战略行动(Strategic Move)作为分析单位,战略行动包含开辟市场的主要业务项目所涉及的一整套管理动作和决定,在研究 1880~2000 年 30 多个产业、150 次战略行动的基础上,指出价值创新(Value Innovation)是蓝海战略的基石。价值创新挑战了基于竞争的传统教条即价值和成本的权衡取舍关系,使企业将创新与效用、价格与成本整合一体,不是比照现有产业最佳实践去赶超对手,而是改变产业景况重新设定游戏规则;不是瞄准现有市场"高端"或"低端"顾客,而是面向潜在需求的买方大众;不是一味细分市场满足顾客偏好,而是合并细分市场整合需求。蓝海战略和江海战略的比较,见表 4-3。

表 4-3 红海战略和蓝海战略比较[①]

红海战略	蓝海战略
在已经存在的市场内竞争	拓展非竞争性市场空间
参与竞争	规避竞争
争夺现有需求	创造并攫取新需求
遵循价值与成本互替规律	打破价值与成本互替规律
根据差异化或低成本的战略选择,把企业行为整合为一个体系	同时追求差异化和低成本,把企业行为整合为一个体系

4.4.5 混合战略

在实际的经营过程中,服务性企业面临的环境复杂而多变,因此,企业并不会只采用某种单一的战略,而是混合使用多种战略措施,这就是混合战略。

混合战略一般适用于以下服务性企业:

---

① W. 钱·金,勒妮·莫博涅,2005.

(1) 规模较大或业务品种较多的企业。例如，一家集团公司经营着金融、电信、物流等多种服务业务，这些业务单位面临的外界环境和所需的资源条件会有所不同，若对所有的业务单位都采用统一的战略方法，就有可能使某些业务单位的发展受到限制，从而影响到企业的总体利益。

(2) 国际化程度高、市场范围广的企业。许多服务性企业的市场范围很广，有些跨国服务公司的业务范围更是覆盖全球。由于不同区域和国家的市场特征不同，因此，这些服务性企业需要采取不同的应对策略，有的市场可能需要强化，有的市场可能需要收缩。

(3) 服务产品开发较快的企业。一些服务性企业快速推出新产品，这就要求其在原有业务和新兴业务之间做好平衡。特别是在一些新兴服务市场中，市场环境变化快，企业面临的不确定性因素较多，这就尤其要求企业能够适时采取不同的战略。

(4) 如果有较好的发展机会，一些实力有限的服务性企业企业也会采用混合战略，即一边致力于新产品和服务的强力开发，一边对原有的业务采用收缩或稳定的战略。

本 章 小 结

服务性企业的战略环境是指与企业经营有关的外部因素和内部因素的总和。战略环境分析包括宏观环境、中观环境(行业环境)和微观环境(内部环境)三个层次。宏观环境分析主要包括政治环境、经济环境、技术环境和社会环境四个方面；行业环境分析的主要内容包括行业的竞争格局，以及该行业与其他行业之间的关系；内部环境分析主要包括对服务性企业经营资源、战略能力、竞争优势等条件的分析。服务性企业的战略一般分为扩张战略、稳定战略、收缩战略和混合战略四种。

本 章 思 考 题

1. 服务性企业宏观环境分析主要包括哪些因素？
2. 以某服务性企业为例，谈谈你对波特五种力量理论的认识。
3. 服务性企业的内部环境分析主要包括哪些因素？
4. 以你所接触的某一服务行业为基础，深入分析该行业中的企业战略行为，比较这些企业所采取的战略行为的差异。

第 5 章　服务性企业的扩张战略

本章导读：

服务性企业的扩张是指企业在成长过程中规模由小到大、竞争能力由弱到强、经营管理制度和企业组织结构由低级到高级的动态发展过程。本章结合具体生动的案例，将对服务性企业扩张战略的基本类型，以及各种扩张战略的适用条件、优缺点进行分析。

核心概念：

密集型战略　一体化战略　多元化战略　虚拟经营扩张战略

扩张战略(Expansion Strategy)是一种使服务性企业在现有战略基础上向更高层级目标发展的战略。从服务性企业发展的轨迹来看，任何成功的企业都经历了长短不一的扩张战略实施期，因为从本质上说，只有扩张战略才能不断地扩大企业规模，增强企业的竞争实力，从而提高竞争地位。扩张战略一般包括密集型战略、一体化战略、多元化战略等几种基本类型，另外，虚拟经营扩张战略正在被越来越多的企业采用。

5.1　密集型战略

密集型战略(Intensive Strategy)是指服务性企业在现有服务产品和服务市场尚有发展潜力的基础上，充分挖掘自身和市场方面的潜力以求得成长的一种战略。这种战略是较为普遍的扩张战略类型，具体实施途径有市场渗透战略、市场开发战略和产品开发战略等。

5.1.1　市场渗透战略

服务性企业实施市场渗透战略，就是把现在的产品或服务，在同一性质的市场上推广销路，以增加现有产品或服务的销售量和市场份额的战略。服务性企业实行市场渗透战略可以通过以下两种途径来进行。

1. 地理上的渗透

地理上的渗透有多种类型。例如，武汉中百仓储连锁超市实施的"金边银角"战略就属于这种战略，其战略目标在于把超市开设到城市的边边角角，从而提升企业覆盖和服务市场的整体能力。

2. 营销上的渗透

营销上的渗透也有多种类型。例如，香港大通曼哈顿银行为推销其信用卡，以优先订票(演唱会、体坛盛会、舞台表演)和复式积分(积分采用复式计算)及长达 70 天的免费还款期来吸引客户；而香港花旗银行则迎合年轻人中的追星一族对"四大天王"的崇拜心理，邀请郭富城推出系列广告，以推销花旗银行的信用卡。

在以下情形下，服务性企业可以考虑采用市场渗透战略：

(1) 企业特定的产品或服务在当前市场上还未达到饱和，整个服务市场正在增长。

(2) 现有用户对企业提供的服务产品的使用率还可以显著提高，企业可以通过营销策划等手段提高服务市场的占有率。

(3) 在整个行业的销售额增长时，主要竞争对手的市场份额呈现出下降的趋势。

5.1.2 市场开发战略

市场开发战略就是将现有产品或服务打入新的市场，从而扩大产品销售，促进企业继续成长和发展的战略。为现有产品开发新市场，是企业扩张的最常用战略，其采用的主要方式是扩大地理区域。例如，中国移动通信在城市市场的增量空间已经非常有限的情况下，率先进行了农村市场的开发，使农村成为增值业务拓展的又一战场。中国移动通信在某农村地区的广告语如图 5.1 所示。

图 5.1 中国移动在某农村地区的广告语

在以下情形下，服务性企业可以考虑采用市场开发战略。

(1) 存在未开发或未饱和的市场区域。

(2) 企业可得到新的、可靠的、经济的和高质量的销售渠道。

(3) 企业在现有经营领域十分成功，有实力进行新市场的开发。

(4) 企业拥有扩大经营所需的资金、人力资源和物质资源。

(5) 企业存在过剩的生产能力。

(6) 企业的主营业务属于正在迅速全球化的产业。

5.1.3 产品开发战略

产品开发战略是指服务性企业依靠自己现有的力量，在现有市场上改造老产品和服务，或者开发新产品或服务，以提高市场占有率和增加销售额的企业扩张战略。

产品开发战略是服务性企业对市场机遇与挑战、内部资源能力的优势和劣势所进行的全面的、前瞻性的思考和认识，运用这种战略企业能正确选择开发真正能够提升市场竞争力的产品，而不是盲目地开发一些没有市场价值的产品。例如，某旅行社为满足日趋成熟的旅行者的需求而不断增加产品的种类，产品设计不断翻新，产品升级换代很快，其开发的带有 SPA 服务的女性游、针对新婚游客的蜜月游，美食之旅，休闲购物游等产品极大地提高了旅行社的竞争力。又如，在互联网服务领域，腾讯公司通过不断为自己的 QQ 群用户创造大量新的产品(如网络游戏)而取得成功，成为中国互联网行业市值最高的企业。

在以下情形下，服务性企业可以考虑采用产品开发战略。

(1) 企业具有较高的市场信誉度和顾客满意度。

(2) 企业所在的行业高速增长，必须进行产品创新以保持竞争力。

(3) 企业具有较强的研究和开发能力。

(4) 主要竞争对手以类似价格提供更高质量的产品。

典型案例

麦当劳的产品开发战略

麦当劳全球快餐连锁店的产品开发有得也有失。例如，在 2003 年，麦当劳在我国台湾省盲目地实行"本土化"经营，一改过去只卖汉堡包、炸鸡和薯条的产品战略，而开始在营业点"卖饭"，这些盲目的"本土化"经营措施，由于价格的虚高而失去了很多顾客，这一盲目的产品开发战略使麦当劳失去了部分市场；而另一方面，麦当劳调查发现，对儿童而言，吃什么样的汉堡其实并不重要，价格也不那么重要，关键是要"吃得开心"、"好玩"，于是推出了儿童套餐，其中儿童套餐玩具推陈出新速度最快，像"七个小矮人"这样的成套玩具，儿童十分喜欢，一次次购买消费，提高了消费频率，麦当劳还不断推出新光碟，让儿童吃汉堡时看得更开心，每逢节假日，麦当劳总不忘推出逗乐儿童的游戏。

麦当劳在儿童产品开发战略上的成功运用，是使儿童成为麦当劳在全世界增长最快的消费群体的一个重要因素。麦当劳的儿童套餐如图 5.2 所示。

图 5.2 麦当劳的儿童套餐

5.2 一体化战略

一体化战略是指服务性企业充分利用其在产品、技术和市场上的优势，按照其产品(服务)的产业链的纵向或横向，使企业不断向深度和广度发展的一种战略。一体化并不是服务性企业间的简单联合，这些联合起来的企业在经营过程中或市场上有密切的联系，目的在于使企业发展壮大。按照扩展方向的不同，服务性企业的一体化战略又可分为纵向一体化战略和横向一体化战略。

5.2.1 纵向一体化战略

纵向一体化又称为垂直一体化，是企业在产业链上沿着前向和后向两个可能的方向扩展企业现有经营业务的一种扩张战略。纵向一体化战略广泛应用于制造企业，用于整合生产链，图 5.3 说明了从原材料到客户的生产链的四个主要阶段，企业通过向前、向后整合生产链而实现垂直一体化。对于以装配阶段为基础的企业而言，向后整合意味着向零部件和原材料生产发展，向前整合意味着向零售发展，目的是控制其原材料供应市场和产品销售市场，以期能提高企业的综合竞争能力。

同样，服务性企业也可以实施纵向一体化战略，例如，有些旅游景区在与旅行社合作时常处于弱势地位，有时会出现旅行社联合封杀旅游景区的现象，为了避免这种现象，有些旅游景区就设法运用并购、联合等手段，与有实力的旅行社连为一体，以提高自己的抗风险能力。具体来看，服务性企业的纵向一体化战略又包括后向一体化战略、前向一体化战略和双向一体化战略。

服务性企业战略管理

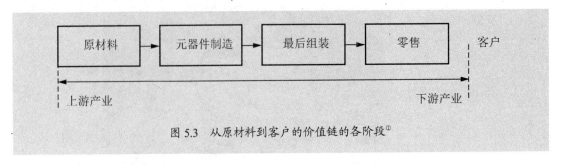

图 5.3 从原材料到客户的价值链的各阶段[1]

1. 纵向一体化战略的分类

1) 后向一体化战略

后向一体化战略(Backward Integration Strategy)是指企业以其初始经营的产品(服务)项目为基准,将其经营范围沿其业务链的后向扩展,通过获得供应商的所有权或增强对其控制来求得发展的战略。

对于服务性企业而言,采用后向一体化战略的目的在于确保企业生产经营的稳定与发展所必需的物资供应来源,通过减少采购成本而降低生产成本,提升服务竞争力。例如,北京全聚德等餐饮企业采取自建基地的形式提供自己的生产原料;而云南省、海南省等地的部分餐饮企业将经营场所建设在生态农业园的周围,顾客自己到生态农业园中选取烹饪原料,再由餐饮企业对这些原料进行加工、烹调。

典型案例

星巴克的行业垂直整合[2]

在 2010 年 12 月初的"纽约投资者论坛"上,星巴克创始人、全球 CEO 霍华德·舒尔茨对华尔街许下了一个美丽的诺言:"要把中国打造成除北美以外的第二大市场。"到 2015 年,星巴克要把在中国内地的门店数增至 1500 家,截至 2011 年,这个数字是 500 家。

面对激烈的市场竞争,星巴克显然并不满足于只跟对手比拼店面数。2010 年 11 月 12 日,星巴克宣布将在云南普洱县建立一个咖啡农场。这是全球咖啡连锁业老大成立 40 年来首次自己种植咖啡,如图 5.4 所示。

在云南省自建咖啡农场,是其向产业链上游拓展的重要一步。"把原材料掌握在自己手里,避免受制于人,从而保证整个产业链的稳定,成为星巴克性命攸关的一步棋。"舒尔茨曾在自传中提及,1994—1995 年,星巴克曾为此命悬一线。由于当时咖啡豆价格剧烈震荡,星巴克无奈囤积咖啡豆,从而受到舆论压力,导致股价大幅震荡。如今,舒尔茨表示,星巴克要坚持供应链垂直整合,"从种子到一杯纯正咖啡"。

---

[1] C.W.L 希尔,G.R.琼斯.P303,2005.
[2] 罗影.星巴克垂直整合[J].英才,2011.

图 5.4 星巴克专家考察云南咖啡种植园[1]

2) 前向一体化战略

前向一体化战略(Forward Integration Strategy)是指服务性企业以其初始经营的产品(服务)项目为基准,将其经营范围沿其业务链的前向扩展,通过获得分销商或零售商的所有权或增强对其控制来求得发展的战略。

对于大多数服务性企业而言,如果采取前向一体化战略,建立自己的销售网络以控制销售,就能够更快地对顾客的需求做出反应,并提供更好的售后服务;有时不同专长的服务性企业也可以组成利益联合体,这些手段都可以达到资源共享、合作共赢的目的,并以此获得更多的市场竞争优势。例如,一些著名的旅游景区通过成立自己的旅行社、饭店来直接面对消费者,使自己获得稳定的客源;某饮用水公司通过自营大桶水配送站并结合电子商务的配送公司实行前向一体化经营,都可增加企业的市场优势地位。

3) 双向一体化战略

双向一体化战略是后向一体化战略和前向一体化战略的复合,是指服务性企业以其初始经营的产品(服务)项目为基础,将其经营范围沿其业务链的后向、前向分别扩展的战略。

2. 纵向一体化战略的优势

1) 带来经济性

采用纵向一体化战略后,服务性企业可以将外部市场活动内部化,能够减少企业内部控制和协调的成本,并且,产销一体化还可以节省企业的市场信息收集费用,降低交易成本。

2) 能有效缓解供需矛盾

具体来看,服务性企业采取后向一体化战略,能够使其对所需物资的成本、质量进行有效控制;而采取前向一体化战略,则能使企业对服务产品的销售渠道和过程加强控制,从而保证服务生产的稳定进行。

3) 可以形成价格优势

通过实施纵向一体化战略,服务性企业可以降低服务生产成本,从而在服务价格的竞争上形成优势。

---

[1] 云南农业信息网,2009-12-06

4) 能提高行业的进入壁垒

通过实施纵向一体化战略，服务性企业可以得到某些战略优势，如控制最佳或主要的原材料来源、占据最有利的地理位置、控制或掌握现有的分销渠道、形成更强的学习效应等，以此从竞争态势上提高行业的进入壁垒。

3. 纵向一体化战略的劣势

1) 增加经营风险

纵向一体化会提高服务性企业的生产投入，从而直接提高了企业从该服务行业的退出壁垒，尤其在行业低迷时更增加了企业的经营风险。

2) 弱化内部激励

服务性企业采取纵向一体化战略，意味着它必须通过固定的关系来进行购买和销售，在此情形下，上游单位和下游单位的经营积极性可能会因为是在"内部交易"过程中而有所减弱，同时，这种"内部交易"也会减弱企业员工降低成本、改进技术、提高产品质量的积极性。

5.2.2 横向一体化战略

1. 横向一体化战略的含义

横向一体化又称水平一体化，是指企业通过收购与自己有竞争关系的企业或者与之合并来扩大业务的战略。对于服务性企业而言，选择横向一体化战略不会改变其原有的主营业务，而会使企业经营的服务产品增多、规模扩大。

近20年来，世界服务业发展迅猛，服务性企业之间的竞争也日益激烈，横向一体化一直是广受服务性企业欢迎的公司战略。例如，美国花旗集团(Citi Group)和旅行者集团(Travelers Group)合并后形成全球金融服务公司花旗集团；其中，花旗银行(Citibank)是华尔街上最古老的商业银行之一，而旅行者集团是一家总部设在纽约的老字号保险金融服务公司，二者的合并是美国有史以来最大一起企业兼并案。又如，携程旅行网以现金加股权的方式收购当时中国国内规模最大的订房中心"现代运通商务旅游服务有限公司"，实现了对旅行客房"电话预订"和"网上预订"的横向整合，从而使携程旅行网的服务能力大大增强。

2. 横向一体化战略的优势

横向一体化是服务性企业试图提高盈利能力的一条途径，具有如下优势。

1) 降低经营成本

通过横向一体化战略，服务性企业可以有效地扩大规模，实现规模经济，并减少实现横向一体化企业间的重复建设，从而在整体上降低经营成本。

2) 提升服务产品价值

通过横向一体化，各个服务性企业之间可以实现客户资源的共享，从而提升各个企业的服务产品的价值。例如，美国花旗银行和旅行者集团合并后，双方实现了客户资源的共享，花旗银行可以直接向旅行者集团的保险客户销售其银行产品，而旅行者集团则可以直接向花旗银行的客户销售其保险产品。

3) 应对服务行业内部的竞争，降低价格战的风险

可以看出，横向一体化减少了服务行业中的参与者数量，从而使服务性企业之间的价格战术协调比较容易建立。

4) 增加对供应商和购买者的议价能力

通过横向一体化，服务性企业可以扩大经营规模，并以此提高与上游供应商之间的还价能力，并可利用这个事实压低购买投入品的价格，降低经营成本。同样，从与下游购买者的关系来看，服务性企业通过合并，能够控制行业中更大比例的产出，使购买者更加依赖该企业的服务产品，该企业也因此获得了更多的利润。

3. 横向一体化战略的劣势

C.W.L 希尔和 G.R. 琼斯(2005)等战略管理学家认为，横向一体化战略虽然是非常吸引服务性企业的战略，但也存在一定的劣势，这主要表现在以下方面。

1) 存在收购后的整合与管理协调方面的问题

实施横向一体化战略后，并购后的新公司与原公司在历史背景、人员构成、企业文化、管理体制等方面的差异，使得服务性企业在这些方面的管理协调非常困难，如果协调不好，不仅不能产生预期效益，而且还会给企业带来沉重的负担。

2) 对企业满足市场服务需求的能力提出了更高的要求

实施横向一体化战略后，服务性企业的规模进一步扩大，掌握的市场资源更多，同时也要承担更多的市场责任，以及要在满足市场服务需求方面有更强的能力，这也给服务性企业的综合管理能力提出了更高的要求。

3) 政府法规限制

横向一体化容易造成某个服务行业内的市场集中程度过高，从而客观上形成垄断和市场竞争不足，因此，各个国家一般都会对横向一体化活动做出法律上的限制。

相关链接

传媒产业化催促媒介并购步伐[①]

自媒介产生以来，其在经济领域从来没有如此热闹过。媒介间的并购风起云涌，规模之大一个比一个令人注目。媒介产业自身也已成为媒介报道的重点。无可否认，并购重组集团化和跨媒体经营是传媒产业发展到一定阶段以后的必然趋势。就全球范围来看，早在20世纪70年代，传媒产业中就出现了整合及集团化的趋向，在20世纪80年代和90年代，这种趋向发展成为一股不可遏止的潮流，至今尚未有任何停息的迹象。无数媒体企业通过兼并、联合等多种手段，实现经营领域的扩张，分摊经营成本，分散经营风险，拓宽市场份额，最终铸就了包括时代华纳、维亚康姆、迪士尼、贝塔斯曼、新闻集团等在内的，在当前传媒产业中叱咤风云的巨型传媒集团。

而反观我国，在经历了几十年的计划经济之后，我国的传媒领域还没有

---

① 李明. 传媒产业化催促媒介并购步伐[J]. 新闻实践，2009, (1).

完全摆脱文化事业的性质，部门分割与区域分割并存，使得我国的传媒产业从整体上看，依然形如散沙。在中国加入 WTO、媒体市场将逐渐开放、外国实力雄厚的媒体集团逐步进驻的情况下，我国传媒产业不得不直面做大做强、集团化发展之路。

传媒行业实施并购的方式主要有三种：横向并购、纵向并购和混合并购。

相对几种并购形式，横向并购在传媒业是较早出现的形式。它极大地加强了媒介集团的垄断性，同时还降低了传媒经营的风险。而作为实现企业多元化经营的途径，混合并购在传媒业中为数不多。在三种主要并购形式中，纵向并购是传媒业应用最为广泛的。

横向并购在我国传媒界现阶段主要体现为横向强强联合，以深圳特区报和深圳商报联手成立深圳报业集团为例，重组后的深圳报业集团旗下拥有 8 报 4 刊，资产近 50 亿元人民币。不仅是深圳唯一的报业集团，也是我国规模最大的报业集团之一。两大报的合并，一方面解决了深圳报业重复建设、无序竞争的问题，以抗衡外来媒体，特别是广州媒体南下的冲击；另一方面，也实现了中宣部关于"把媒体做大、做强，适应入世新形势"的精神。

如果说横向并购能够增强媒介竞争力，那么，纵向并购则可以提高媒介对市场的控制能力。同时，让传媒企业上下游之间的外部交易转为内部化，便于媒体内部控制和协调，减少一定的交易成本，增大企业利润空间。对此，默多克有深刻的理解，他曾表示，"为了确保我们出版的报纸、书籍等产品的改造以及确保没有人能卡我们的脖子，我们要从生产的那一刻起，直到把产品送进千家万户那一刻为止，进行垂直整合"。北京青年报就是纵向一体化战略的实践者。它从一个团办的周报到年营业额 7 个多亿的日报，从一个边缘小报到主流大报，在经营上，北京青年报把经营领域后向整合到新闻纸、油墨代理，"把成本变成资本"。

5.3　多元化战略

多元化战略又称为多角化经营、多样化经营，是指企业为了获得更大的经济效益和确保长期稳定经营，集中力量使用或重新组合现有企业竞争力或者建立新的企业竞争力，在两个或两个以上的产业领域同时经营不同业务的战略。企业多元化战略理论最早是由著名企业战略管理家安索夫(H.I.Ansoff)于 1957 年发表在《哈佛商业评论》上的论文《多元化战略》中提出来的，曾在之后的 20 世纪 70 年代十分流行。

多元化战略符合不把鸡蛋放在一个篮子里的原则，能够分散企业在单一领域经营风险，也能够使企业在变化多端的市场中抓住发展机会，是一条壮大企业竞争实力、提高市场竞争地位的有效途径。例如，美国著名的旅游金融服务企业——运通公司实施的就是多元化经营，它作为旅行社经营商，同时又向其顾客提供旅游金融、租车和网上预订服务。

典型案例

海航集团的多元化战略

2010年5月10日，海航集团与已有16年历史的天天快递集团(俗称"天天快递")正式签订收购协议，从而加快了其整合中国民营快递业的步伐。公开资料显示，天天快递网络现有20余个集散中心，分布在国内1 200多个城市，设有3 000多个网点。

海航集团表示，我国经济持续快速增长和产业结构的深化调整，特别是近年来电子商务网络购物的兴起，为现代物流快递业提供了广阔的市场需求和发展前景，同时，业内也急需引进新的战略投资及现代管理技术，以促进和引领整个行业的转型发展。在这样一个大背景下，海航集团与天天快递顺利达成携手合作发展的共识。

资料显示，2000年注册成立的海航集团经过多年发展，目前，其经营业务已涉及航空运输、旅游服务、现代物流、金融服务、商业零售、地产开发、食品加工等多个领域。

5.3.1 多元化战略的分类

安索夫将多元化战略分为如下类型，如图5.5所示。

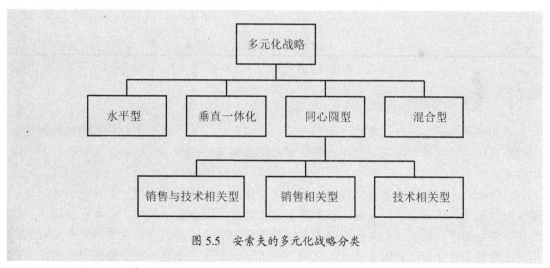

图5.5 安索夫的多元化战略分类

(1) 水平型多元化，又称横向多元化，指针对与老顾客同类的顾客开发出新产品。

(2) 垂直一体化，指企业进入生产经营活动或产品的上游或下游产业，也就是纵向多元化。

(3) 同心圆型多元化，指以企业原有能力为基础的多元化，指企业利用现有技术、特长经验及资源等，以同一圆心扩展业务。同心多元化又可细分为销售(市场)相关型、技术相关型、销售(市场)与技术相关型。

(4) 混合型多元化，即企业进入与现有经营领域不相关的新领域，在与现有技术、市场、产品无关的领域中寻找成长机会。

服务性企业战略管理

安索夫认为，与混合型多元化战略相比，同心圆型多元化战略能有较大的获利性和较低的风险性。

安索夫对多元化战略的分类中相关(同心圆型)与无关(混合型)是多元化战略的两大类型，这在国内已成为通行的共同标准，尽管这两大类型的细分不尽相同。但国内对垂直一体化(纵向多元化)是否属于多元化战略的一类，没有较一致的看法，而水平型多元化是否属于真正的多元化经营，也还值得进一步探讨。鉴于此，按照现有业务领域和新业务领域之间的关联程度，将多元化战略分为相关多元化战略和不相关多元化战略两类。

按照企业的业务结构状况，服务性企业的多元化战略类型可以包括低度多元化、中度相关多元化和高度多元化三个层次，见表 5-1。低度多元化战略和中度相关多元化战略又被称为"相关多元化战略"，而高度多元化战略通常也被称为"不相关多元化战略"。

表 5-1 多元化的层次及类型

三种不同层次	相应的业务关系
低度多元化层次	
单一业务型	超过95%的收入来自于某一项业务
主导业务型	70%~95%的收入来自于某一项业务
中度相关多元化层次	
相关约束型	不到70%的收入来自主导业务，所有业务共享产品、技术、分销渠道
相关联系型(相关和无关混合体)	不到70%的收入来自于主导业务，各个业务之间联系是有限的
高度多元化层次	
无关型	不到70%的收入来自于主导业务，各个业务之间没有联系性

资料来源：迈克尔·A·希特，R·杜安·爱尔兰，罗伯特·E·霍斯基森.2006.

1. 相关多元化战略

相关多元化战略包含低度多元化和中度相关多元化，其特点是企业新增的业务基本上围绕原有的主营业务来展开，因此，相关多元化战略又被称为"同心多元化战略"或"集中多元化战略"。

具体来看，实施低度多元化战略的服务性企业的业务结构较为单一，许多企业都是从单一业务起步，经过一体化发展，逐渐成长为主导业务型企业。例如，沃尔玛公司就是从门店销售业起步，逐步成长为世界级的、以零售业为主导的超大型商业服务企业。对于实施中度相关多元化战略的服务性企业来说，其主营业务在企业总体业务结构中所占比重也是很突出的，并且，企业新增业务与原有业务之间也存在着某种联系。例如，海尔集团在发展初期，长期坚持冰箱专业化经营，在管理、品牌、销售服务等方面成为行业的领先者，从 1992 年开始，海尔首先进入核心技术(制冷技术)同一、市场销售渠道同一、用户类型同一的冰柜和空调行业，然后逐步向黑色家电与知识产业(信息家电)进军。

对于服务性企业来说，相关多元化战略的优点在于能带来战略协同效应。所谓协同，是指实行业务多元化战略的服务性企业，通过各业务单元的相互协作，可以使企业整体的价值大于各独立组成部分价值的简单总和，"2+2=5"是对协同效应最通俗的解释。当然，只有相关多元化战略运用得当的企业才会产生战略协同效果。

例如，具有很高知名度的某汽车销售公司，利用其在汽车销售上的优势全面进入汽车维修、汽车租赁、汽车俱乐部等汽车服务市场，然而，该企业并没有取得理想的经营效果，不仅在汽车维修、汽车租赁、汽车俱乐部等市场业绩不佳，汽车销售业务也受到冲击而下滑，究其原因，在于未实现多元化经营的协同效应。战略协同要转化为竞争优势，需要从两个方面着手：①企业将专有技能、生产能力、技术或者管理诀窍由一种经营有效转移到另一种经营中去；②将不同经营业务的相关活动合并在一起产生较低成本。

因此，服务性企业实施相关多元化战略必须把握好节奏和实施途径，否则，看似"美好的"相关多元化也可能导致服务性企业的经营精力分散，从而影响该企业核心业务的发展。

2. 不相关多元化战略

不相关多元化又称为混合式多元化或复合多样化，是指增加新的、与原有业务不相关的产品或服务的经营战略。具体而言，如果一个企业不到70%的收入来自于主导业务，各个业务之间没有联系性，则该公司采取的就是不相关多元化战略。例如，一家企业既从事照明器材和家用电器的生产，又从事医疗设备、建筑机械的生产，同时还提供金融、贸易、航空服务业务，这就是不相关多元化经营。

服务性企业实施不相关多元化战略的主要方式有分解大公司进行跨行业经营，或者通过收购、合并、控股实现跨行业经营。

对于服务性企业而言，采取不相关多元化经营战略的优点在于：企业的经营风险可以在一系列不同行业里得到分散；通过向有利润前景的服务行业进行投资，企业可以最大限度地发挥其财力资源，从而获得更高的利润报酬；企业的获利能力可以更加稳定，企业进入一些高增长的行业，可以不受已有业务利润下滑的影响，继续保持一定的利润水平。

同时，服务性企业采取这一战略也存在显著的风险，这主要在于，企业同时开展多种不同的服务业务的经营，显然加大了企业的管理成本和管理难度。

典型案例

西尔斯的多元化业务

美国西尔斯·罗巴克公司是一家以向农民邮购起家的零售公司，如图5.6所示。1887年，西尔斯公司就开始在邮购零售中充分使用"货到付款"的销售方式，并最终在竞争中获得优势。

在20世纪初，西尔斯公司决定采用分期付款方式，提供无担保贷款给农民，使他们可以购买所需的商品和服务。后来西尔斯公司把信用销售重点转移到汽车房产和其他耐用消费品，把客户群定位于中产阶级，并在1931年创建了专门从事保险业务的全美保险公司。1981年，西尔斯公司一举收购了美国房地产中介行业中排名第一和第五的两大房地产中介公司，同时成立西尔斯公司金融服务部，经营提供信贷和销售股票的业务，1985年，西尔斯百货公司推出"发现卡"，到1990年末，它已成为美国第三大信用卡。多元化发展战略的实施为西尔斯带来了巨大的发展潜力和多中心的利润来源。

不过，当沃尔玛公司替代西尔斯公司成为零售业老大的时候，情况又发生了变化。20世纪90年代以后，西尔斯公司逐步剥离多元化业务，重新回到零售业。1993年西尔斯公司把发现卡转让给添惠发现卡公司，1997年添惠发现卡公司并入摩根斯坦利财团，2003年西尔斯公司百货公司的私标卡出售给了花旗银行。

图5.6 美国西尔斯公司

5.3.2 多元化战略的动机

服务性企业由于服务产品的特性而使其多元化动机有别于制造业，其动机主要表现在以下两个方面(杨坤、肖淑玉，2008)。

1. 范围经济的协同效应

范围经济是指企业同时经营多个行业时，会产生比单一行业经营更多、更大的经济效益，即通常所说的"2+2＞4"的效果。这类经济效益产生的原因在于诸行业间资源的依存性所决定的"协同"效应以及企业内部具有未利用资源的客观性。虽然服务具有无形性，但是服务的生产一般需要有形的设备，并且在服务多元化同样中具有管理资源的共享，如营销费用、财务费用等的分摊，因此，服务业同制造业一样具有范围经济的协同效应。

相对于单个企业，多元化服务性企业成本的降低，来源于资源共享、分摊成本所带来的范围经济：借用同一个平台生产两种或者两种以上的产品所带来的成本下降。但是，多元化战略使企业得到协同效应的同时，也将增加交易成本。对于服务性企业而言，追求范围经济需要混合的管理系统，服务于新的顾客，同时需要企业产生新的组织结构或者新的流程系统，并且还会由于利益的复杂化在企业内部发生冲突。那么，此时为了保证服务的正常进行，企业将花费大量的费用在企业的各个业务单元之间协调、沟通、管理，这笔费用就构成了交易费用，因此，基于理性的企业的假设，企业实施多元化的程度应该在一定的范围内，即在交易费用小于范围经济所带来的效益的范围内。

2. 信息不对称带来效益

基于服务的无形性、生产与消费的同步性等特性，服务生产与消费需要大量的信息，因为在消费者享用服务之前，消费者并没有一个确定的样品可以参考，但服务提供者相对于服务消费者掌握了更多的消费信息，顾客属于"信息弱势群体"，这种情况就是信息不对称。

如果服务性企业在消费者中具有良好的服务形象和声誉，那么，服务的信息不对称对于企业就不是一种危害，而是一种资源。在企业进行服务多元化的时候，它向消费者提供了只需在一个服务供应商那里就可以得到不同的服务需要的便利，由于信息的不对称，消费者就会倾向于选择自己熟悉并喜欢的、具有良好声誉的企业的新服务。因此，顾客的重复购买行为以及顾客的增加都可以给多元化的企业带来良好的效益。

5.3.3 多元化战略的时机选择

由于实行多元化经营存在风险，因此，在何时进行多元化以及实施何种程度的多元化成为企业决策者必须慎重考虑的问题。例如，在20世纪90年代，韩国大企业失败的一个原因就是过分地强调了多元化经营，企业往往涉及面太宽，精力分散。据统计，韩国某些大企业涉及的行业多达一百多个，从重工业到轻工业，从制造业到服务业，无所不包，无所不有，而仅在一部分行业中的失败就可能将企业的支柱产品、核心产品削弱和拖垮。

具体来看，服务性企业在以下情况下可以考虑多元化经营：
(1) 现在从事的服务行业增长乏力。
(2) 企业现有核心能力和资源转移到新的服务行业的吸引力很高。
(3) 进行相关多元化经营时，业务共享能节约大量成本。
(4) 拥有多元化经营所需的服务能力和竞争资源。

盲目扩张遭破产的八佰伴集团

闻名于日本乃至世界的八佰伴集团发展历史曲折艰辛，充满传奇，它的创始人阿信之子——和田一夫，将八佰伴从一个乡村菜店，一步步发展为日本零售业的巨头。

八佰伴最成功的还是其海外战略。通过急剧的商业扩张，八佰伴在破产前十年中成为日本在亚洲的头号海外企业，其百货超级商场遍布日本、巴西、美国、新加坡、中国香港、马来西亚、文莱和中国内地。在全盛时期，八佰伴集团拥有员工近3万人，在世界上16个国家和地区拥有450家超市和百货店，年销售额达5 000多亿日元。

一段时间的成功，使八佰伴集团的决策者开始盲目乐观，开始了不切实际的扩张，如计划建造亚洲最大的百货商店，在中国设立一千家连锁店等。20世纪80年代中后期，无论是对中国经济而言，还是对世界经济而言，都处在一个程度不同的调整阶段，世界上大多数企业也在此时处于休整期，而恰恰在这一时期，八佰伴集团不顾经济形势的变化，到处设立分店，并向地产、房产、金融业扩张。

八佰伴百货急速扩展的恶果十分明显。以中国香港为例，业界人士估计，开设一间像八佰伴这样大规模的百货店，单是装修费少说也要四五千万元，收回成本至少要5年。1991年八佰伴盈利处于高峰期时有近5700万元的纯利，之后四年，八佰伴开了7间分店，盈利却急速滑落。自1995年起，八佰伴出现大幅亏损，累计亏损3.16亿港元。八佰伴不断将资金投入新店，战线拉得过长，令整体开支不断增加，存货数量亦不断提高。在资金流入无法应付开支的情况下，八佰伴集团唯有不断向银行借贷及延迟向供货商还款，利息开支也因此日益加重。

1997年，债务缠身的八佰伴财务危机全面爆发。"阿信精神"的传承者——八佰伴国际集团宣布破产。八佰伴破产，正值亚洲国家地区遭受"金融风暴"冲击、经济向下调整的时期，虽然有种种外部不利因素，然而，主要的原因却是管理层脱离实际的扩展雄心，将八佰伴集团推上了不归路。

5.4 虚拟经营战略

世界市场变化日趋迅速，消费者对于服务产品的需求日趋个性化，对于服务性企业而言，必须快速满足消费者个性化的要求，如此才能在市场中生存和发展。但是，由于资源的稀缺性，任何服务性企业都难以在全部业务环节占有优势，虚拟经营战略就是在这种情况下产生的，并表现出强盛的生命力。

5.4.1 虚拟企业与虚拟经营

虚拟经营的概念源于虚拟企业，虚拟企业的概念最早是1991年由罗杰·内格尔提出的。所谓虚拟企业，是指企业在组织上突破有形的界限，虽有生产、销售、设计、财务等功能，但企业内部没有完整的执行这些功能的组织，仅保留企业中最关键的功能，如知识、技术和管理诀窍等，而将其他的功能虚拟化。由于信息技术的发展，许多企业都呈现出"虚拟化"的发展态势，如耐克公司、Callo和"第一虚拟公司"（FVC）、美特斯邦威集团等。

虚拟经营扩张战略是一种全新的公司战略，要求服务性企业抛弃自己非核心的业务环节，集中资源于自己的核心能力上，广泛与其他企业和消费者、甚至竞争对手合作，组成虚拟企业进行运作，它强调服务性企业的敏捷性、灵活性和动态性。虚拟经营所实现的企业经营扩张，不是资产的扩张，也不是组织规模的扩张，而是服务性企业的经营功能与经营业绩的扩张。虚拟经营作为一种全新的经营模式，是对传统的服务性企业经营方式的一种革命。

5.4.2 虚拟经营实施的前提条件

1. 企业具有持续的核心竞争力

核心竞争力概念是1990年由美国经济学家普拉哈拉德和哈默尔首先提出的，他们认为核心竞争力是指企业内部经过整合的知识和技能,尤其是关于怎样协调多种生产技能和整合不同技术的知识和技能。在普拉哈拉德和哈默尔看来,核心竞争力首先应该有助于公司进入不同的市场,它应成为公司扩大经营的能力基础;其次,核心竞争力对创造公司最终产品和服务的顾客价值贡献巨大,它的贡献在于实现顾客最为关注的、核心的、根本的利益,而不仅仅是一些普通的、短期的好处;最后,公司的核心竞争力应该是难以被竞争对手所复制和模仿的。普拉哈拉德和哈默尔关于核心竞争力的定义被广泛采纳,如海尔集团总裁张瑞敏曾说过:"创新(能力)是海尔真正的核心竞争力,因为它不易或无法被竞争对手所模仿。"

2. 价值链各环节的平衡能力

虚拟经营的关键是以信息的网络化、经济的契约化为媒介,将有限的资源集中在附加值高的功能上,将附加值低的功能虚拟化。虚拟化经营的企业无法像传统企业那样利用行政手段对其他价值环节进行控制,所以企业必须具备成本、质量、销售等各环节的平衡能力。核心企业应是"头脑企业"而非"躯干企业",应是诸多资源的组织者、调度者,通过优化配置、整合力量来平衡时间、空间、人间、事间和功能间这"五间"之间的关系(陈继祥、王家宝,2006)。

3. 信息网络技术的应用能力

当今正是信息技术主宰的时代,网络技术、管理信息系统(Management Information System,MIS)、供应链管理系统(Supply Chain Management System,SCMS)、全面质量管理(Total Quality Management,TQM)、企业资源计划(Enterprise Resource Planning,ERP)等信息技术正快速地发展着,这些信息技术在虚拟企业中的运用增强了企业间的联系和行动的一致性,在很大程度上节约了交易费用,消除了不必要的时间浪费,成为企业运作成功的关键。

5.4.3 虚拟经营运作的形式

对于服务性企业来说,可以采用的虚拟经营方式包括以下几种。

1. 业务外包

业务外包又称虚拟生产,是企业通过与外部其他企业或非自然人签订契约,将一些传统上由公司内部员工负责的业务或机能外包给专业的服务提供商的经营形式。服务性企业实施业务外包的主要目的,是将自身的优势功能集中化,而将劣势功能转移出去,借企业外部资源的优势来弥补和改善自己的劣势,"借鸡生蛋、借船出海",以降低经营成本、增强企业的应变能力。例如,20世纪90年代美国有一种廉价饭店,这些饭店是美国饭店业最盈利的企业,它们只提供住宿和简单的早餐,人力、设施设备基本上完全外包出去。

2. 策略联盟

所谓策略联盟,是指服务性企业之间的合作关系超出一般业务往来,但又达不到合并的程度,这些企业在一定时期、一定范围内开展经营合作。对于服务性企业而言,参与联盟的各企业应拥有相对优势和不同的关键资源,而彼此的市场又存有某种程度的区隔或分割,如此才能更好地交换彼此的资源,并借以创造出新的竞争优势。

对参与的服务性企业而言,策略联盟具有以下优势:①竞争优势急剧扩大,其整体优势远远大于各联盟成员优势的简单叠加;②分散了各联盟企业的经营风险,并且能够广泛拓展市场,快速敏捷地满足市场需求;③由于各企业的资源得以共享,使企业能够降低成本,防止由于组织膨胀、机构臃肿、巨额投资产生的"大企业病",减轻企业负担。

3. 虚拟销售网络

虚拟销售网络是指服务性企业或公司总部与下属经营部门(如销售网络)之间的"产权"关系相互分离,实现经营部门的虚拟化,从而迅速扩大企业服务市场的能力。

例如,特许连锁是服务性企业经常采用的一种虚拟经营方式。拥有品牌、产品等优势的某服务性企业实行"强项扩散",与其他服务性企业订立特许经营合同,有偿地授予它们在一定期限、一定范围内和一定条件下使用该企业的品牌或产品开展经营活动的特权,从而使它们在业务上加盟连锁经营,成为该企业"虚拟销售网络"的成员。该企业无需投入大量资本,无需承担被许可方经营失败的直接损失,既能取得可观的许可费收入,又能迅速扩大企业影响,参加连锁经营的单位越多、经营规模越大,企业的市场地位、市场价值就越高。麦当劳、肯德基、沃尔玛、家乐福等企业的发展正是成功地应用这种方式的范例,图5.7为特许连锁助推"肯德基王国"发展。

图 5.7　特许连锁助推"肯德基王国"发展

4. 虚拟职能部门

虚拟职能部门是指服务性企业将一些非关键职能部门如市场企划、行政办公、财务管理等虚拟化,对外发包给他人,使之能高效率、高速度地运作并处理业务。虚拟职能部门名义上同服务性企业脱钩,但同企业的生存密切相关,它要为企业提供必要的支持,帮助企业进行综合管理,为公司决策作出指导,并协同其他部门围绕企业开展各项业务。从事虚拟经营的服务性企业通过利用外包方的业务优势和实力,减少企业的负担,降低管理成本,提高弹性管理水平。

5. 虚拟共生

对于有些服务性企业而言，它可能本身并不擅长某方面的工作，但在成本或保密的考虑下，又不愿意将这方面的业务外包出去，于是，由几个从事同类业务的企业一起，共同组成一个作业中心，共同负担成本，即为虚拟共生。

例如，银行业并不擅长资讯管理，但出于对客户隐私保密等原因的需要，不能把这方面的业务外包，同时，银行又不愿意或不值得独自负担培养专业人员等方面的成本，于是，便由几家银行合作，成立专门的处理电脑资讯业务的组织或机构来从事资讯管理，合并后的资讯业务足以形成规模经济，达到节省成本、实现专业化等目的(孙敬平，2007)。

5.4.4 虚拟经营的竞争优势

通常情况下，服务性企业实行虚拟经营能够实现以下竞争优势。

1. 实现资源共享与优化配置

当今国际市场变化很快，市场需求的无限性与企业资源的有限性是企业始终面临的主要矛盾。对于服务性企业来讲，仅仅靠内部资源来从事经营活动是远远不够的，因此，把一些具有不同关键资源的服务性企业整合起来，实现资源共享，是解决这一矛盾的有效途径。所以，服务性企业从事虚拟经营，能够创造一种信息、智力、服务、市场等各种资源共享的生态环境，从而有利于其顺利发展。

2. 柔性组织结构与对市场的快速反应

在虚拟经营的环境下，服务性企业的管理和运作由"控制导向"转为"利用导向"，其内向配置的核心业务与外向配置的业务紧密相连，形成一个关系网络，服务性企业的组织结构将更加具有开放性和灵活性，这种柔性的组织结构能帮助服务性企业跳出通常的"企业管理病"(管理程序官僚化)的困扰，以其高度弹性化的运作方式，做到在最短时间内对市场变化形成快速反应。

3. 实时经济与低退出成本

当今信息时代的企业竞争，更多地表现在时间和反应速度的竞争上，虚拟经营模式的实时经济导向，适应了新经济时代环境快速变化、未来具有不确定性的特点，以快速反应的速度来构建服务性企业的核心竞争能力。同时，由于虚拟经营采用的是借用外部资源的办法，没有在核心功能之外进行过多的专用性资产投资，其企业联盟既可以是长期性的，又可以是临时性的，一旦市场发生变化，或者战略目标有所改变，可以随时进行调整和重新分化组合，这种组织结构模式，使得服务性企业的市场应变能力更强，也更能形成新的竞争优势。

5.4.5 虚拟经营的要旨

随着世界经济格局和跨国公司在我国的产业布局均呈现出由制造产业转向服务产业的趋势，服务性企业开展虚拟经营的态势日渐明显，由于服务性企业经营过程的时效性、体验性、伴随性、交互性等显著特征，使得服务企业的虚拟经营战略模式与制造企业有着很大的不同。服务性企业在实施虚拟经营时应注意处理以下两方面的问题(康健，2009)。

1. 实现服务技术标准的动态统一和外部网络的模块整合

服务性企业的产品特点和技术需求不同于制造型企业。从产品特点来看，服务性企业的经营对于原材料和生产设备的依赖性较低，其竞争优势的构建和维持更多的是依靠客户满意度的实现和忠诚度的建立，其产品特色构建主要是依靠高素质的员工队伍和客户完美体验的实现。从技术需求来看，服务性企业的技术研发风险比制造型企业更大，其新产品的技术含量偏低，且很容易被竞争对手模仿而很快丧失先行优势。因此，服务性企业普遍缺乏创新动力，大多数转而选择低价竞争战略。

为成功实施虚拟经营战略，服务性企业必须首先构建本行业内的服务技术标准，在虚拟经营伙伴之间通过人力资源外包和共享等方式，实现服务员工的动态平衡；其次还要通过企业共生、技术联盟、企业集群等方式对本企业与合作伙伴之间网络的模块化整合，保证各服务性企业主体形成新型的竞合关系，降低服务性企业产品创新的系统性风险。

2. 实现公司组织结构的自我运作机制设计

服务性企业的运作机制和经营理念不同于制造型企业。从运作机制来看，服务性企业的产品无法预先生产完毕，而是需要在为客户服务的过程中随时提供，因此，服务性企业的运作过程就具备了很强的时效性和伴随性，这种特征需要为服务性企业的各级员工具有较强的自主意识和自主能力。从经营理念来看，服务性企业需要客户提供良好的消费体验和服务享受，因此，服务性企业的经营过程就具备了很强的体验性和交互性，这种特征需要服务性企业的组织结构设计能够满足客户多变的消费偏好，并可以随时进行动态调整。

总之，采取虚拟经营战略的服务性企业应根据内外部资源条件设计合适的组织结构，并制定出能够自我组织、自我管理、自我发展的"虚拟经营自组织"，然后，在自身与伙伴服务性企业之间构建"虚拟经营供应链"，进而升级成为各个服务性企业赖以生存的"服务性企业虚拟经营系统"。

相关链接

虚拟经营在酒店业的运用[①]

随着知识经济和知识管理的深入，面对异常激烈的市场竞争和变化莫测的顾客需求，任何一个独立的酒店已越来越难立足，只有共享市场和顾客，共享开发、创造和人力资源，才是酒店唯一的选择。

虚拟经营是指企业在有限的资源条件下，为了取得竞争中的最大优势，只保留企业中最关键的功能，而将其他的功能虚拟化，通过各种方式借助外界力量进行整合弥补，其目的是在竞争中发挥企业有限的资源优势。虚拟经营的精髓是将有限的资源集中在附加价值高的功能上，而将附加价值低的功能虚拟化，并通过分享知识和技术、分担成本费用等手段形成虚拟经营组织，从而取得单个企业难以实现的规模经济效益。

---

① 陈雪琼. 虚拟经营方式在酒店中的运用[J]. 北京第二外国语学院学报，2002，(01). 编著者有删改。

采用虚拟经营方式的酒店可运用外部的优势条件，创造高弹性的运作方式，赢得竞争优势，迅速地扩大市场份额，节约大量的投资，达到快速成长的目的。目前，在酒店中可采取以下几种虚拟经营方式来进行经营管理。

1. 部门外包

(1) 餐饮外包。鉴于长期困扰不绝、效率低下的大酒店餐饮经营管理模式，国外，尤其是欧洲、美洲，已经逐渐摆脱了膳食共管的概念(the Full-service concept)，出现了越来越多的饭店不再经营餐饮的情况。酒店餐饮方面的服务及经营由社会化的餐饮公司、集团来提供，酒店自身则更加集中精力从事住宿及配套服务等方面的管理和经营。这在某种程度上，不仅提高了酒店客人的住宿服务质量，更主要的是社会化餐饮经营和管理，其成本和质量更加有保障，更加稳定。酒店经营管理精力和效果也更加集中、更为明显。

(2) 客房清洁外包。目前，大多数酒店客房部所占的劳动力是酒店劳动力的三分之一，这占到了酒店利润的一个相当大部分成本支出，影响了酒店的利润率。一些酒店开始利用他人廉价的劳动和要素投入，将客房清洁任务交给外部专业清洁公司机构市场，不仅免去了大量的劳动力的招聘和管理，节省了劳动力成本；提高了清洁的效率和质量；减少了各类清洁剂的采购和保管；减少了对各种清洁设备的采购，从而节约酒店的固定资金，增加了流动资金的比例，提高了酒店的活力。

(3) 娱乐场所外包。酒店可将娱乐场所交给专业娱乐公司经营，利用他们的客源、管理经验和经营模式。

(4) 洗衣业务的外包。我国香港一些酒店将酒店内部的洗衣服务由外部的洗衣公司承担，这样不仅节省人力资源、场所空间、能源消耗等，而且降低了成本，提高了洗衣质量。

2. 策略联盟

策略联盟是由两个或两个以上的具有资源互补优势的酒店，为实现共同的战略目标，通过各种协议、契约结成的利益风险共享、经营权与所有权分开的松散型联合体，以提高竞争优势。例如，一些酒店与啤酒厂联盟，由酒店提供酿酒配方，而由这些厂家生产，然后冠以酒店的品牌。这一做法不仅使酒店具有自己独特的产品，而且可以节约大量的投资和资金占用，减少生产过程的环节，提高效益。从另一个角度而言，利用自身的品牌，帮助啤酒厂销售产品，提高销路，而这些啤酒厂仍然可以继续生产自己的产品。

又如，万事利(中国)企业发展有限公司提出"酒店联盟"战略。通过信息网络技术，使全国各大中城市及著名旅游度假风景区的300多家三星级以上酒店实现联网合作，通过客源共享方式，变酒店单一化经营为网络化经营。同时，变酒店传统的营销方式为分时经营，针对酒店闲置客房推出"酒店房东权益证"，消费者购买一家酒店客房后可以在入网的任何一家酒店享受权益。

3. 虚拟销售网络

公司总部对下属销售网络充分放权，使其拥有独立的"产权"，成为具有独立法人资格的销售公司。公司总部不需为下属公司发放工资，也不必为其支出管理成本和市场开拓费用。同时，各销售公司成立后，可利用关系在社会上募股，无形中为总部聚集了一大笔资金，并使原有销售网络迅速延伸。REZSOLUTIONS 是世界上最大的从事酒店销售和预订的专业集团，该集团为世界各地的 150 万个酒店客房提供预订和销售服务，其总数占整个 CONSORTIA 市场近 50%的份额。珠海步步高酒店根据客源状况，确定建立分销网络的方案，在广州的各客运枢纽寻找了 5 家合作伙伴，提高了酒店的入住率。

4. 共同作业

面对目前酒店内客房闲置现象，一些酒店共同联合起来，组成一个产品，向客源市场统一销售，以统一的价格、高质量的服务，使这些酒店与顾客双方均受益。

在上海茂名南路和长乐路上有个酒店区，3 家全国一流的名酒店——花园饭店、锦江饭店和新锦江大酒店，利用 "97 国际展览会"举办前的时机，联合推出 "97 国际展览会"期间的特殊包价、展览会商务午餐、去展览会地点的免费往返班车等；同时还同周边的大商场和服务企业联手推出名牌产品，集住宿、餐饮、商务、娱乐、旅游、购物、交通于一体，使住店的商务客人在就近区域满足住、食、行、游、娱、购等旅游活动和商务活动的全方位需求。

5. 将附加价值高的功能加以强化

酒店以商品和服务品牌资源为核心，而虚拟掉附加价值低的部分职能。部分酒店的餐饮品牌效应已建立，这时就可以利用这些功能向外扩展。例如，江苏溧阳天目湖宾馆，是一座典型的国有三星级饭店，仅有 75 间客房。然而，宾馆在总经理史国生带领下，充分利用得天独厚的天目湖大花鲢和优质天目湖水的资源优势，精化产品，稳定质量，饭店自主开发的以"砂锅鱼头"为龙头的鱼文化系列产品，不仅为党和国家领导人、国外大使官员品尝认可，还为江浙皖消费者所喜爱。宾馆因势利导，申请专用商标，北联南进，成功地将该系列产品打入北京、上海等主要城市。以砂锅鱼头为龙头的鱼文化系列产品使"天目湖"品牌餐饮声誉鹊起，效益逐年递增。

南京晶丽酒店在总部经营成功之后，先后在南京地区投资开办了南京大排档、狮王府大酒楼等。这样经营，可以实行集中采购，集中加工，集中配送，集中开发，充分利用集团优势，有效降低人力和设备投入成本。同时，也更有利于统一制作规格，稳定产品质量；统一市场策划，扩大酒店形象和影响，在协调一致、抵御对手的竞争中，更能发挥优势。

在运用虚拟经营的过程中，酒店应注意的要点包括以下几点。

(1) 酒店管理者必须树立正确的思想认识。酒店管理者不能以管理范围大小、管理人数多少来衡量自身的价值，反映自身的威信，同时也应排除"大而全"或"小而全"的观念，否则会影响虚拟方式的运行。

(2) 酒店必须控制关键性的资源。虚拟经营这种方式的关键是将酒店的多数功能虚拟化，但并不意味着连酒店的最关键的功能都丧失，那么这时酒店就等于名存实亡，也就无所谓什么经营方式了。因此，必须注意产品品质、成本及周期等其他能力的平衡，以保持其竞争优势。

(3) 进行文化重组。虚拟经营是一种借用外力的战略，势必带来各种酒店文化不同程度的冲突。因此，努力减少各种酒店文化摩擦使之相融合，是虚拟经营战略成功的保证。

(4) 可进行多重虚拟。虚拟经营是由一些独立酒店结合形成的，一家独立酒店也可能同时或先后参与数家酒店的虚拟经营，经营更灵活，使其由于合理利用酒店资源而长盛不衰。

(5) 避免"拥有"现象发生。实行产权虚拟化，强调"利用"而不是"拥有"，但求所用，不求所在，不求所有，通过行业内部优势整合，形成规模优势和综合优势，创造一种新的资本运营模式。

(6) 选择合适的对象。虚拟方式并不是每个酒店都必须运用的经营方式，但这种经营的思维方式可为每一个酒店所借鉴。

5.5　战略扩张方式的选择

当一家服务性企业选定了一种战略方案准备扩张时，为达到既定的目的，企业应该采取什么样的方式进行扩张，也是必须考虑的问题。选择适合的扩张方式会显著降低企业扩张经营的风险。例如，一家零售企业准备开发新的市场时，它可以采取直接建新店、租赁经营、连锁经营、特许经营、并购、战略联盟等多种方式，究竟哪一种方式是最适合的，这就要根据企业内部条件与外部环境综合权衡。服务性企业进行战略扩张的方式很多，不同企业进行扩张的方式也不尽相同，因此，本节只介绍几种具有代表性的扩张方式。

5.5.1　直营扩张

直营扩张是指服务性企业利用自有资金，通过构建新的分公司或子公司来实现经营规模的扩大。直营扩张有两种形式：自行建店和租赁经营。

1. 自行建店

自行建店是一种传统的扩张方式，是指服务性企业通过自我积累资本投入的形式来扩大规模。例如，广东名冠集团下属的金凯悦酒店管理公司最初管理的几家酒店都是自己投资兴建的，包括东莞的寮布、凤岗、石龙金凯悦大酒店，江门金凯悦大酒店等。许多刚起步的小型服务性企业也经常采用这种扩张方式。

服务性企业自行建店的好处在于，企业对于自己投资经营的各方面都很熟悉；但也有局限性，如建设周期长、资金需求巨大、经营风险大等。

2. 租赁经营

租赁经营是指服务性企业采取租赁资产的形式从事经营活动。由于能节省时间和费用并及时抓住市场机会，租赁经营已越来越受服务性企业欢迎了，许多零售企业、酒店都采用这种方式经营，如拉萨百货大楼原是国有企业，在改制过程中，拉萨百货大楼通过租赁经营这种方式，先将国有资产剥离并进行租赁，解决改制中净资产量过大、改制资金不足的问题，而后再逐步进行产权改革，既有效推动了改制工作的进展，又保障了国有资产的安全，达到了出资人、企业和职工等多方的"共赢"。拉萨百货大楼如图 5.8 所示。

图 5.8　实行租赁经营的拉萨百货大楼[①]

5.5.2　特许经营

特许经营是指拥有注册商标、企业标志、专利、专有技术等经营资源的企业(特许人)，以合同形式将其拥有的经营资源许可其他经营者(被特许人)使用，被特许人按照合同约定在统一的经营模式下开展经营，并向特许人支付特许经营费用的经营活动。

特许经营是小型服务性企业快速发展的重要途径，能实现特许人和被特许人以及社会的"三赢"：就特许人而言，特许人开设的每一家特许加盟分店都是由加盟商自己出资，加盟商对分店拥有所有权，特许人通过出售本企业的无形资产，不仅开分店不需要自己出资，还能从加盟者手中获得开办费、使用费等，特许人不用承担风险就能实现快速扩张；就被特许人而言，被特许人可以享用特许人著名的商标或服务，节省产品的开发成本和营销费用；对于社会而言，特许经营可以吸纳大量的劳动力，消费者也可以享受到更加优质的服务产品。

典型案例

连邦软件"赢在连锁"[②]

在软件盗版的丛林中，首创正版软件连锁经营的连邦，经过短短 5 年的经营，已在全国 145 个城市建有近 300 家专卖店，销售额平均年增长率超过

---

① 中国城市投资网. http://www.cfacn.com.
② 中国物流采购网，2010-08-25.

100%,从1994年不到500万元到1998年超过3.5亿元,成为国内软件流通的主渠道。2000年连邦提出了"一个中心,两件大事"的口号:一个中心是指继续发展"加盟连锁店";两件大事,一件是建立"网上连邦",开展B2B业务,另一件是力争在香港二板市场上市,同时向加盟者转让部分股权。

连邦总部采用正规连锁与特许连锁并行的方式。一方面采用正规连锁建立直营店,如在北京、上海、广州、武汉、成都等一些重要城市由总部直接投资或控股经营,在产权上是从属关系;另一方面采用特许连锁在一些其他城市建立特许加盟店(有时也称授权专卖店或特许店),如在合肥、太原、长沙等地特许授权给加盟者,由加盟者来经营,在产权上与总部没有从属关系。

连邦的物流配送体系非常灵活,采用统一进货、统一送货和厂家直供等做法,并结合代销等形式对分店进行经营上的鼓励,充分体现出其高效、灵活等经营特征。正是由于有高效的物流配送体系,连邦成功地结合了正规连锁和特许连锁两种连锁形式,使其经营规模日趋扩大。

5.5.3 自由连锁

自由连锁又称任意连锁,是由不同资本的多家企业自发组织成总部,实行共同进货、配送的连锁经营形式。自由连锁也是服务性企业经常采用的一种扩张形式。在自由连锁的经营体系中,各加盟企业均为独立法人,各自的资产所有权关系不变,但要与总部订立采购、促销、宣传等方面的合同,使用共同的名称,并按合同开展经营活动。总部同加盟企业之间是协商、服务关系,实行集中订货和统一送货,统一制定销售战略,统一使用物流及信息设施;总部须尽最大的努力帮助加盟企业发展,并向加盟企业返还依靠规模经营所得的利益。在自由连锁的经营体系中,各加盟企业不仅独立核算、自负盈亏、人事自主,而且在经营品种、经营方式、经营策略上也有很大的自主权,可自由退出。

典型案例

SPAR的自由连锁

奥地利SPAR的前身是奥地利的11家批发商,在20世纪50年代分别加入SPAR国际,经过20年的发展与合作,这11家批发商建立了充分合作和信任的关系,统一品牌、统一理念、统一规则,并最终合为一体,组建了一家股份制公司。如今,SPAR的业务遍布全球34个国家,拥有1 000多个零售商合作伙伴、1.5万多家会员门店,2009年营业额达280亿欧元(是家乐福的三分之一,沃尔玛的十分之一),并在许多国家和地区发挥着惊人的联盟效应。

国际SPAR于2004年正式进入中国,在中国以省区为基本单位接纳成员。依靠构建一套内部知识和商品流通体系,世界最大自愿连锁超市SPAR构建了一个由逾700家中国本土超市组成的舰队。SPAR之所以能够成为全球第一自由连锁组织,是因为它为全球各国的中小零售企业提供了国际上最优秀的超市经营技术和信息，介绍 SPAR 网络的组织、协调与交流经验，促进众多的连锁盟友之间合作销售，用统一而有效的商品营销、展示方式吸引消费者。

5.5.4 委托管理

委托管理是指某服务性企业委托外部管理团队接管企业的部分或全部经营管理权，这种方式适合于财力雄厚但专业管理人才及管理技术贫乏的企业。服务性企业采取委托管理经营方式，必须通过与外部管理团队签署协议来约定双方的权利、责任和义务，以确保管理集团能以自己的管理风格、服务规范、质量标准和运营方式来向委托企业输出专业技术、管理人才和管理模式，同时，委托企业也必须向受委托的经营管理团队缴纳一定的管理费。

5.5.5 并购扩张

并购就是兼并与收购，其英文为"Mergers and Acquisitions"。并购的实质是并购方通过资本形态的转化而实现产权转让，并以控制目标企业为目的的经济行为。并购是服务性企业资本扩张的一条重要途径。

服务性企业采取并购战略的主要目的在于：①开发新市场或新产品；②控制稀缺的上游资源，降低经营成本；③加快扩张速度，抢占市场先机，整合优势资源，获得高利润回报。例如，Google 收购一家名为 eBook Technologies 的公司，如图 5.9 所示。Google 收购的目的在于 eBook Technologies 可以提供智能阅读设备，能够控制电子书发布和自动出版的证书控制技术，收购这家公司，可以弥补 Google 公司在这方面业务能力的不足。

但是，并购对于服务性企业来说也是一把双刃剑，不恰当的并购会使企业遭受重创。如创建于 1996 年的永乐电器公司由于并购速度太快、其规模超出了管理层的能力范围，结果导致并购后的永乐由"小而精"著称的家电连锁企业转变为一家"大不够大、精不够精"的四不像企业，这最终导致了永乐电器公司被其他企业并购的结局。

图 5.9 Google 收购电子书技术公司[①]

---

① http://www.cf1234567.com.2011-01-15.

服务性企业的扩张战略　第 5 章

相关链接

中国物流业并购的三种模式[①]

纵观包括快递领域在内的物流业并购事件，不外乎三种模式：横向并购、纵向并购、混合并购。

1. 横向并购

横向并购是目前中国物流企业并购的主要方式。这种并购方式是指生产同类产品或提供同类服务的企业之间的并购，即竞争对手之间的相互并购。例如，嘉里物流收购上海实业旗下的华通物流，伊藤忠收购顶益旗下的顶通物流、上海实业分阶段收购大通，中外运收购裕和集团，招商迪辰集团并购上海中通等。

横向并购易生成规模经济，产生技术和管理上的协同效应，即"1＋1>2"的效应，从而将并购后企业的运行效率大幅度提高，实现规模效益递增。同时横向并购能够改变行业竞争状况，提高行业集中度，扩大并购企业的市场份额和竞争优势，有可能形成行业垄断，获取垄断利润。

2. 纵向并购

纵向并购是目前物流企业并购的一种辅助方式。这种并购方式是指处于同类产品、不同生产阶段上的企业之间的并购，即产业链上下游企业之间的并购，如果说横向并购的对象往往是竞争对手，那么纵向并购的对象往往是其客户。当一个物流企业主要为一家工商业企业服务时，采用纵向并购的方式，可以降低交易费用。

2001 年 8 月，中远与小天鹅、科龙以资本结盟形式组建的安泰达物流就是一个比较典型的例子。科龙、小天鹅本身拥有自己的物流资源，通过一种合理的股权安排，安泰达在比较短的时间内承接了小天鹅、科龙的大部分物流业务，并将他们的资源整合在一起，使得交易费用和物流成本大为降低。同时，中远通过这种股权安排，巧妙地利用了两家公司的家电物流管理经验和人才，从此具备了为家电企业提供物流服务的各种条件。另外一个例子是由上汽集团、上汽经销公司和天地物流组建的"安吉天地"物流公司，其全国配送网络可向千家零售店提供物流服务。

3. 混合并购

混合并购是指一个企业对那些与自己生产的产品不同性质和种类的企业发生并购的行为，其中被并购的目标企业与并购企业既不是同一行业，又没有任何纵向关系。物流企业混合并购的实质是物流企业多角化经营战略的实施方式之一。例如，作为中国证券市场第一支以"物流"命名的股票——目前资产总规模约 16.8 亿元的渤海物流尽管以"物流"命名，并且以物流业作为今后的主要发展方向，但是，商用房地产的开发、销售以及商业零售、

[①] 中国物流业并购的三种模式[J]. 物流与供应链，2010，(7).

服务性企业战略管理

批发在其目前的业务中占据主流地位。2003年上半年其主营业务收入的54.22%来自商用房地产开发销售，41.78%来自商品零售及批发，这便是混合并购产生的物流业多角化经营的案例。

5.5.6 战略联盟

战略联盟的概念最早由美国DEC公司总裁简·霍普兰德(J. Hopland)和管理学家罗杰·奈格尔(R. Nigel)提出，他们认为，战略联盟指的是由两个或两个以上有着共同战略利益和对等经营实力的企业，为达到共同拥有市场、共同使用资源等战略目标，通过各种协议、契约而结成的优势互补或优势相长、风险共担、生产要素水平式双向或多向流动的一种松散的合作模式。对于服务性企业而言，虽然采取并购的方式会使企业很快获取有用的资源，但这也会使企业付出较大的收购成本，而通过战略联盟的形式，企业可以根据自身需要选择适合的合作伙伴，并获得相应的经营资源。因而，现在越来越多的服务性企业更倾向于采取战略联盟的扩张经营方式，并且，这种方式较之并购更加灵活，还可以保证服务性企业实现资源获取方式上的多样性。

本 章 小 结

扩张战略是一种使服务性企业在现有战略基础上向更高层级目标发展的战略，包括密集型战略、一体化战略、多元化战略、虚拟经营扩张战略等。

密集型战略是指服务性企业现有产品与市场尚有发展潜力，于是充分挖掘产品和市场方面的潜力来求得成长的战略，这种战略是较为普遍采用的公司战略类型，其具体实施途径有市场渗透战略、市场开发战略和产品开发战略。

一体化战略是使服务性企业不断向深度和广度发展的一种战略，可分为纵向一体化战略和横向一体化战略；多元化战略是指企业在两个或两个以上的产业领域同时经营不同业务的战略，实行多元化经营存在风险，因此，在何时进行多元化以及实施何种程度的多元化成为企业决策者必须慎重考虑的问题。

虚拟经营扩张战略指的不是资产的扩张，也不是组织规模的扩张，而是经营功能与经营业绩的扩张。服务性企业开展虚拟经营的运作形式包括业务外包、策略联盟、虚拟销售网络、虚拟职能部门、虚拟共生等。

当一家服务性企业选定了一种战略方案准备扩张时，为达到既定的目的，企业可以采取直接建新店、租赁经营、连锁经营、特许经营、委托管理、并购、战略联盟等方式。

本章思考题

1. 服务性企业的公司扩张战略可选择的类型有哪些?
2. 从企业发展的角度看,为什么大多数企业都倾向于采取扩张战略?
3. 纵向一体化和横向一体化战略各有何利弊?
4. 虚拟经营有哪些竞争优势?
5. 以现实中的服务性企业为例,说明该企业是如何进行扩张的。

第6章 服务性企业的竞争战略

本章导读：
竞争是市场经济最为本质的特点之一，也是服务性企业必须时刻面对和思考的问题。本章介绍了服务性企业的竞争战略的基本类型以及各种战略类型的优势、实施途径、风险，以及服务性企业竞争战略选择的常用方法。

核心概念：
成本领先战略　差异化战略　集中化战略　服务质量领先战略

6.1　西南航空公司成功的重要秘诀

20世纪90年代，就在美国航空业市场结构已经形成、龙头企业控制市场、行业笼罩在萧条阴影中的情形下，一家名不见经传的小企业：美国西南航空公司(South West Airlines，SWA)却突破阴云，一飞冲天，在1992年地取得了营业收入增长25%的佳绩。而此时，美国航空业整体亏损20亿美元，龙头企业美国航空公司自1990年以来，已累计亏损80亿美元，美国大陆航空公司、美国西方航空公司、TWT等航空公司已破产。西南航空公司的成功得益于公司总裁郝伯特•克莱尔制定的公司竞争战略和策略。

6.1.1　西南航空公司的早期发展

美国航空业在第二次世界大战(简称二战)之后迅猛发展，到20世纪50年代中期，美国约有50条定期航班，航空业被美国航空公司、三角洲航空公司、联合航空公司、西北航空公司四大航空公司占据了大部分市场份额。四家航空公司牢固把持着自己的地盘，它们之间的竞争已达到白热化程度，相互压价、争先开展的广告和公共活动使航空公司的利润减少，成本仍在上升。于是航空业已失去了昔日迅猛增长、获取巨额利润的辉煌，步入了萧条时期。美国20世纪六七十年代开辟的航班绝大多数是长途飞行，大航空公司对短程的航班领域很少涉足。而随着二战以后美国经济的飞涨，国内的商务旅行日益频繁，加上美国的疆域广阔，这使得短程航运市场成为一个千载难逢的商业机会。

郝伯特•克莱尔毕业于纽约大学法学院，获得硕士学位。1963—1968年，克莱尔一直是一名职业律师。1968年，32岁的克莱尔律师和他的一个客户在餐桌上聊天时，发现了短程航运市场这个千载难逢的商机。随后，克莱尔马上行动，成立了西南航空公司，如图6.1

所示。当西南航空公司以短程航空市场为切入点挤入航空业后，立刻遭到其他大型航空公司的激烈反击，直到 1975 年，成立 8 年之久的西南航空公司仍只有 4 架飞机，只飞达拉斯、休斯敦和圣安东尼奥 3 个城市。

图 6.1　西南航空公司——廉价航空公司的鼻祖

6.1.2　西南航空公司"斤斤计较"的低成本战略

依靠发展短程航空，西南航空公司在 20 世纪 70 年代虽然发展缓慢，但仍在航空业中站稳了脚跟。20 世纪 70 年代，公司只将精力集中于德克萨斯州境内的短程航运。公司的运营成本远远低于其他大型航空公司，因此，公司的票价大大低于市场平均价格，吸引了大批乘客。尽管大型航空公司对西南航空公司进行了反击，但是，由于背水一战的西南航空公司绞尽脑汁地压缩公司成本，最后，在这场"猴子"与"大象"的战争中，西南航空公司不仅打赢了这场由它挑起的价格战，而且使其运营成本低于任何一家大型航空公司。

进入 20 世纪 80 年代，西南航空公司开始以德克萨斯州为基地向外扩张，它先开通了与德州邻近的四个州的短程航班，而后又在这四个州的基础上开通了新航班。不论如何拓展业务范围，西南航空公司都坚守两条原则：短航线、低价格。20 世纪 80 年代是西南航空公司大发展的时期，其客运量每年增长 300%，但它其每英里(1 英里=1.609 344 千米)运营成本却在降低。到 1989 年 12 月，西南航空公司的每英里运营成本不足 10 美分，比美国航空工业的平均水平低了近 5 美分。例如，1987 年西南航空公司在休斯敦—达拉斯航线上的单程票价为 57 美元，而其他航空公司的票价为 79 美元。

西南航空公司在选择短程航线为发展战略之后，低成本、低价格就是公司获得竞争优势的主要策略。到 20 世纪 90 年代，西南航空公司的成本仍是最低的。以 1991 年第一季度为例，西南航空公司每英里的运营成本比美国西北航空公司低 15%，比三角洲公司低 29%，比联合航空公司低 32%，比美国航空公司低 39%。

西南航空公司有着竞争对手难以模仿的低成本活动体系，如图 6.2 所示，这个体系包含有限的顾客服务，流畅可靠的登机流程，精简高效的地勤人员，高效利用的机舱，非常低的票价，中等城市间和大城市的次要机场之间点对点的短程航线，各个独立活动之间的紧密联系使得低成本优势得以实现。在员工们的共同努力下，西南航空公司创下了世界航空史上最短的航班运转时间：其他竞争对手需用一个小时才能完成乘客登机、离机及机舱清理工作，西南航空公司只需 15 分钟。西南航空公司还把纸质的登机卡改为塑料的，可以反复使用，这样也降低了成本。由于西南航空公司的出色经营，公司于 1994 年获得了 AAA 的标准普尔信誉等级，这是美国航空行业的最高得分。

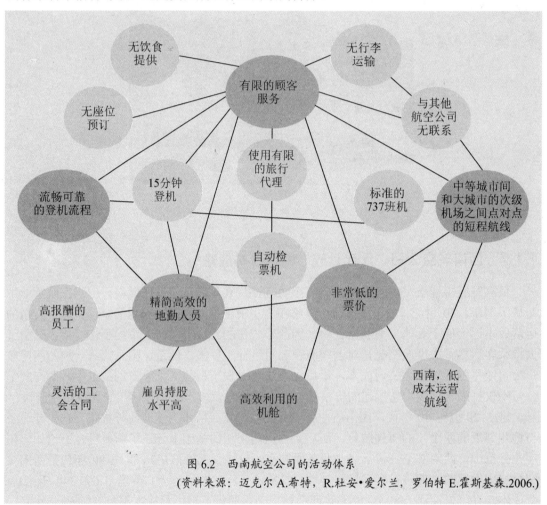

图 6.2　西南航空公司的活动体系

(资料来源：迈克尔 A.希特，R.杜安·爱尔兰，罗伯特 E.霍斯基森.2006.)

6.1.3　西南航空公司取得成功的要诀

成本领先、差异化、集中化是哈佛商学院管理学家迈克尔·波特提出的三种基本竞争战略。波特指出，一个企业要想获得竞争优势，赢得市场，一般需要从这三种基本战略中选择一种作为其主导战略：要么把经营成本控制到比竞争对手更低的程度；要么在企业产品和服务中形成与众不同的特色，让顾客感觉到本企业提供了比其他竞争者更多的价值；要么让企业致力于服务于某一特定的市场细分、某一特定的产品种类或某一特定的地理范围。

美国西南航空公司以低成本战略为主导战略，取得了令全球航空业瞩目的成绩。尤其自"9·11"事件以来，美国航空业就被破产、裁员等坏消息所笼罩，一些老牌的航空公司因巨额亏损走到了悬崖边缘，有的已经开始寻求破产保护。然而，美国西南航空公司却创下了连续 33 年盈利的业界奇迹。西南航空公司"斤斤计较"的低成本战略曾被同行嘲笑，而现在却成为全球航空业研究和学习的对象。

从竞争战略上看，西南航空公司虽然是家小型服务性企业，但是，它充分认识到了周边竞争环境的机会和自身存在的优势，在此基础上制定出符合自身发展需要的、能够发挥出小型航空公司优势的竞争战略和策略。该公司综合运用了三种基本竞争战略：①实行差异化战略，选择了与竞争对手不同的目标市场，并只提供有限的服务；②实行集中化战略，集中企业资源，只在短程航线市场上发展，即使其他市场有利润可图，也不涉足，只坚守自己的市场；③公司采用低成本战略，在低成本的基础上，达到其他竞争者都无法达到的低价格，从而获得了其他航空服务企业难以模仿的成功。

6.2 赢在成本

成本领先战略(Cost Leadership Strategy)又称低成本战略，是指企业在内部加强成本控制，使企业的总成本低于竞争对手的成本，甚至在较长时间内保持产品成本处于行业的领先水平，使自己在激烈的竞争中保持优势，获取高于平均水平利润的战略。

服务性企业要想在较长时期内保持其服务产品成本处于同行业中的领先水平，就必须围绕这一目标采取一系列措施，如严格控制服务生产成本和管理费用，努力追求技术革新，更新服务设施设备，以实现企业服务生产成本的最小化，并在企业经营上保持良好的低成本循环态势，如图 6.3 所示。

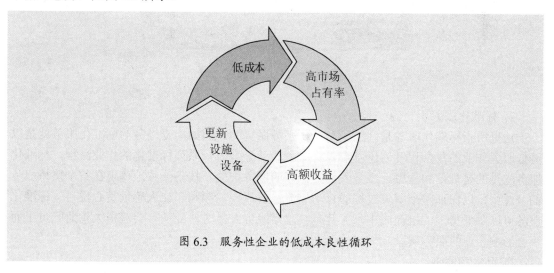

图 6.3　服务性企业的低成本良性循环

6.2.1　获取低成本优势的途径

服务性企业获取低成本的办法很多，这里仅从降低人工成本和优化服务价值链两个角度讨论。由于人工成本在服务性行业中的成本项目中所占比重很大，可以高达总成本的

75%，因此，服务性企业的管理者更要重视设法降低人工成本(Nick A. Shepher, 1999)。

1. 降低人工成本

1) 自助服务

所谓自助服务(Self-service)，是指由获得服务资格的顾客在一定的服务设施条件下，按照一定的服务规则自己独立进行操作、一边生产一边消费的一种服务形式，这种形式的服务跟客户接受由相应工作人员提供的服务具有相同的效果。自助服务不仅可以适应现代人快节奏的生活习惯，而且可以降低服务生产成本。例如，超市和自助餐厅是在顾客服务传递中减少人的因素，让顾客自己判断，自己选购，如图6.4所示。银行、通信、政府、交通、医疗、工商、税务等行业借助于机械设备实现顾客自助服务，如ATM、自动售货机以及自助服务终端设备等。

图6.4　自助餐

2) 标准化服务

这里所指标准化服务是区别于个性化服务而言的。例如，麦当劳的标准化服务就是以降低服务作业的复杂程度为出发点，将服务活动分解为一系列标准化的作业流程。标准化服务注重的是规范和程序，服务人员把良好的服务技能、技巧一致地体现在整个接待服务的全过程，以保证整个服务过程的行动如流水般流畅、顺利，让人感觉赏心悦目。标准化服务可以降低员工的培训成本，尤其是在急需服务人员时，能从社会获得大量兼职员工而不会影响企业的服务质量。

3) 高效率服务

对于服务性企业而言，提高服务效率是降低经营成本的重要方法，它不仅能节省顾客进行服务消费的时间，也可以为企业节省人工成本。顾客在得到高效率服务的同时，对企业的满意度也会提高。

4) 降低从业人员流失率

一般情况下，服务行业从业人员的工作压力普遍较大，很多从业人员缺乏对所从事行业的认同感和归属感，因而工作满意度不高，人员流失率也较高。大量员工流失会对服务性企业的成本管控造成很大影响，因为，随着成熟员工的流失，企业投资在这些员工身上的人力资本投入也将随之流走，而且，为了维护正常的经营活动，企业还需要寻找合适的人选来顶替暂时空缺的职位，以后更要为招收、培训新员工而支付一定的更替成本，这些都会加大服务性企业的经营成本。因此，对于服务性企业而言，设法改进人力资源管理方法，努力创造吸引人才、留住人才的环境氛围，也是降低企业经营成本、提高企业市场竞争力的有效的途径。

2. 优化服务价值链

1) 服务性企业的价值链

价值链就是企业创造利润的各项活动的集合，这种集合不是活动的累加，而是以成本降低、利润增加为目标的整合(韩顺平，2004)。虽然传统的价值链分析主要是针对制造业，但价值链分析企业经营活动所显示出来的优点同样能在服务性企业中体现出来，图 6.5 所示为某个服务性企业的价值链，这个价值链体系包括为顾客创造价值的基本活动和相关的辅助活动。

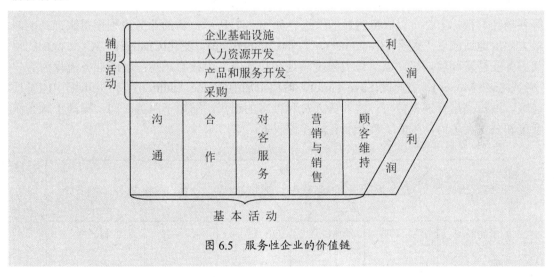

图 6.5 服务性企业的价值链

2) 优化服务性企业价值链的途径

(1) 充分发挥企业资源优势，简化价值链环节。例如，瑞典著名的家具服务企业宜家(IKEA)为降低经营成本，将其主要精力集中于核心的产品设计业务，而把家具制造业务外包出去，接受外包业务的家具制造商必须按照宜家提供的设计图纸来组织生产，必须遵循宜家的质量标准。宜家采用生产外包形式可以显著降低成本，增加其产品和服务的竞争力，现在宜家的产品面向世界 100 多个国家销售，每年营业额达数百亿美元。

(2) 再造业务流程，提高服务效率。例如，针对旅行社经营规模性、业绩普遍不理想的情况，一些国内外知名的旅行服务公司(如美国的运通公司、罗森布鲁斯旅行社，上海的锦江国际旅行社股份有限公司、广东中旅股份有限公司等)借助于旅行社管理软件成功进行了基于公司价值链的业务流程重组(Business Process Reengineering，BPR)。图 6.6 显示了金棕榈旅行社业务流程重组信息管理系统的基本功能模块。

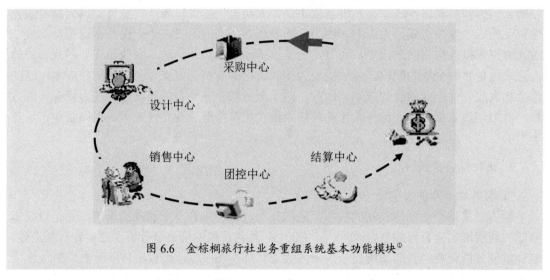

图 6.6　金棕榈旅行社业务重组系统基本功能模块[①]

借助于新的信息管理平台，旅行社可以对其价值链活动进行重组，经过价值链重组以后，旅行社新的业务流程在速度(Time)、质量(Quality)、成本(Cost)、服务(Service)——TQCS 等各项经营指标上都可以取得明显的改进。如图 6.7 所示，新的业务流程使得旅行社能够最大限度地适应以"顾客 (Customer)、竞争(Competition)、变化(Change)" 3C 为特征的现代服务业经营环境，确立以"最大限度满足客户需求"为核心思想；新的业务流程为客户"省钱(Save Money)、省时间(Save Time)、增加附加值(Value Addition)"，并压缩中间管理层级，缩短高层管理人员与一线业务人员和顾客的距离，缩短了服务时间，提高了顾客满意度和公司竞争力，降低了整个服务流程的成本。

资源采购	产品策划	网络销售	团控操作	客户服务	旅游消费
采购经理	产品经理	销售经理和代表	OP 人员	客服经理	散客和团体
集中采购 合同管理 价格比较 诚信评估	市场需求分析、资源组合、产品开发、竞争对手分析	自营和加盟店的营销、散客接待、产品推销	团队落实、签证办理、导游领队安排	客户关怀附加值服务	旅游体验

图 6.7　旅行社业务重组后的价值链活动与资源支持[②]

---

① http://www.goldpalm.com.cn/，有改动
② 基于公司价值链的旅行社业务流程重组，http://www.goldpalm.com.cn

(3) 比竞争对手更有效地展开内部价值链活动，更好地管理推动价值链活动成本的各个因素。20 世纪 80 年代中期，法国廉价旅馆业非常不景气，整个行业的服务能力过剩，雅高旅馆(ACCOR)的领导者要求公司管理层打破现有规则和行业传统，为顾客创造更多的价值。雅高旅馆的管理者发现，所有廉价旅馆的顾客的共同需求是以低廉的价格获得一夜良好的睡眠，根据这一发现，雅高公司取消了高消费的餐馆和吸引人的休息室，减少了部分服务，旅馆房间很小，陈设简单，但建造质量高，隔音能力强，这个举措给公司带来了很大的成本优势，公司建造房间的单位成本下降了一半，人力资源成本从平均占销售收入的 25%～35%下降到 20%～23%。

(4) 建立和管理价值网。如今，电子商务的广泛开展使得服务性企业的价值链边界变得越来越模糊，在此情形下，服务性企业面临的竞争也可能来自价值链之外。因此，除了在既有的价值链中获取利益外，服务性企业也可以通过互联网建立新的产品与服务流，这个新的价值链系统不是由增加价值的成员构成的链条，而是由客户、供应商、合作企业和它们之间的信息流构成的动态网络，这个动态网络被称之为价值网(Value Net)。价值网是在更大的范围内组成的虚拟价值网，它依据顾客的需求，由多个相互协作的企业所构成。价值网是电子商务时代帮助服务性企业减少经营成本的管理新方法，它的优势在于可以使网上的各成员在充分共享信息和知识的基础上，利用彼此的互补优势和资源，共同满足顾客的多样化需求。

例如，2010 年 1 月，为了实现网络资源的共享，避免低水平的重复建设，形成适应性广、容易维护、费用低的高速宽带的多媒体基础平台，国务院常务会议决定加快推进电信网、广播电视网和互联网三网融合。三网融合后，原来的单一价值链条，转变为以消费者为核心的价值网，终端制造商和内容提供商可以直接面对客户，运营商的服务竞争扩展到互联网服务企业、广播电视运营企业等，如图 6.8 所示，民众可用电视遥控器打电话，在手机上看电视剧，根据需要选择网络和终端，只要拉一条线、或无线接入即可开始通信、电视、上网等服务消费活动。

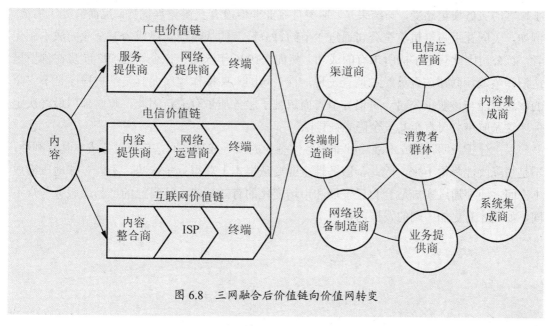

图 6.8　三网融合后价值链向价值网转变

6.2.2 成本领先战略的风险

任何企业都面临着降低成本的压力，但是该战略也有自己的劣势，如果不能根据企业自身的实际情况盲目实施的话，将会导致企业竞争地位的恶化。成本领先战略值得注意的明显缺点有以下几点。

(1) 当一个企业的产品和服务具有竞争优势时，竞争对手往往通过模仿、总结前人经验或购买更先进的设备，形成与该企业相似的产品和成本，进而降低整个行业的盈利水平。尤其是服务性企业，其被竞争对手模仿的可能性更大，一种新服务一经问世就可以无条件地被所有的竞争对手模仿，因为服务是产供销一体的商品，公开程度高，更容易被其他企业模仿。

(2) 采用成本领先战略的服务性企业，其注意力如果过于集中在降低服务成本上，则容易丧失预见产品市场变化的能力，从而逐渐被消费者和市场所淘汰。例如，美国著名的百年老店伍尔沃斯，一向以低价著称于世，当外部环境发生巨大变化时，也一味死守低价，不思改革。为了实施低价策略，伍尔沃斯拒绝售卖更多更新的商品，甚至取消了一些必要的服务。当它一味追求价格低廉时，却失去了原先的竞争基础——忠实的消费者，进入20世纪90年代，伍尔沃斯年年亏损，到1997年7月，该公司不得不宣告破产。

(3) 服务性企业的注意力过度集中于成本管控，则容易忽视顾客对服务产品差异的兴趣。在很多情况下，顾客的兴趣并非仅着眼于低廉的价格，他们也可能会对商品价格以外的其他特征感兴趣，如顾客可能会对某服务产品的附加服务更加感兴趣，另外，一些新的时尚变化也会改变消费者对服务产品的需求，在此情形下，顾客对低价格产品的兴趣反倒会大大降低。

(4) 服务性企业一味地追求低成本，有可能会减少必要的服务项目和设施，从而降低了顾客的服务质量感受，其结果是，服务性企业非但没有获得竞争优势，反而会处于劣势。例如，美国瓦卢喷气机航空公司通过"节约每分钱"的战略使自己成为航空业的成本领先者，该公司因此获得了前所未有的成功。然而，1996年5月，该公司的592航班在佛罗里达沼泽坠毁，联邦调查员经过调查发现，该公司的一些操作程序尤其是维护程序是不安全的，这可能与该航空公司一贯倡导节省而忽视了服务质量有关，因此，政府部门最终决定关闭这家航空公司直至其安全隐患被排除。

以上分析表明，低成本战略并非服务性企业的唯一成功之路，有些服务成本具有刚性，不是想降就能降得下来，因此，服务性企业要从根本上获得竞争优势，不能一味地压缩成本空间，而要通过实施适合自己发展和市场变化的有效战略，让自己的产品或服务与众不同，如此才有更加广阔的发展前景。

6.3 走差异化道路

差异化战略(Differentiation Strategy)又称别具一格战略、差别化战略，是指集成企业一系列的行动，以可接受的成本为顾客提供与众不同的产品或服务，借此形成竞争优势的战略，其核心是取得某种对顾客有价值的独特性。尤其在同质化竞争的服务市场上，服务性企业可以采用多种方法以强调自己的产品和服务与众不同，从而避免价格竞争，如客运公司在旅途中播放电影、提供点心等。需要强调的是，差异化战略并非不重视服务成本，而是更注重服务产品的独特性。

6.3.1 差异化战略的形成

差异化战略的核心是取得某种对顾客有价值的独特性，因此，服务性企业制定差异化战略，首先应考虑服务市场的偏好与竞争对手的举动，发现顾客需要的独特性，然后集中稀缺资源和关键性的经营职能为顾客提供别具一格的服务。

1. 研究顾客，把握服务市场偏好

成功的差异性战略能够使服务性企业以更高的价格出售其服务产品，并通过使顾客高度依赖服务产品的某些特征而得到他们的忠诚性消费。例如，英国最大的零售商特易购公司(Tesco)能够在众多的竞争对手中脱颖而出，关键是其非常重视对顾客信息的收集、分析和利用，在此基础上推出的俱乐部优惠卡措施也起到了很大作用。美国 Jet Blue 公司强调"将人性带到空中旅行之中"，该公司注重顾客体验，关注服务质量，从而在市场中获得了良好的口碑。IBM 公司为顾客服务的理念是不以技术为基础，而是以顾客、市场为导向。作为世界最大的电子商务企业之一，亚马逊网站(amazon.com)一直注重分析顾客的购买行为和浏览偏好，然后在此基础上向顾客进行专门的消费推荐。

2. 研究竞争对手

要获得持续性的竞争优势，服务性企业应密切注视竞争对手的一举一动和行业中的各种变化，然后努力把自身产品的属性与竞争对手明显地区分开来。在美国休斯敦，有一家海鲜餐厅的生意比较好，该餐厅经理就认为自己没有竞争对手，因为餐厅周边几英里内都没有第二家海鲜餐馆，但是几个月后，他的餐厅却被淘汰出局了，原来顾客到了另外的竞争者那里，他们或者在附近的非海鲜餐馆就餐，或者驾车到更远的海鲜餐馆就餐。

这个餐厅的案例说明，服务性企业的管理者如果对其竞争对手的情况知之甚少，则无法开展针对性的工作，其服务产品的差异化也无从谈起；特别是在同一服务行业中，企业应尽量将自己的服务产品与竞争对手做详尽的对比，在细微之处寻找和建立差异点，以此凸显自身的比较优势。肯德基与麦当劳是两家国际快餐业巨头，但都在中国市场取得了不俗的成绩，就是因为他们没有陷入到简单的同质化竞争中去，也没有陷入到恶性的价格战中，而是以不同的方式努力建立差异化优势，以此提升自己的竞争力，实现了双赢。

3. 集中稀缺资源于关键性的经营职能

一家服务性企业，即使其人力、物力与竞争对手相差无几，也可以获得竞争优势，办法就是事先确定提高市场占有率及盈利能力最成功、最关键的要素，然后明智地将资源重新调配，重点布局，把关键职能做深、做透，形成主推力量，以实现纲举目张。

由于服务产品很容易被模仿，因此，对于服务性企业来说，最具有吸引力的差异化方式就是设法构建那些竞争对手难以模仿的经营方式，这就是差异化战略往往与企业的核心竞争力紧密相连的原因。

例如，美国希尔顿酒店集团通过建立自己的酒店管理大学来培养和规范本酒店的人力资源，形成酒店具有良好传承性的管理团队，从而实现酒店管理体系的一致性，并能为顾客提供始终如一的优质服务，希尔顿酒店集团在人力资源上的差异化为其实现了在行业内的竞争优势。泰国东方大酒店则认定与客人建立良好的关系是自己的关键职能，所以花费了很多人力与财力资源用以建立完善的顾客档案系统，使来自世界各地的客人都会因为收到酒店寄来的生日贺卡而惊喜不已，此举也成为泰国东方大酒店的经营招牌。

4. 创新思维

差别化战略的实质，就是服务性企业必须设法取得某种独特性。为此，服务性企业往往需要利用独具匠心的构思，为顾客提供独特的服务价值。因此，差异化战略的本质就是服务创新。对于服务性企业来讲，要实现服务创新，就必须在企业经营中建立鼓励创新的文化氛围，以及善于创新的企业思维模式。

6.3.2 差异化的实现途径

1. 服务方式差异化

服务方式是指以什么样的形式向顾客提供服务，差异化的服务方式是指为自己的顾客提供人无我有、人有我精的差异化、个性化服务。例如，重庆一家理发店推出了"跪式服务"，即服务员在为顾客理发时必须是单腿跪下，虽然部分消费者对这种服务方式难以接受，认为有损服务员的尊严，但也不失为一种大胆创新。

"一对一"的个性化服务是重要的差异化服务方式，被许多服务性企业所采用。例如，美国、德国的一些服装商店推出一种"形象设计服务"，店里专门聘请形象设计专家为每一位前来的顾客设计形象。专家根据顾客的身材、气质、经济条件等情况，出主意、做参谋，指导顾客该买什么服装，搭配什么领带或饰物；头发做成什么式样与服装、身材最相称；应该穿什么颜色和款式的鞋才能相得益彰等，从而使服装及其各种配套物品最能体现顾客的长处，达到风度可人的理想境界。这项服务推出后，立即受到广泛欢迎，一时间，顾客如云，而且都是服装、饰物整套购买，这些服装商店的收入顿时大大增加。

2. 服务场所差异化

通过提供与众不同的服务场所，给顾客留下深刻印象，即使是高消费，顾客也觉得物有所值甚至物超所值。例如，北京全聚德烤鸭店专门设计了别具一格的仿古餐厅，厅内摆放了八仙桌，墙上布置了典型的老北京的"中堂"，并有反映全聚德历史的浮雕等，服务人员穿着传统的服装并按传统的方式提供服务,如图 6.9 所示。到店内消费的顾客除了享受美味,更有耳目一新的感觉,从而更容易放松身心。

图 6.9　不一般的感觉——北京全聚德烤鸭店

3. 情感定位差异化

服务生产的本质是向顾客提供某种消费经历,提供某种情感体验,因此,能够向消费者提供一种与众不同的情感体验,也是服务性企业成功开展差异化战略的路径之一。例如,沃尔特·迪士尼乐园注重营造一种欢乐的气氛,使人们尤其是儿童来到乐园后,能够由衷地感觉到欢乐、温馨和安全。星巴克咖啡店的崛起,在于它能够给顾客提供在家和办公室之外"第三空间"的完美体验,顾客在星巴克咖啡店里,不仅可以享受免费上网冲浪等服务,而且还可以享受被关注、被体贴的温暖服务,从而使顾客获得情感上的满足。

6.3.3　差异化战略的风险

1. 竞争对手的模仿使得差异化优势丧失

服务性企业所提供的具有差别化优势的服务,竞争者会想方设法学习与模仿,以改进自己的产品或服务,达到缩小或弥补差别化劣势的目的。而服务产品具有易被竞争对手模仿的特点,因此,提供了差异化服务的企业绝不能一劳永逸,高枕无忧,他们既要注意保护和强化已有差别化优势,又要不断寻求新的差异化优势。例如,迪士尼公司经营着不同的主题公园,包括 Magic Kingdom(魔法王国)、Epcot Center 和动物世界,每个公园都提供娱乐性和知识性的东西;然而,迪士尼的竞争对手,如 Six Flags 公司,也提供类似于迪士尼的娱乐和教育体验,为确保顾客愿意光顾,迪士尼公司不断投资,已将其与竞争对手清楚地区别开来(迈克尔·A·希特等,2006)。

2. 产品或服务的差异对消费者而言失去了重要意义

对于服务性企业来讲,其产品或服务的独特性只有满足顾客所重视的需求时,才能被顾客认可。事实上,当顾客变得越来越"老练",对服务产品的差别体会逐渐不明显时,就有可能发生顾客忽略服务产品差异的情况,一旦发生这种情况,那么,服务性企业的差

服务性企业战略管理

异化优势也就不存在了。例如，IBM 公司的品牌对于个人电脑就是一种差异化的特征，所以其产品上市之初，顾客愿意为 IBM 品牌支付额外的价格，然而，随着顾客对这些标准化性能的熟悉，随着大量其他公司个人电脑涌入市场，IBM 的品牌忠诚度也开始逐步下滑。

3. 过度差异化使得差异化优势难以弥补成本劣势

服务性企业在任何时候都要确保其服务产品所获收益超过为获得差别化而花费的总成本，这样企业才会有利可图。但是，如果服务性企业对于差异化战略的投入过高，则容易陷入"过度差异化"的泥潭。这是因为，过高的投入会造成过高的服务生产成本，而过高的成本必然会导致一般消费者难以承受的服务产品价格，价格差别越大，消费者转向低价格的竞争对手的可能性就越高。因此，对于实施差异化战略的企业来说，存在着在控制成本与寻求差别之间的平衡问题。

典型案例

运用差异化战略改造老饭店[①]

扬子饭店是建于 20 世纪 30 年代欧式风格的老饭店，由于地处繁华的上海市中心，开业后长期经营较饱满。到 20 世纪 90 年代，上海大批现代化饭店崛起，扬子饭店因设施设备陈旧，已失去了昔日的风采，出租率、平均房价出现了从未有过的滑坡。饭店针对市场的变化及发展趋势，根据"历史＋功能"运用差异化战略为改造老饭店闯出了新路。

饭店实施差异化战略关键在于推出不同于竞争对手的特色产品，能为顾客创造多少价值，而创造顾客价值又必须基于对目标市场客源层需求的理解和对市场趋势的把握。

在进行大量市场调研的同时，由销售部向商务客发放了近千份征询意见表，了解顾客对饭店设施设备的需求。分析各种信息后，得出这样的结论：随着上海进一步改革开放，经济将快速发展，特别是我国加入世界贸易组织后，经济全球化趋势必将加速上海国际化进程，商务客市场将逐渐膨胀，商务饭店有效需求是存在的。所要做的就是解决改善供应，也就是在信息分析基础上，在功能上增加现代通信功能，为商务客提供便捷的通信服务。改造方案经整体规划后，实行分步实施的原则，这样既规避了产品创新带来的市场风险，又解决了资金不足的问题。

一期改造做了饭店外墙、大堂、二楼餐厅及 40 套行政客房的改造，采用光纤加超五类布线，形成了覆盖饭店每一角落的综合布线系统。从外墙色彩、玻璃窗、大堂及公共区域装修风格上采用新古典派的手法，运用大量石材、黑胡桃木、铸铁、彩色铅玻璃、仿古灯饰等营造了古典华贵的气氛，充分体现老饭店的历史文化底蕴。商务客在客房内可同时上网、收发传真、打电话。商务会议室配有先进的大屏幕投影机和带有同声传译接口的数字化会

---

① 运用差异化战略改造老饭店[EB/OL]. 2005-06-19. 新华网.

议系统，24台多媒体电脑实现联网操作，提供因特网宽带接入和多媒体视频等服务，极大地方便了商务客在沪的工作与生活。

一期改造成功后，在经营中注重收集宾客信息，针对商务客人的需求进行一系列创新，不断完善，丰富差异化改造方案，在设施设备上体现好客性。为方便商务客夜间工作，饭店在客房里安装了仿古铜制吊灯，增加房内的灯光亮度，增设灯源总开关等一系列的人性化设计，吸引了大批商务客入住。

光有硬件差异化是不够的，要留住客人，软件也要差异化。为成为智能型商务饭店，该饭店加大了员工培训的力度，广覆盖、分层次、针对性地开展了外语、计算机基本知识、上网服务等员工岗位技能培训，在服务中融入新技术，增加知识含量，提高了员工为商务客提供个性化服务的技巧。为保持行业内技术领先地位，这种软件差异化更为重要。

要巩固优势还必须跟上技术的发展和宾客需求的变化。饭店成立了专门的技术战略研究小组，制定饭店发展规划，同时与之配套开展系统性的软件建设。开展ISO 9000: 2000贯标，注重智能化建设与可持续发展相结合，硬件改造与创建绿色饭店相结合，使特色更特，优势更优。

目前，扬子饭店已更新了绝大部分的硬件设施，全店面貌发生了根本性的变化。近年来保持了经营上的持续增长，基本上偿还了更新改造的银行贷款，为饭店下一轮发展打下了坚实的基础。

6.4 集中化也是一种选择

6.4.1 集中化战略的概念

集中化战略(Focus Strategy)，又称专一化战略、目标集中战略、目标聚集战略、小市场战略，是指企业在详细分析外部环境和内部条件的基础上，选定一个特定目标市场提供产品和服务，即把自己的生产和经营活动集中在某一特定的购买者集团、产品线的某一部分或某一地域市场上的一种战略。

对于服务性企业而言，集中化战略并非单指专门从事某一服务产品的经营，而是指企业对某一类型的顾客或某一地区性服务市场开展密集性经营，其核心是瞄准某个特定的用户群体、某种细分的服务产品线或某个细分市场。服务性企业采取集中化战略所依据的前提是，企业能够比竞争对手更有效地为其狭隘的战略目标服务，因而，企业就能更好地满足其特定目标的需要而实现服务产品的差异化，或在为该目标的服务中降低了成本，或者两者兼而有之。尽管集中化战略往往采取成本领先和差异化这两种变化形式，但三者之间仍有区别，集中化战略的注意力集中于整体服务市场的一个狭窄的部分，而后两者则是面向全行业，在整个行业的范围内进行活动。

6.4.2 集中化战略的优势

服务性企业采用集中化战略，将会取得三个方面的优势。

(1) 便于集中使用企业的有限资源，更好地服务于某一特定目标。由于经营资源是有限的，因此，一个服务性企业很难在服务市场上展开全面的竞争，这就需要企业集中力量，瞄准一定的重点展开经营活动。例如，成立于1998年的北京某医院起初是一个仅有2个科室、20张病床的妇儿医院，该医院除了具有与一般医院相同的为患者治疗疾病的服务功能外，还具备一般医院没有的舒适的就医环境、完备的服务设施以及更优质的医疗服务。这家医院利用自身优势，把服务的主要群体瞄向在华的外国人和中国的高收入阶层，经过短时间发展，这家医院很快发展为拥有21个科室的综合医院，这也客观证实了该医院对服务人群定位选择的准确性。

(2) 有利于企业更好地熟悉市场和顾客，并能够控制一定的市场范围。服务性企业将目标集中于特定的部分市场，可以更好地熟悉市场和顾客，能够比竞争对手提供更有效的服务产品，从而使得企业能够划分并控制一定的产品势力范围，在此范围内，其他竞争者不易与其竞争，所以能够形成相对稳定的市场占有率。

以国内医疗市场为例。目前，许多中小型医院采用医院服务集中化战略，它们不走大型医院发展的老路，主要突出医院的特色服务项目，在拳头项目上大力投入，高起点、高水平发展，以强项优势在医疗服务市场的竞争中获取地位。山东某医院的发展战略就是如此。这家成立于1992年的医院，建院时的定位是专科特色医院，主要提供对脑疾患、全身肿瘤、心血管疾病的无痛手术治疗和对早期肿瘤、冠心病的检查诊断。其定位背景是，随着我国人均收入水平的逐渐提高，加上肿瘤、心脑血管疾病的发现早与晚对治疗效果会产生重大影响，因而人们越来越重视某些专项检查。在此定位下，该医院集中做强肿瘤和心脑专科医疗服务这一特色服务产品，逐步形成自己的品牌特色，从而成功地抢占了特定的细分服务市场。

(3) 战略管理过程易控制，由此带来管理上的简便。实施集中化战略的服务性企业，其战略目标集中明确，经济效果易于评价，战略管理过程也容易控制，从而带来管理上的简便。如下文中所介绍的联合利华公司正是由于实施了集中化战略，才使得公司的发展速度十分迅猛。

典型案例

联合利华的集中化战略

集中化战略在联合利华公司(Unilever N.V)的中国市场发展过程中得到了充分体现。该公司主要采取了以下集中化策略：

(1) 企业集中化。1999年，该公司把14个独立的合资企业合并为4个由联合利华控股的公司，使经营成本下降了20%，外籍管理人员减少了3/4。

(2) 产品集中化。该公司果断退出非主营业务，专攻家庭及个人护理用品、食品及饮料和冰淇淋三大优势系列，取得了重大成功。

(3) 品牌集中化。该公司虽然拥有2 000多个品牌，但在中国推广不到20个，都是一线品牌。

服务性企业的竞争战略 第6章

(4) 厂址集中化。该公司通过调整、合并，减少了3个生产地址，节约了30%的运行费用。

(5) 营销环节集中化。该公司把自己不特别擅长的零售营销转包出去，从而专心制订战略计划、管理主要客户及分销商。向第三方转包零售营销网络是该公司集中化战略的又一重大创新。

6.4.3 集中化战略的具体形式

从集中化战略集中的焦点来划分，服务性企业的集中化战略可分为三种具体形式：产品类型的集中化、顾客类型的集中化、地理区域的集中化，这在前文中已经有所介绍。从实施集中化战略的手段途径来划分，服务性企业的集中化战略有两种变化形式：低成本集中和差异化集中。

1. 低成本集中战略

所谓低成本集中战略，是指服务性企业以某个狭窄的购买者群体为焦点，通过为这个市场上的购买者提供比竞争对手成本更低的服务产品来获取竞争优势。例如，具有强大竞争力的德国麦德龙集团(Metro AG)在中国的良好销售业绩主要是来源于它采取的正确的竞争战略，也就是低成本集中战略，这主要反映在目标市场的选择和低成本的运作方法上。麦德龙在中国一直采取"小而专"的低成本集中战略，目标集中的理念给予企业以更多的精力来为目标顾客量体裁衣地服务，提高服务效率，这也使得该企业能够锁定那部分固定的顾客群体，最终获得高于本行业平均水平的收益；相反，那些贪大求多的商业企业只顾一时的热闹，忽视建立自己的目标领域，往往在一时热闹之后很快走向衰败。

2. 差异化集中战略

所谓差异化集中战略，是指服务性企业以某个狭窄的购买者群体为焦点，通过为这个小市场上的购买者提供更能满足需求的定制产品或服务来获取优势。简而言之，差异化集中战略就是用以满足某一特定细分市场独特需求的战略。例如，当今的报业竞争是一对一的竞争，即针对某一地域、某一读者群，甚至是某一读者的竞争，这就需要报纸充分研究报业市场，选择一个适合自己的分众市场，在这一市场上充分研究读者的需求，开展差异化的竞争。成功的报业集团，其旗下的报纸总是在不同的细分市场上角逐，这样的差异化集中战略使集团在避免"把鸡蛋放在一个篮子里"的风险的同时，又减少了"子报"间的无谓竞争。

6.4.4 集中化战略的风险

服务性企业在实施集中化战略时，可能会面临以下风险：

(1) 集中化战略主要是强调服务性企业应该把其最重要的资源集中在企业最擅长的领域，从而建立自己的竞争优势，但随着信息和知识等资源获得便利性的增强，服务性企业在某一领域实施集中化战略的优势很容易被竞争对手所取代。

服务性企业战略管理

(2) 狭窄的细分市场中的顾客需求可能会与一般顾客的需求趋同,服务性企业因为难以应对顾客需求的变化,使得集中化的优势被削弱或消除。

(3) 竞争者打入了企业选定的部分市场,并且采取了优于企业的更集中化的战略。服务性企业如果在一个新兴的、利润不断增长的、较大的细分服务市场采用集中化战略,就有可能被其他企业在更为狭窄的目标市场也采用集中化战略,开发出更为专业化的产品,从而削弱企业的竞争优势。

典型案例

万圣书店的生意经[①]

北京有一家书店名叫万圣,铺面不大,在经营上却颇有特色,有些地方甚至有悖"常理"。例如,书店规模不大理应节约开支,但这家书店却买进一辆货车,涂上店名并写上"招手即停"、"流动书架"、"来往各大专学院";再如,按常理书店内不应设有座位,以免顾客坐下来阅读而影响书的出售,但这家书店却全部开架,地毯铺地,音乐轻柔,店中间设有几张桌椅,顾客可以坐在那里翻阅或抄写。

据书店负责人介绍,这样做是因为该书店将顾客定位在高等院校师生、科研机构工作人员。事实上,万圣书店的这些做法取得了颇为丰厚的物质回报和精神回报。各大专学院每月都要举办一两次的书市,万圣书店则总是他们的主要邀请单位。通过这些书市,万圣得到了可观的经济收入。同时,这些大专学院的学生以及毕业后走向工作岗位的人士普遍认同万圣书店,许多人宁愿舍近求远,从距离较远的地方赶来,到万圣书店阅读、购书。

经营活动应从实际出发,根据不同的顾客定位,采用不同经营方法,而不应按所谓"常理"办事。万圣书店的成功之处就在于,它的这些经营手段与它的顾客定位相适应。购买汽车做"流动书架",虽增加了成本,但汽车来往于各大专院校,等于在这些大学生们中间做了有效的广告,又因为"流动书架"为学生带来了方便,使他们普遍对万圣书店抱有好感。在店内设置桌椅同样是针对顾客的特点制定的经营方法。由于万圣书店的顾客主要是大学生,而这些大学生往往经济能力有限,让他们能经常光顾万圣书店。事实上,这些学生们一旦有钱,经常到万圣书店来购书,许多人甚至在毕业后还来这里购书。

万圣书店的这些做法还能够取得很好的社会效益,许多报纸、电台、电视台都对其进行过宣传,这在某方面来讲,等于做了很好的广告。

---

① 世界经典营销案例分析,http://www.3722.cn/.

6.5 服务质量领先是根本

服务质量领先战略是指服务企业通过采取一系列措施，使其提供服务的质量优于竞争对手，甚至在较长时间内保持服务质量处于行业的领先水平，使自己在激烈的竞争中保持优势，获取高于平均水平的利润的战略。

服务性企业与制造型企业的显著不同之处在于前者提供无形服务，而后者生产具体的产品。在从事加工制造的行业里，产品质量代表的是企业的形象，是企业的生命之所在，每个企业要有好的效益，就必须对产品有严格的质量要求，与控制成本一样，提高质量贯穿于每个企业生产经营活动的始终。同样，服务性行业里，服务质量是关系到企业生死存亡的关键。

6.5.1 服务质量的概念

服务质量是指服务能够满足规定和潜在需求的特征和特性的总和，是指服务工作能够满足顾客需求的程度。顾客对服务质量的满足程度可以这样理解：将对接受的服务的感知与对服务的期望相比较——当感知超出期望时，服务被认为具有特别质量，顾客会表示满意；当感知没有达到期望时，服务注定是不可接受的；当期望与感知一致时，质量是满意的，如图 6.10 所示。

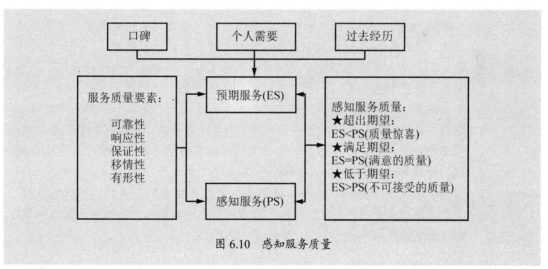

图 6.10 感知服务质量

当服务性企业的员工与顾客接触时，彼此的行为都会影响服务活动的最终效果。如果把这比作斗牛的话，当斗牛士和公牛在竞技场面对面时，决定最终结果的是斗牛士的最后一剑，如图 6.11 所示。因此，决定顾客感知服务质量的也正是服务企业在类似于"最后一剑"的关键时刻的所作所为。在服务接触的最初时刻，服务性企业和顾客往往都只考虑自己的行为，但随后发生的一切就不单是企业所能决定的了。服务员工的技能、动机和方法，以及客户的期望和行为一起创造了服务的提交过程。特别是对于较大型的服务性企业来说，其员工和顾客的接触过程中,每天都要产生成百上千个"关键时刻",如果其中的任何一个关键时刻出现问题,都会导致顾客对该企业的服务产品质量不好的评价。

图 6.11 创造服务质量的关键时刻

典型案例

"关键时刻"创奇迹

在日本有一则真实的故事。东京一家公司想在银座盖一座办公大楼,几经寻觅地点,好不容易找到一处适当的空地,却发现这块地属于一位乡下老太太。于是公司派副社长带着厚礼登门拜访,企图说服她卖地。谁知一连几次登门,老太太总是不允诺,副社长深感懊恼。而老太太这边也受不了这个困扰,决定直接到东京一趟,和社长当面说清楚,坚持她不卖的立场。

这是一个寒冬的清早,老太太出发了,当她到达这家公司时,才发现来得太早。她正想往外走的时候,碰见了公司里的员工。这位员工看见老太太,很亲切地主动打招呼,看见老太太的大衣被霜雪浸湿了,便拿干毛巾来帮她擦,还请她进办公室烤火、暖身。

老太太深受感动,她想,这位员工和我素昧平生,为什么待我这么好?一定是这个老板待人很好,所以员工才这么尽心对待公司。她当下改变初衷,把土地卖给了这家公司。

6.5.2 获取服务质量优势的途径

服务性企业必须根据内外部条件,充分摸清顾客的需求特性,通过多种方式达到服务质量领先地位。一般而言,服务性企业可以在以下几个方面努力。

1. 打造满意的员工队伍

在成功的服务性企业中,员工与顾客之间、员工与员工之间并没有清楚的界限,企业对工作人员，包括其非正式员工应该有良好的态度，因为只有拥有了满意的服务人员，员工才能将企业服务价值传递给顾客，所以，企业也应该把价值传递给这些为它工作的员工。研究表明(Schneider，1980)，如果企业要求员工在对待顾客时遵循一定的行为规范，而管理层和上司对待员工却不这么做，员工将会处于矛盾中。最终，员工对这两种不一致的行为准则将无所适从，渐渐地他们就会用上司对待自己的方法去对待顾客。

花旗银行自创业初始就十分注重对人才的培养与使用，其人力资源政策主要是不断创造出"事业留人、待遇留人、感情留人"的亲情化企业氛围，让员工与企业同步成长，让员工在花旗有成就感、家园感。花旗银行建立了低成本、高效能的供应链和具有高度凝合力的服务利润链。服务利润链的作用是把银行的利润与员工、客户的满意连接在一起，它有五个关键的节点：①内部员工服务质量，包括高级职员的挑选和培训、高质量的工作环境、对一线服务人员的大力支持；②满意的和干劲十足的服务人员，以及更加满意、忠诚和为客户工作的员工；③更大的服务价值，这取决于效力更大和效率更高的客户价值创造和服务提供；④满意和忠诚的客户——感到满意的客户能够继续购买和介绍其他的客户；⑤强盛的服务利润和增长，这是优质服务性企业的表现。由此可以看出，花旗银行的成功离不开其员工队伍建设。

2. 设计可以被复制的服务管理系统

一般而言，服务性企业的服务管理系统包含五个部分，如图6.12所示，其中，服务提供系统由人员、顾客、技术和物质支持三部分构成。良好的服务管理系统对企业本身及企业与顾客、供应商的关系非常重要。许多成功的服务性企业都有一个重要的特点，即企业提供的服务本身看起来非常简单，因为这些服务性企业设计出了能够"生产"和"复制"服务的系统，并且保证了服务质量。例如，麦当劳的服务管理系统就具有可复制性，在其所有的分店中，本身自己开的店只有九千家，其余都是加盟店和合资店，加盟店是用外部资源来扩张自己的版图，麦当劳在其特许协议里规定特许加盟店的店铺格局、人事政策、服务种类和原材料购买，特许协议是其服务复制原理的基本要素。

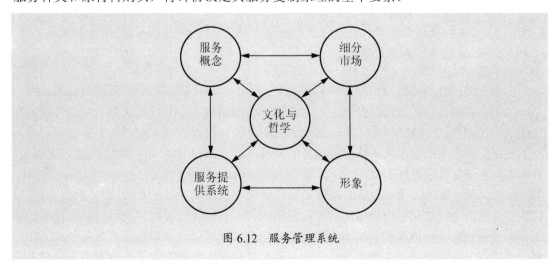

图6.12 服务管理系统

服务性企业战略管理

3. 积极进行服务补救

典型案例

Med-Cancun 俱乐部的服务补救[①]

法国 Med-Cancun 俱乐部通过良好的服务补救与补偿,使一次不幸的"噩梦"成为顾客心中美好的回忆,从而赢得人们赞誉。由 Med-Cancun 俱乐部组织的一次度假旅游一开始就麻烦不断,从纽约开往墨西哥的班机起飞晚点了 6 个小时,中途又发生意外,降落了两次,在着陆前又因机场的问题而在空中盘旋了 30 分钟,到达目的地时已是凌晨两点。在这期间,飞机上储备的食品与饮料已经消耗一空。而且飞机在着陆时由于下降过猛,游客的氧气面具与行李都给震落了下来。游客是空着肚子、带着一腔的不满与失望走出机舱的。在这之前,游客中的一位律师已经让所有的同行者登记了姓名和地址,准备付诸法律行动。一走进候机大厅,这里的情景让顾客的心一下热了许多,大厅里荡漾着舒缓优美的轻音乐,放置在大厅中央的一张大桌上摆满了点心、小吃和饮料。登记出港时,旅客们受到了单独的问候,有人帮助他们搬运行李,并同情地倾听他们的诉说,还用专车护送他们到度假村。一到 Med-Cancun 俱乐部,那里的情形更让游客们感到意外,迎接他们的是正宗墨西哥风情的丰盛酒宴,先他们而去的一些游客已在那里迎候他们的光临。晚会一直持续到了黎明,许多客人说,这是他们大学毕业后最开心的一次晚会。原来,Med-Cancun 俱乐部的总经理西尔维奥·德博托雷在获悉这次可怕的飞行后,马上制定了补救的方案。他安排了一半员工去机场布置迎接,另一半员工在俱乐部准备酒宴。完善周到的补救与补偿举措融化了游客们的心,消除了他们的不满情绪。值得注意的是,在这个服务事件中,Med-Cancun 俱乐部并没有过错,但作为俱乐部来说还是尽力、尽快地对游客进行补偿。原本是一次不幸的事件,通过及时的服务补救,使 Med-Cancun 俱乐部赢得了众人赞誉,名声大振。

由以上阅读材料得到启示:服务补救是对失误的改进,失误对于服务性企业来说可能是一种不幸,但是也可能恰恰是一个机会。对于企业来说,服务过程完美无缺是一种最理想的状态,但是这一点任何企业也无法做到。服务失误出现后,企业处理服务失误的方式和态度在很大程度上会弱化或强化与顾客的关系,法国 Med-Cancun 俱乐部处理失误得当,使顾客与企业建立了良好的信任关系。

一般来说,服务失误出现后的顾客期望和企业补救方式见表 6-1,在服务补救实践中,很多企业的员工总是从心理上讨厌前来投诉的顾客,他们在处理顾客投诉时,往往敷衍了事,不能使顾客真正地满意,达不到服务补救的目的。所以,要想真正把服务补救工作做好,关键在于改变企业员工的观念,应该让他们认识到顾客投诉对于企业来说是一种重要

[①] 论企业对服务承诺的研究[M], http://wenku.baidu.com.

的市场信息，因为它暴露了企业的弱点。通过对顾客投诉进行全面调查和分析，企业可以及时发现经营过程中潜伏的问题，提高管理水平，这样可以从失误中获得学习的良机，真正把服务补救工作做好，真正提高顾客的满意度。

表6-1　服务失误出现后的顾客期望和补救方式[①]

顾客期望	企业补救方式
道歉	亲自道歉，即使服务失误不是由企业造成的，但是仅仅道歉还远远不够
合理补偿	由与顾客直接接触的员工当场对顾客做出合理的补偿
善待顾客	真诚地对待那些遇到服务失误的顾客，主要是安抚他们的情绪
超值补偿	把顾客认为有价值的东西送给顾客，有时合理补偿就可起到这个作用
遵守承诺	与顾客接触的员工对服务补救中所做出的一切承诺都必须兑现

典型案例

35次紧急电话

一天下午，在日本东京奥达克余百货公司的电器部，售货员彬彬有礼地接待了一位女顾客，并按她的要求挑选了一台尚未启封的索尼牌电唱机。

顾客走后，售货员在清理货物的时候发现，刚才错将一个空心唱机样品卖给了那位女顾客，于是赶紧向公司汇报。警卫四处寻找那位女顾客，但她早已不见踪影。经理接到报告后觉得此事非同小可，关系到顾客利益和公司信誉的大问题，于是他马上召集有关人员研究寻找的办法。当时他们只知道那位女顾客是一位美国记者，叫基泰丝，还有她留下的一张美国快递公司的名片。据此仅有的线索，奥达克余百货公司公关部连夜开始了一连串近乎于大海捞针的寻找。

先是打电话，向东京各大旅馆查询，毫无结果。后来，又向美国打紧急长途，向纽约的美国快递公司总部查询。美国方面也展开了紧急调查。凌晨时分，奥达克余百货公司才接到美国方面的电话，在得知基泰丝父母在美国家里的电话号码后，他们马上将国际长途打到基泰丝的父母家。老人以为女儿出了什么大事，刚开始很紧张，听完日方善意的"调查"后，很感动，愉快地将女儿在东京的住址和电话号码告诉了他们。几个人整整忙了一夜，国际国内总共打了35个紧急电话。

为了表示歉意，奥达克余百货公司一大早便给还未起床的基泰丝打了一个万分歉意的电话。几十分钟后，奥达克余百货公司的副经理和提着新唱机皮箱的公关人员赶到基泰丝的住处。两人进了客厅，见到基泰丝连连深深鞠躬致歉。他们除了送来一台新的合格"索尼"电唱机外，又加送著名唱片一张、蛋糕一盒和毛巾一条。接着副经理打开记事本，宣读了他们从发现问题到找到电话号码，并及时纠正这一失误的全过程记录。

基泰丝深受感动，她坦率地告诉他们，买这台电唱机，是准备作为见面

[①] 陈静. 服务补救——把失误变成机会[EB/OL]. (2005). 价值中国网.

> 礼物送给住在东京的外婆。回到住处后，她发现电唱机没有装机芯，根本不能使用，于是火冒三丈，觉得自己上当受骗了，她立即写了一篇题为"笑脸背后的真面目"的批评稿，准备第二天一早就到奥达克余百货公司兴师问罪。没想到，奥达克余百货公司及时纠正失误，为了一台电唱机，花费了这么多的精力。奥达克余百货公司的做法，使基泰丝深为敬佩，她当面撕掉了批评稿，待他们走后，她马上重写了一篇题为"35次紧急电话"的特写稿。

6.5.3 服务质量领先战略的风险

服务性企业都面临着提高服务质量的压力，但是该战略也有自己的劣势，如果不能根据企业自身的实际情况盲目实施的话，将会导致企业竞争地位的恶化。服务质量领先战略值得注意的缺点有以下几点。

1. 顾客需求的不确定性

顾客需求受到多种力量的支配，包括顾客内在的需求层次升级的推动，社会文化观念的冲击，顾客心理和个性特征，购买力的波动，新技术、新产品的诱导等，顾客的需求总是难以预测的，识别顾客需求的核心部分是一项艰巨的任务。

2. 竞争对手的模仿行为

优质的服务尤其是差异化的优质服务是很容易被竞争对手模仿的，如在我国电视竞争中模仿是一件很普通的事，中央电视台的"焦点访谈"栏目获得成功，地方台就有一大群形形色色的焦点类节目出现，湖南卫视有模仿港台节目而生的"玫瑰之约"栏目，其他电视台就马上克隆。服务产品的特殊性加大了服务性企业抵抗竞争对手的模仿行为的难度，因此，服务性企业常常只能在有限的时间内获得竞争优势，这时企业就必须具备核心竞争力，这种核心竞争力使竞争对手不易模仿。肯德基敢于自己出资来培训国内的同行，就因为肯德基相信这批模仿者学不会他们的那套办法，这就是肯德基的核心竞争力。

3. 提高服务质量与降低成本难以两者兼得

人们普遍认为，提高服务质量就意味着增加成本，因此，很多服务性企业在决定服务水平时会自然而然考虑到成本问题，有的企业甚至设置服务质量部，专门计算质量问题可能产生的后果以及进行改变所需要的成本。其实，有效的服务管理系统可以做到提高服务质量的同时，又保持成本不变或降低成本，这主要取决于服务企业变革的动机和企业员工的士气。例如，某家多年来在"准时"方面存在严重问题的航空公司，只是在公司内部采取了一系列的调整措施，就使得服务质量获得了巨大提高，但并没有增加成本。因此，在服务性企业内，有效的管理和满意的员工可能会使其在质量上升和成本下降之间做到平衡。

服务性企业的竞争战略 第6章

本 章 小 结

本章除了讲述成本领先战略、差异化战略、集中化战略三种基本战略外，还重点介绍了服务质量领先战略。

成本领先战略的指导思想在于，企业要在较长时期内保持企业产品成本处于同行业中的领先水平，并按这一目标采取一系列措施，使企业获得同行业平均水平以上的利润。企业获取成本优势的方法主要有两种：降低人工成本和优化服务价值链。

差异化战略又称差别化战略，实施差异化战略的要旨在于研究顾客、把握市场偏好、研究竞争对手、清晰直白地向客户传递产品的价值和特色、集中稀缺资源于关键性的经营职能以及创新思维。差异化战略既有优势，也有风险，获取差异化优势的方式很多，有个性的服务方式、服务场所以及别具一格的情感定位都是值得借鉴的方式。

集中化战略的特点是强调企业应把其资源集中在最擅长的领域，以此建立竞争优势。但随着信息和知识等资源的便于获得，使得企业在某一领域实施集中化战略的优势很容易被竞争对手所取代，这是实施该战略的风险。

服务质量领先战略的实质在于企业通过采取一系列措施，使其提供服务的质量优于竞争对手，甚至在较长时间内保持服务质量处于行业的领先水平，使自己在激烈的竞争中保持优势，从而获取高于行业平均水平的利润。

本章思考题

1. 服务性企业可选择的竞争战略一般有哪些？
2. 服务性企业获取低成本优势的途径有哪些？
3. 服务性企业使用差异化战略的风险有哪些？
4. 以你熟悉的服务性企业为例，说明集中化战略的类型。
5. 以你自己的切身体会来思考和说明，服务性企业应该如何管理和创造服务质量的"关键时刻"。

第 7 章　服务性企业战略实施

本章导读： 战略实施是服务性企业战略管理中的重要环节。影响服务性企业战略实施的因素很多，其中组织结构、服务人员和企业文化是三个关键的要素。本章将以一系列典型案例为依据，重点讲述组织结构和企业文化与战略实施之间的匹配关系。

核心概念：

战略实施　麦肯锡 7-S 模型　战略实施的六个杠杆
组织结构　企业文化

7.1　郑州亚细亚为什么陨落

战略实施(Strategy Implementation)是将企业制定的战略方案付诸实施的过程，也是一个自上而下的动态管理过程。服务性企业战略的实施是战略管理过程的行动阶段，是战略管理中的重要的、不可缺失的一环，只有将战略方案转化为行动，才能达成最终目的，所以有人认为：成功的企业，20%靠战略，60%靠企业各层管理者的执行力。本节将借助于郑州亚细亚集团战略失败的案例，说明战略实施的重要性。

7.1.1　郑州亚细亚集团的崛起与陨落

郑州亚细亚商场(图 7.1)是由河南省建行租赁公司和中原不动产公司共同出资 200 万元设立的股份制企业，1989 年 5 月正式开业，由王遂舟出任总经理，之后仅用 7 个月时间就实现销售额 9 000 万元，1990 年达 1.86 亿元，实现税利 1 315 万元，一跃而名列全国大型商场第 35 位，是上升最快的一匹黑马。此后三年，亚细亚商场的营业额每年均以 30%以上的速度递增。20 世纪 80 年代末，我国零售业还是一派短缺经济年代沿袭下来的死气沉沉的景象，商场环境陈旧昏暗，营业员白眼朝天，货物混乱无度；而亚细亚商场却像一缕清风，在全国商场中第一个设立迎宾小姐、电梯小姐，第一个设立琴台，第一个创立自己的仪仗队，第一个在中央电视台做广告。一时间，"亚细亚冲击波"像阳光一样辐射到全国各地，郑州亚细亚商场可谓春风得意，战绩辉煌。

与当时其他国有商场相比，亚细亚商场没有任何"靠山"，王遂舟将其比作"孤儿"。与国有商场的管理僵硬、服务冷漠、理念守旧相比，亚细亚商场能够在服务品质、商品结构以及营销创新方面大做文章。

1993年9月，以郑州亚细亚商场为基础，扩股成立了"郑州亚细亚集团股份有限公司"(以下简称亚细亚集团)。然而，亚细亚集团并没有借机进行彻底的股份改制上市，为自身积累更为强大的筋骨，而是选择了横向开拓市场，渴望异地复制自己成功的商业模式。亚细亚集团提出的目标是，打造中国零售连锁帝国，要比肩美国的沃尔玛、法国的家乐福、日本的八佰伴。在随后的4年时间内，亚细亚集团先后在南阳、开封、许昌等省内城市建设6家亚细亚，又在北京、上海、广州、成都、西安等地开设了9家仟村百货。当亚细亚集团一路扩张到1997年时，已耗尽了亚细亚集团所有的资源与声誉，从1997年的成都、上海等连锁店停业，到1998年的西安、北京等连锁店停业，最后到2000年的"大本营"郑州亚细亚商场宣布面向全国重新招商，亚细亚集团已激情燃尽，猝然瓦解。

图7.1 郑州亚细亚——陨落的"野太阳"

7.1.2 亚细亚商场陨落之谜

郑州亚细亚商场失败的原因如下所述。

1. 扩张战略决策试图超越自身能力

对于"连锁经营"这样一个当时中国的新生事物，郑州亚细亚商场并没有聘请专家来共同研究、探讨，而是"跟着感觉走"。由于郑州亚细亚商场本身就不是一个健康体，存在着很多内部经营管理方面混乱的问题，使得连锁经营的根基不牢，再加上郑州亚细亚商场当时无论是资金方面，还是人力方面都不具备连开十几家店的实力，其自有资本总额不过4 000万元，却要进行一场投资近20亿元的超级大扩张，而且又不想与其他企业合作，全部分店都实行"正规连锁"——自己进货，自己经营，大多数分店都是从基建做起，极大地浪费了资金和人员。就在如此薄弱的理论、实践基础上，亚细亚商场做出了建立连锁霸业的战略决策，结果，所有的连锁分店，开业之日即亏损之时，竟无一例外。

2. 企业核心价值观的缺失

新生的亚细亚商场建起来之后,其急功近利的思维暴露无遗:①以刻意做一些别人想不到或不敢做的事来引发"轰动效应",如每一家连锁店开业,都举办盛大的开业仪式,着意张扬;②做别人不敢想的事以求超常规的"震动效应",如雇佣飞机撒彩券等。企业没有造福员工、回馈社会等价值观体系支撑。

3. 异地商业文化的冲突

据了解,在北京等地的亚细亚商场,当地员工对亚细亚商业文化并不认同,屡有发生罢工事件,让亚细亚商场难以实现资源的最佳整合。事实上,这暴露出了亚细亚商场在迈出异地扩张的第一步时,其经营当地政商关系的能力不足的事实。

4. 公司治理结构混乱

亚细亚集团的公司治理结构从建立之初就一直处于混乱状态:①董事会形同虚设,凡事都由总经理王遂舟一人拍板;②内部监督缺乏,公司不设任何监督机构。自开业以来,没有进行过一次全面彻底的审计。总经理凌驾于任何制度之上,个人的整个思维放大到整个集团,一人的思考代替了整个亚细亚的思考,集团缺乏纠偏机制来纠正领导的个人决策失误。

5. 人事管理毫无章法

亚细亚集团缺乏制度化、规范化的人事管理,人事管理毫无章法,没有人事考核,没有晋升依据,也未建立起其他人事管理制度,任人唯亲、排斥异己的现象屡见不鲜。在亚细亚集团,不管"能力开发",也不管什么"合理配置"——所有这一切,统统简化为总经理的个人意愿,每个职员都在观察他、琢磨他,利用他性格上的弱点来达到自己的目的。

6. 缺乏人情味的管理

亚细亚集团的主要领导者坚信"半军事化管理"的有效性:三军之众,从令如流,有禁必止,是领导者所追求的最高领导境界。为达到这一点,领导者设立了对员工工作状态的多层次、多方位监管系统,如管理服务部、商管处、执法队、部门管理经理等。而且,亚细亚集团每年至少进行两次且每次四五百人的军事训练,要求员工绝对听从命令,养成服从指挥的行为习惯。这种"半军事化管理",在维持表面的稳定、一律的同时,也制造出员工普遍的压抑和不满情绪。

亚细亚集团的对外扩张战略本质上并没有大问题,关键是它在扩张之前并没有进行内外战略环境分析,盲目扩张,一系列问题在扩张过程中凸显出来,这也说明战略实施是战略管理的重要环节,战略能否成功执行,与诸多因素相关,以下内容将探讨影响服务性企业战略实施的因素。

7.2 服务性企业战略实施的影响因素

7.2.1 战略实施与战略制定的关系

战略实施与战略制定是整个企业战略管理中不可分离的两个阶段。同等条件下相同的战略方案通过实施后可能会有不同的结果,如图 7.2 所示。服务性企业制定的战略只有得到实施才能体现出它的意义,制定的战略效果怎样也只有通过实施来得到验证和评价。

	战略制定	
	适宜的	不适宜的
战略实施 优异	**成功** 实现增长和市场占有率目标,并能获利	**挽救或毁灭** 好的实施可挽救一个不好的战略,也可能加速其失败的过程
战略实施 很差	**麻烦** 很差的实施妨碍一个好的战略发挥作用,而管理者可能认为是战略不适宜于企业	**失败** 尽管失败的原因很难分析,但一个糟糕的战略加之没有能力去实施,肯定会失败

图 7.2 战略制定与实施的搭配效果

战略实施效果的好坏,是关系到服务性企业战略管理成败的关键一环,战略制定与战略实施两者的契合度越高,服务性企业战略管理越容易获得成功。研究表明,1988—1998年,在全球 1854 家大公司中,每 8 家公司就有 7 家未能实现赢利性增长,然而,其中竟然有 90%的公司都曾经制订过详尽的战略计划,而且定下了远大的战略目标。不能否认外部环境的负面作用在一定程度上阻碍了战略的有效实施,但是究其失败的根源,大都可以归结为战略制定与战略实施的契合度低,企业战略制定与战略实施之间严重脱节,两者之间缺乏必要的协调与协作。

服务性企业要实现长远的发展目标,不仅要有效地制定战略,还要保证战略顺利实施,在战略实施过程中,企业的内外部环境都有可能发生变化,必须及时发现这些变化并采取适当的措施进行调整,否则,一旦企业的运行偏离了既定的目标,战略方案就会失去意义。

从战略制定与战略实施不同的搭配效果来看,服务性企业战略执行的结果除了与战略方案直接相关外,还与其他因素有关,这些因素可以通过 7-S 模型和战略实施的六个杠杆看出。

7.2.2 战略实施的影响因素

1. 麦肯锡的 7-S 模型

20 世纪七八十年代,美国人饱受了经济不景气、失业的苦恼,同时听够了有关日本企业成功经营的艺术等各种说法,也在努力寻找着适合于本国企业振兴的法宝。托马斯·J·彼得斯(Thomas J.Peters)和罗伯特·H·沃特曼(Robert H.Waterman)以麦肯锡顾问公司研究中心设计的企业组织七要素为研究框架,提出了 7-S 模型,如图 7.3 所示。在这个模型中,彼得斯和沃特曼指出了企业在发展过程中必须全面地考虑各方面的情况,包括结构、制度、风格、人员、技能、战略、共同价值观。也就是说,企业仅具有明确的战略和深思熟虑的行动计划是远远不够的,因为企业还可能会在战略实施过程中失误。因此,战略只是其中的一个要素。

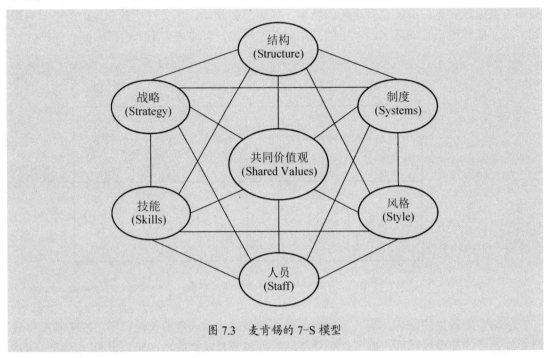

图 7.3 麦肯锡的 7-S 模型

在这个模型中,战略、结构和制度被认为是企业成功的"硬件",风格、共同价值观、技能和人员被认为是企业成功经营的"软件"。对于服务性企业来说,麦肯锡的 7-S 模型对于企业管理者的启发在于,软件和硬件同样重要,企业长期以来忽略的人性(如非理性、固执、直觉等)、非正式的组织等,其实都可以加以管理,这与企业经营的成败息息相关,绝不能忽略。

1) 硬件要素

(1) 战略。服务性企业的战略首先是一个发展方向的安排,换句话说,战略也就是一张帮助服务性企业从起点走向它所希望的未来位置的一张导航图。1947 年美国企业制定发展战略的只有 20%,而 1970 年已经达到了 100%;日本经济新闻社在 1967 年曾进行过专门调查,在 63 家给予回答的日本大公司中,99%的企业有战略规划;在美国进行的一项调查中,有 90%以上的企业家认为企业经营过程中最占时间、最为重要、最为困难的就是制定战略规划。可见,对于服务性企业来说,战略是其取得成功的重要因素,换句话说,服务性企业的经营已经进入了"战略制胜"的时代。

(2) 结构。战略需要健全的组织结构来保证实施。组织结构是服务性企业赖以生存的基础，它是企业组织的构成形式，即企业的目标、人员、职位、相互关系、信息等组织要素的有效排列组合方式。组织结构是为服务性企业的战略实施服务的，不同的战略需要不同的组织结构与之对应，组织结构必须与战略相协调。

(3) 制度。服务性企业的发展和战略实施需要完善的制度作为保证，而实际上各项制度又是企业精神和战略思想的具体体现。所以，在战略实施过程中，服务性企业应制定与战略思想相一致的制度体系，要防止制度的不配套、不协调，更要避免背离战略的制度出现。

2) 软件要素

(1) 风格。彼得斯和沃特曼发现，业绩优异的企业都有独特的管理风格，如有些企业宽严并济，一方面赋予一些部门高度的自主权，另一方面又固执地遵守着几项流传已久的价值观。

(2) 共同价值观。战略是服务性企业发展的指导思想，只有所有员工都领会了战略思想并用其指导实际行动，服务性企业的战略才能得到成功的实施。因此，对于服务性企业来说，战略研究不能只停留在企业高层管理者和战略研究人员这一个层次上，而应该让执行战略的所有人员都能够了解企业的战略意图。唯有如此，企业成员的价值观念才能够被统一起来，企业员工的工作热情才能够被有效地激发出来。

(3) 技能。在执行公司战略时，需要员工掌握一定的技能，这有赖于严格、系统的培训。松下幸之助认为，每个人都要经过严格的训练，才能成为优秀的人才，如在运动场上驰骋的健将们大显身手，但他们惊人的体质和技术不是凭空而来的，是在生理和精神上长期严格训练的结果。如果不接受训练，一个人即使有非常好的天赋资质，也可能无从发挥。

(4) 人员。战略实施还需要充分的人力准备，有时战略实施的成败确实在于有无适合的人员去实施。实践证明，人力准备是战略实施的关键。对于服务性企业来说，由于服务产品是在员工与顾客的接触中完成的，因此，即使有很好的服务项目、很好的服务设施和很好的服务流程设计，但如果没有训练有素的员工，服务产品的完成质量也有可能大打折扣，从而影响顾客对企业服务的满意程度。而从企业内部服务的角度看，服务性企业的员工满意则更为重要，因为员工可以直接将满意或不满意的情绪传达给顾客，从而影响顾客感知服务的质量。

典型案例

沃尔玛成功的十大法则

很多人都在总结沃尔玛的成功经验，还是来看看沃尔玛的创始人山姆·沃尔顿是怎么说的。沃尔顿在他的自传《富甲美国》一书中，总结了事业成功的十大法则，具体如下：

(1) 敬业。通过工作中的热情克服身上的缺点。只有热爱你的工作，才能全身心投入，别人也会受到你的感染，这是提高工作效率的关键所在。

(2) 和下属分享利益，视下属为伙伴。沃尔顿主张以合伙制的方式来领导企业，鼓励员工持有公司的股份，这样员工也会把老板视为同伴，从而创造出超乎想象的业绩。

(3) 激励员工。不光是物质刺激，要不断出新点子，激励、挑战你的下属。每天都要想一些新的、比较有趣的办法来鼓励员工，创造出一种奋发向上的氛围。

(4) 交流沟通。凡事都要与同事沟通，他们知道的信息越多，就越能理解，也就越关心企业的发展。一旦他们开始关心企业的发展，什么困难也不能阻挡他们。

(5) 精神鼓励。金钱可以买到忠诚，但人更需要精神鼓励。应当感谢员工对公司的贡献，任何东西都不能代替几句精心措辞、适时而真诚的感激言辞。

(6) 成功了要高兴，失败了则不要灰心。不要对自己过于严肃，尽量放松，这样你周围的人也会放松，充满乐趣，显示激情。当工作出现失败时，穿上一套戏装，唱一首愉快的歌曲，其他人也会跟你一起歌唱。

(7) 倾听每一个人的意见，让大家畅所欲言。第一线的员工最了解实际情况，要尽量倾听他们反映的问题和提出的建议，这是全面质量管理的内涵所在。

(8) 超越顾客的期望。给予顾客所需要的，在此基础上再加上一点什么，这样顾客就会感激你，就会一再光临你的商店。出现过错时，要真心道歉，不要找借口。

(9) 控制成本。成本低于对手，才能创造竞争优势。一个高效运营的企业，即使犯了错误，也能很快恢复元气。反之，一个低效运营的企业，尽管显赫一时，但最终会失败。

(10) 放弃传统观念，走创新之路。

沃尔玛成功的十大法则中，前八条都是围绕如何提高员工满意度，进而使其提供的服务超越顾客的期望。可见，打造满意的员工队伍是沃尔玛成功的关键。

2. 战略实施的六个杠杆

如图 7.4 所示，服务性企业战略的实施运作主要与下面六个因素有关，即各级领导人员的素质和价值观念，企业的组织结构，企业文化，资源结构与分配，信息沟通，控制与激励制度。只有通过这六项因素(又称为六个杠杆)的有效运作，服务性企业的战略思想才能够贯彻到企业的日常经营活动中，成为制度化的工作内容。

在具体的管理实践中，服务性企业考虑这六大因素时，应将它们与企业战略实施的需要相比较，判断是不是与企业的战略实施相匹配。具体考虑的项目包括以下内容：

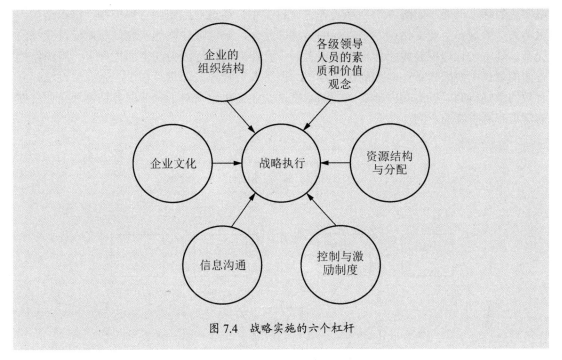

图 7.4 战略实施的六个杠杆

(1) 各级领导人员与战略执行要求其承担的角色是否相匹配？

(2) 企业的组织结构与战略执行是否相适应？如果组织结构与战略实施的要求在较长时间难以协调一致，战略执行战线被拉长，执行意识被消磨，将极大地影响企业战略的实施进度和效果。

(3) 资源分配对战略执行是否提供足够的支持？

(4) 企业文化与战略执行是否相适应？企业文化如果与战略不相适应，没有统一的现实目标保障，其对战略实施的约束、凝聚、激励及辐射等功能得不到充分的发挥，那么战略执行就会缺少凝聚力。

(5) 信息沟通是否满足战略执行的需要？在企业战略实施中，如果战略执行人员对企业的战略意图的深层次认知、理解不透，部门之间、员工之间战略协调性差，无法形成有效促进战略实施的战略共识，战略实施中出现问题时，只能在企业内部互相推诿，此种情况只会导致企业战略实施运转不畅，执行效率严重偏低，企业战略目标按期实现受到制约。

(6) 控制与激励制度是否与战略执行相一致？目前，许多服务性企业在战略实施过程中都存在如下亟待解决的问题：①传统的绩效评估与激励机制没能与企业战略实施有效挂钩；②企业内部员工收入所得与绩效评估贡献不成比例，"一刀切"、"均化色彩"浓厚；③员工之间收入水平没有被合理公正的拉开，导致最终的奖惩激励效果不明显；④企业在调动员工积极性方面，主要突出货币等物质奖励的作用，而很少采用与员工工作性质、内容相关的激励方式，激励方法比较单一，等等。

7.2.3 战略实施的关键要素

综合 7-S 模型和战略实施的六个杠杆，结合服务性企业的特点，可以认为，企业的组织结构、服务人员和企业文化是服务性企业战略实施的关键要素，并能得出服务性企业战略实施的基本框架，如图 7.5 所示，在这个框架中，通过对组织中管理控制、组织结构、服务人员管理、企业文化这四个方面的协调和整合，来保障战略的实施，从而促进业绩的提升。其中，管理控制职能体现在管理者对于企业战略执行能力的全面把握上；组织结构方面的责任主要来自企业内部的决策部门；服务人员管理方面重点在于，企业要设法建立有效的激励机制，以提高内部员工的满意度；企业文化建设对于企业服务精神和企业个性的塑造有着重要的影响。

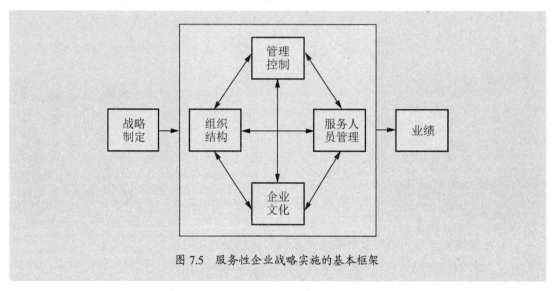

图 7.5 服务性企业战略实施的基本框架

由于前面章节中对服务人员的管理有较多阐述，此处不再赘述，以下篇幅将针对组织结构和企业文化两个关键因素重点阐述。

7.3 服务性企业战略实施与组织结构

1962 年，美国的组织理论专家 A.D. 钱德勒(A.D.Chandler)深入研究了美国 100 多家公司长达 50 年的发展情况，出版了《战略与组织结构》一书，书中指出组织结构要服从于组织的战略，即企业所拟定的战略决定着组织结构类型的变化。战略的变化要求企业组织结构发生变化的原因在于：一是不同的战略要求不同的业务活动，从而影响企业管理职能部门的设计，如战略收缩或扩张时企业业务单位或业务部门的增减等；二是战略重点的改变会引起组织内主要职能工作重点的改变，从而导致各部门与职务在企业中重要程度的改变，并最终导致各管理职务以及部门之间关系的相应调整。

对于服务性企业来说，应根据外界环境的要求去制定战略，然后再根据新制定的战略来调整企业原有的组织结构。只有使组织结构与战略相匹配，服务性企业才能成功地实现战略目标。

7.3.1 服务性企业的组织结构

企业组织结构阐明的是全体员工在职务范围、工作责任、任务和权力方面所形成的相互关系的结构体系，用以确定各项工作任务分配，以及内部工作报告和内部协调的机制。服务性企业的组织结构概念可重点从以下三个方面来理解：①企业从上到下纵向的管理层次、管理幅度和报告关系的确立；②企业内横向单位之间主要职责、工作流程、沟通与协调关系的确立；③企业内各个单位及岗位主要职责和任务的明确划分。这三个方面互相作用，共同构成一个完整的服务性企业组织结构。

1. 组织结构的基本类型

1) 简单直线组织结构

在简单直线组织结构中，企业职权集中于领导者手中，员工只是为领导者监控权利的延伸而服务，图7.6所示的是某女士用品店的组织结构。

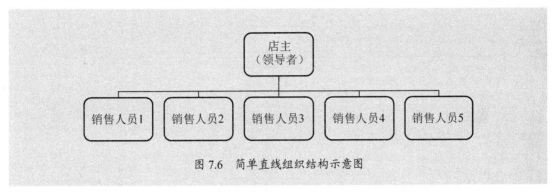

图7.6　简单直线组织结构示意图

这种组织结构的优点是权力集中，职权和职责分明、命令统一，信息沟通简捷方便，便于统一指挥，集中管理；显著缺点是，领导者必须熟悉与本企业相关的各种活动，没有职能机构作为领导者的助手，领导者事必躬亲，容易陷于日常行政事务中，不利于领导者集中精力研究企业发展的重大问题。因此，简单直线组织结构只适用于产品单一的小型服务企业。

2) 职能型组织结构

职能型组织结构又称U型组织结构或多线性组织结构，是指在组织内除直线主管外还相应设立一些职能机构，这些职能机构有权在自己的业务范围内，向下级单位下达命令和指示，因此，下级直线主管除了接受上级直线主管的领导外，还要接受上级各职能机构的领导和指令，如图7.7所示。

职能型组织结构允许职能分工，从而具有知识共享、共同发展、简单易行、成本较低、促进劳动的专业化分工、提高效率的特点。但这种组织结构违反了组织必要的统一指挥原则，往往令出多门，形成多头领导，容易造成管理的混乱，还可能导致专职职能经理关注自我业务领域而不是公司整体战略的问题。这种组织结构模式适合于中等规模的服务企业。

3) 事业部型组织结构

事业部型组织结构又称M型结构或多部门结构，M型结构是集权与分权相结合的形式。美国迪士尼集团的事业部型组织结构如图7.8所示，这种结构中，决策分为两个层次：股东大会掌握重大决策权，对集团进行战略决策和发展规划；事业部(电影制作中心、消费者产品中心、主题公园中心、传媒业务中心)负责本事业部范围内的运营决策。

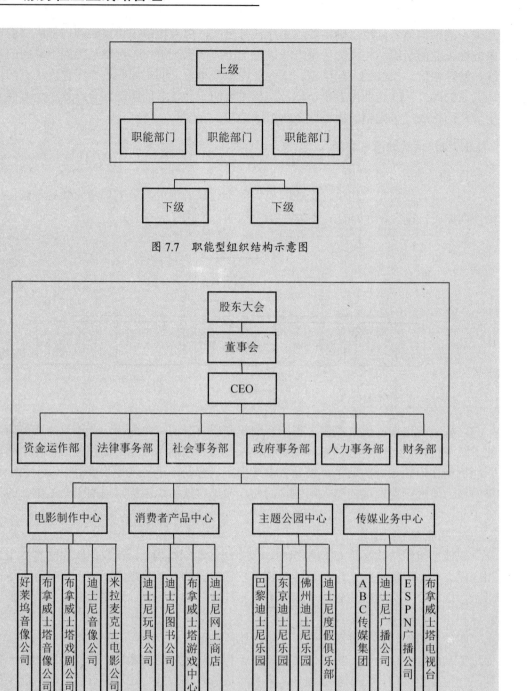

图 7.7 职能型组织结构示意图

图 7.8 美国迪士尼集团的事业部型组织结构示意图

事业部型组织结构的优点主要体现在：它能够使高层管理者摆脱日常经营琐碎繁杂的行政事务，决策权力下放到各个事业部，由掌握相关信息的人来负责局部性决策，从而保证了局部性决策的正确性；这种组织结构的缺点表现在总部与分部之间信息不对称的可能性增加，各事业部之间缺少横向联系。大型服务企业、跨国公司常常采用这种组织结构。

4) 矩阵型组织结构

矩阵型组织结构由纵横两套管理系统组成,一套是纵向的职能系统,是在职能部门经理的领导下的各职能科室;另一套是为完成各项工作任务而组成的横向项目系统,一般是产品、服务项目组成的专门项目管理队伍,并设立项目小组经理,全面负责项目方案的管理工作。这种结构是职能型组织与项目型组织的混合体,如图 7.9 所示。结合了职能型组织和项目型组织的优点,能够以项目为导向,有客户问题处理中心,协调工作由项目管理队伍承担,资源来自各职能部门,并且这些资源可在不同项目中共享,专业人员在技术上可相互支持,各专业员工组织上仍归属其职能部门,因此,在项目结束后,员工"有家可归"。

矩阵型组织结构的优点是适应性强,加强了各职能部门的横向联系和信息交流,利于发挥专业人员的潜力,利于各种人才的培养。其缺点是由于这种组织形式是实行纵向、横向双层领导,处理不当,会由于意见分歧而造成工作中的矛盾;组织关系较复杂,对项目经理的要求较高;由于项目完成后,项目小组即告解散,人员仍回到原职能部门,会导致人心不稳。这种组织结构非常适用于横向协作和攻关项目,服务性企业可用来完成涉及面广的、临时性的、复杂的重大工程项目或管理改革任务。

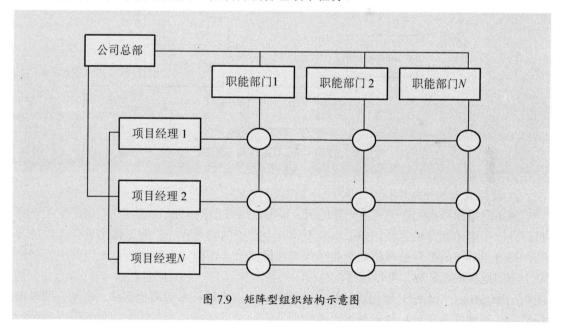

图 7.9 矩阵型组织结构示意图

2. 服务性企业组织结构的新形式

随着服务性企业战略和资源条件的变化,企业在结构上应该根据内外部环境的变化做出新的调整,具体来说,这些新形式主要有以下几种。

1) 网络型组织结构

网络型组织是结构由多个相互独立的企业组成的,以契约关系为纽带,利用现代信息技术手段,通过互利互惠、相互协作、相互信任、相互支持的机制进行密切合作的组织结构。在这种组织结构中,组织的大部分职能从组织外"购买",这为企业管理者提供了高度的灵活性,使其能够集中精力做其最擅长的事。

网络型组织结构极大地促进了企业经济效益实现质的飞跃，但这种结构并不是对所有的服务性企业都适用，它比较适合于那些依靠低廉劳动力从事服务生产的企业。

图 7.10 显示的是一个服务性企业的网络组织结构，在这个组织结构中，企业管理者将其经营的主要职能都外包出去，该网络结构的核心是一个小规模的经理小组，他们的工作是直接监督企业内开展的各项活动，并协调同其他的服务产品设计、分销、设备供应商等网络组织机构之间的关系，图中的虚线代表这种合同关系。从本质上讲，网络型组织结构的企业管理者将大部分时间都花在协调和控制这些外部关系上。

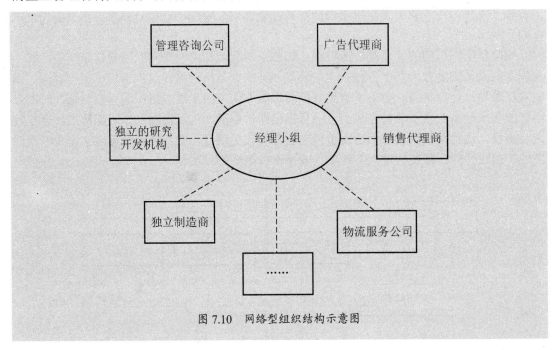

图 7.10 网络型组织结构示意图

2) 虚拟企业的组织结构

网络型组织结构的进一步进化和应用，就可以形成虚拟企业。"虚拟"一词产生于计算机产业，在电子计算机领域，虚拟本身不是一个真正的物理存在，而是借用软件实现的存在。1991 年，"虚拟"被移植到企业经营管理模式上。虚拟技术移植到企业经营上，是指处于不同地域的人和物，可以通过信息技术连接起来，为一个共同目标而合作(谭力文、吴先明，2006)。虚拟组织是运用以计算机技术为核心的多种技术手段把实体、资源、顾客市场机会动态地联系在一起的一种组织机制，是一种在有限资源的条件下，为了争取最大的合作优势，以某个核心组织为中心，通过网络将若干规模不同、各有所长的组织连接起来组成的开放式组织形式。核心组织是虚拟组织的灵魂，虚拟组织的一切活动都由它发动、组织、协调。

图 7.11 显示的是瑞海姆度假村的虚拟组织结构，从图中可以看出，瑞海姆度假村虚拟组织结构的核心是管理中心，负责管理度假村内部的运行，而客房、商场、康体、餐饮、工程、娱乐则外包给外部社会力量，管理中心通过契约关系协调和控制外部关系。

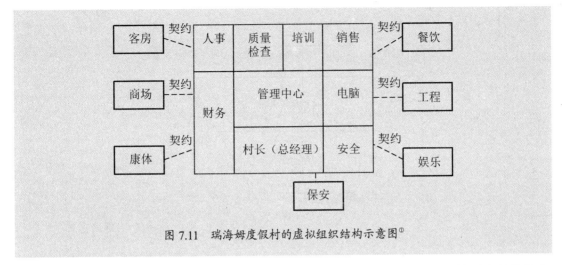

图 7.11 瑞海姆度假村的虚拟组织结构示意图①

虚拟组织作为一种企业组织创新形式,在网络经济条件下日益显示出其巨大的优势和生命力,它不仅能有效地提升服务性企业的核心竞争力,而且有力地保障了服务性企业核心竞争力战略的实施。

3) 倒金字塔式的扁平组织结构

管理大师彼得·德鲁克预言,未来的企业组织将不再是一种金字塔式的等级制结构,而会逐步向扁平式结构演进。在中国以海尔为代表的一大批成功企业已经证实了彼得·德鲁克观点的超前和准确。实践证明,企业组织结构由金字塔向扁平化转变,已成为企业管理中组织结构发展的必然趋势。所谓组织扁平化,就是一种通过减少管理层次,压缩职能机构,裁减人员,使组织的决策层和操作层之间的中间管理层级越少越好,以便组织最大可能将决策权延至最远的底层,从而提高企业的效率。彼得·德鲁克所说的"扁平式结构",实际上是将金字塔倒过来,成为倒金字塔式的扁平结构,也就是,最上层为一线工作人员,也被称为现场决策者;中间层为中层管理者;最下层为总经理、总裁(邓正红,2007),如图 7.12 所示。

倒金字塔式的扁平结构将更多的权利和决策力赋予了直接面向市场和信息的一线员工,他们可以对其职责内负责的事情作出决定,有些决定可以不必报告上司。在这种组织结构中,总经理只是作为政策的监督者,负责对整体进行观察、监督和推进,因此,总经理处在倒金字塔的最底层,而最上面的位置是留给一线服务人员的。在这种组织结构中,谁面向市场就给谁更多的权利承担责任,使其敢于现场作决定,更及时有效地服务顾客,增强竞争力。

对于服务性企业而言,这种组织结构使得企业管理逐渐回归扁平化,一线服务人员直接面对顾客和市场,管理者则缩短直面客户和市场的距离,其目的在于加快内部反应机制,防止企业和市场终端(即顾客)之间的脱节,避免由于市场信息不完整、传递不及时、资源利用效率低而导致顾客需求不能得到最大满足。这种一线人员在服务、所有其他部门为一线人员提供支持的组织结构,正是符合现阶段信息化经济下的服务性企业发展之道。

---

① 田玉堂. 21 世纪瑞海姆国际旅游度假村经营模式. 北京:中国旅游出版社,2000.

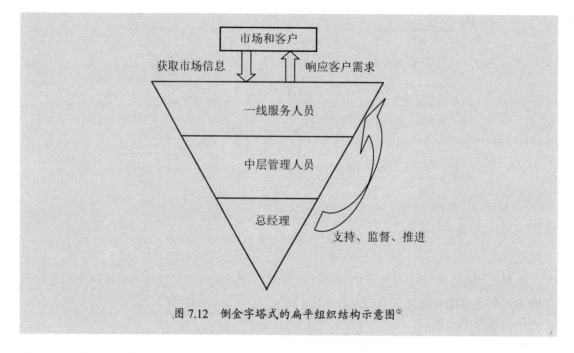

图 7.12　倒金字塔式的扁平组织结构示意图[①]

7.3.2　设计与战略相匹配的组织结构应注意的问题

在分析了战略和组织结构之间的关系，介绍了几种典型的传统组织结构和目前正在形成的新型组织结构后，服务性企业在设计与战略匹配的组织结构时，应注意以下问题：

(1) 应根据企业所处环境、企业发展阶段及战略决策的特点，选择一种最合适的组织结构类型与企业战略相匹配。例如，对于规模较小、业务比较简单的服务性企业，就可以采用简单的结构；对于经营多种业务的大中型服务性企业，则宜采用事业部型组织结构。

(2) 对服务性企业的价值链进行认真考察分析，找出在企业战略中具有关键战略意义的组织单位，并使得这些单位成为企业组织的核心单位，促进企业战略的实施。对企业战略实施意义不大的业务，可以考虑用外部购买的方式从企业外部获得，这既降低了组织运作的成本，同时也更有利于企业战略的实施和核心战略能力的培养。

(3) 如果企业的一项具有关键战略意义的核心业务不能够安排在一个组织单位内完成，那么，就需要加强分管这项业务不同方面的几个组织单位间的沟通和联系。在这种情况下，服务性企业通常需要设立一个战略管理单位，对这几个组织单位的业务活动进行统一管理，以促使企业战略的顺利实施。

(4) 当企业出现经营管理问题，组织绩效下降，需要制定新战略并改变组织结构与之相适应时，应尽量避免企业组织结构剧烈的、过大的变动，而应采取一种平稳的、渐进的方式去对组织结构进行改革，以减少变革过程中组织效率的损失。

总之，服务性企业的战略与组织结构是一个动态变化的过程，企业战略的变化将导致组织结构的变化，组织结构的重新设计又能够促进企业战略的实施，孤立地制定战略或进行组织结构设计都是无效的，也是不可能成功的。

---

① 仁达方略管理咨询公司

服务性企业战略实施 第7章

典型案例

CMP 出版公司组织结构的变革

良好的计划，常常因为管理人员没有适当的组织结构予以支持而落空。而在某一时期是合适的组织结构，可能过了一两年以后就不再合适。格里和莉洛·利兹是经营 CMP 出版公司的一对夫妇，对此有着清楚的认识。

利兹夫妇在 1971 年建立了 CMP 出版公司。到 1987 年，他们公司出版的 10 种商业报纸和杂志都在各自的市场上占据了领先地位。更令人兴奋的是，它们所服务的市场(计算机、通信技术、商务旅行和健康保健)提供了公司成长的充足机会。但是，假如利兹夫妇继续使用他们所采用的组织结构，这种成长的潜力就不会得到充分的利用。

最初为 CMP 出版公司设立的组织结构，将所有重大的决策权都集中在他们手中。这样的安排在公司发展初期运作得相当好，但到 1987 年却已经不再有效。利兹夫妇越来越难管理好公司。例如，想要约见格里的人需要早上 8 点就在他办公室外排队等候，员工们越来越难得到对日常问题的答复，而要求快速反应的重要决策经常被耽误。对于当初设计的组织结构来说，CMP 出版公司已经成长得太大了。

利兹夫妇认识到了这个问题，着手重组组织结构。首先，他们将公司分解为可管理的单位(实质上是在公司内建立半自主的公司)，并分别配备一名独立的经理掌管各个单位。这些经理都被授予足够的权力去经营和扩展他们各自的分部。其次，利兹夫妇设立了一个出版委员会负责监管这些分部。利兹夫妇和每个分部的经理都是该委员会的成员。分部经理向出版委员会汇报工作，出版委员会则负责确保所有的分部都能按 CMP 出版公司的总战略运作。

这些结构上的变革产生了明显的效果。CMP 出版公司现在总共出版 14 种刊物，年销售额达到近 2 亿美元。公司的收益持续地按管理当局设定的 30% 的年增长率目标不断地增加。

CMP 出版公司的例子说明，选择合适的组织结构在组织演进过程中起着至关重要的作用。

7.3.3 服务性企业组织结构和战略的匹配

1. 成本领先战略与组织结构

成本领先战略的主要途径是通过提高经营和销售能力来获取规模经济和经验效应，同时通过较高的市场占有率来获取较强的市场竞争力。因此，在组织结构上，成本领先战略强调专业化、正规化和集中化。

这里要注意处理专业化和集中化的关系，专业化要求具有相同专长的人力资源集中到同一部门，便于他们尽其所长。为了使集中的专业化人才发挥作用，就需要服务性企业的内部工作流程程式化，使之成为员工工作行为和部门之间相互协作的正式规则。通常情况下，部门内部的程式化可以由单一部门来完成，但各部门之间的工作流程和例外事件就要由上一级部门来制定和协调，这就要求权利相对集中。因此，成本领先战略比较适宜采用具有简单的报告关系、较少的决策层和权力机构、鼓励低成本文化产生的职能型结构。

2. 差异化战略与组织结构

对于服务性企业而言，其产品直接表现为员工为顾客提供的服务，顾客对企业评价的高低主要来自于其感受的产品和员工服务。因此，在差异化战略背景下，服务性企业的组织结构设计应采取一种灵活而有弹性的结构，以有利于调动员工的学习能力，激发员工的服务创造性。

3. 集中化战略与组织结构

采取集中化战略的服务性企业，其经营目标往往针对特定的服务市场，较难发挥规模经济的长处，因此经营成本会偏高。这就要求这类企业除了要提供能满足顾客需求的服务产品外，还要特别注意加强对成本的控制。在企业规模不大的情况下，这类服务性企业采用简单直线组织结构可能更为有效；在企业规模扩大的情况下，则应该转化为职能型结构，以保证战略执行的流畅性。

4. 服务质量领先战略与组织结构

服务质量领先战略要求企业必须提供行业领先的服务质量。由于顾客体验到的服务质量是由企业员工和顾客在"关键时刻"创造出来的，因此，员工工作能力的高低、积极性的强弱等对顾客服务质量的感受有着重要的影响。基于此，实施服务质量领先战略的企业，应该设法建立起调动一线服务人员的激励机制，并给予一线服务人员充分的权力，让他们在面对顾客时有充分的自主权，能根据实际情况作出果断的决定。

因此，服务质量领先战略宜考虑"倒金字塔式"的扁平结构，把顾客和一线服务人员放在倒金字塔的上层。

5. 相关多元化战略与组织结构

实施相关多元化战略的条件是各业务之间能够共享产品、技术和分销渠道，因此，各业务之间的联系非常重要。高层管理者必须鼓励各业务之间进行合作，从而更有效地实现活动共享。有时为了协调各业务之间的关系，会对一些活动进行集中。因此，相关多元化战略宜考虑多事业部的组织结构，方便各部门间进行协同工作。

6. 非相关多元化战略与组织结构

采取非相关多元化战略的服务性企业，其各个不相关业务部门之间往往存在着相互竞争的情况，这种竞争格局有利于保持企业的活力，提高经营效率。企业总部为了保持其中立性，通常应与各部门保持一定的距离，对业务部门的具体经营管理活动采取不干预政策。这就意味着，在非相关多元化战略下，各个事业部都具有相当大的自主性，企业总部通常只对财务绩效比较感兴趣，而对于各事业部的业务内容并不是太关心。

因此，实施非相关多元化战略的服务性企业很多都采取多事业部的组织结构。在这个组织结构中，整个企业被视为一个投资组合，各个事业部之间不需进行太多的整合，因而这种组织结构的内部管理成本较低；而对于企业总部的战略管理人员，其主要任务是如何合理地分配资源并监控资源的利用，以便提高其投资报酬率和整个企业的经营绩效。

7.4 服务性企业战略实施与企业文化

企业文化的定义有很多种，但并没有哪一种是最权威的，其原因正如社会学家劳伦斯·罗威尔(Lawrence Lowell)所说："在这个世界上，没有别的东西比文化更难琢磨。我们不能分析它，因为它的成分无穷无尽，我们不能叙述它，因为它没有固定形状。我们想用文字来规范它的意义，这正像要把空气抓在手里似的，当我们去寻找文化时，它除了不在我们手里以外，无处不在。"企业无论业绩好坏，都有很强的企业文化，只不过业绩差的企业，其文化出现了功能障碍，只关注内部政策的管理或过分强调数字，而不是强调顾客及生产并销售产品的员工(John A. Pearce Ⅱ & Richard B. Robinson，2003)。

7.4.1 企业文化的内涵

企业文化是指企业内部员工所具有的共同价值观体系，是由大多数员工所认同及接受的信念、期望、理想、价值观、态度、行为以及思想方法、办事准则等构成的。企业文化的核心是企业员工共同遵循的价值观(核心价值观)，它是指导公司所有行动的根深蒂固的原则，也是公司的文化基石。例如，西点军校的核心价值观是"责任(Responsibility)、荣誉(Glory)、国家(Country)"；沃尔玛(Wal-Mart)的核心价值观是"卓越、客户服务、尊重员工"。核心价值观是一家公司独特性的源泉，因此，必须不惜一切代价去恪守。

1. 企业文化的层次

企业文化是某一特定群体的文化，因而，它也表现出与社会文化不同的特点。一方面，企业的文化理念必然要包含中长期的准则和目标，顾及企业长期的生存和发展；另一方面，企业文化的底蕴又必须要务实，追求实效，它只能在不断实现短期的利益中谋得长远的发展。企业文化是社会文化与组织管理实践相融合的产物，是一个四层次的体系，从结构上可以分为核心层、中层、浅层和表层，如图 7.13 所示，它们分别指企业的精神文化、制度文化、行为文化和物质文化。

1) 企业的精神文化

企业精神是企业文化的高度浓缩。对于服务性企业而言，企业精神是全体员工共同一致、彼此共鸣的内心态度、意志状况和思想境界。例如，德尔塔航班公司以"宾至如归"为主题，培养了员工的团队精神、与人共事的合作态度、积极向上的人生观和以优良服务为荣的理念。在服务性企业内，企业精神决定着员工的服务行为，因而也就决定着企业的服务质量和经营业绩，是企业文化最重要的部分。

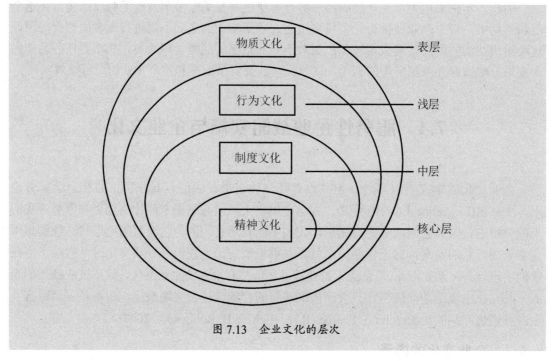

图7.13 企业文化的层次

2) 企业的制度文化

制度文化是企业文化中人与物、人与企业运营制度的中介和结合,是一种约束企业和员工行为的规范性文化,它使企业在复杂多变、竞争激烈的经济环境中处于良好的状态,从而保证企业目标的实现。对于服务性企业而言,制度文化既是企业为了保证实现目标而形成的一种管理形式和方法的载体,同时又是企业从本身价值观出发形成的一种制度和规则。

3) 企业的行为文化

行为文化指的是企业员工在生产经营、学习娱乐中产生的活动文化,是服务性企业经营作风、精神面貌、人际关系的动态体现,也是服务性企业的精神和价值观的折射。

4) 企业的物质文化

物质文化作为社会文化的一个子系统,是由企业员工创造的产品和各种物质设施等构成的器物文化。

总而言之,企业文化有广义和狭义之分,广义企业文化包括企业物质文化、行为文化、制度文化和精神文化;狭义企业文化是指以企业价值观为核心的企业意识形态。在具体考虑企业文化对企业战略实现的作用时,需要综合考虑这两种企业文化的本质。

2. 企业文化的类型

企业文化分类的方法有很多,这里介绍三种有助于服务性企业发展的企业文化类型:战略导向型企业文化、市场导向型企业文化与绩效导向型企业文化(王吉鹏,2008)。它们分别与不同的企业类型相对应,服务性企业选择建设何种企业文化,是需要与其本身的特质相符合的。

1) 战略导向型企业文化

战略导向型企业文化以企业战略为基础，为企业战略服务，围绕企业战略的要求进行企业文化理念体系等的建设。作为战略导向型的企业文化，战略无疑是至关重要的，这就要求企业战略能够对其文化建设起到指导和引导作用。战略导向型企业文化的理念体系包括三个层次，如图7.14所示。

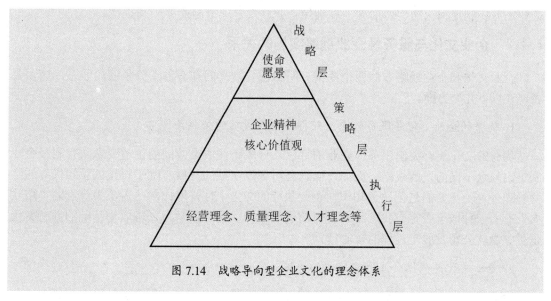

图7.14　战略导向型企业文化的理念体系

(1) 最高层是战略层，它包括使命与愿景两个因素。它说明企业存在的目的是什么，企业的未来如何发展。企业的使命是这个理念体系的基础，它决定了企业的发展方向与坚持的原则；而企业的前景目标，即通常所说的愿景，是建立在使命基础之上的企业发展方向。这两者是企业战略的基础，因此，在企业文化中，可以将这二者定义在战略的层面上。

(2) 第二层是策略层，它包括企业精神与核心价值观两个因素。核心价值观是企业与企业内员工的行为基础，而企业精神则是企业与员工在使命的履行与追求企业愿景的实现过程中的思想境界，这两者都是为使命与愿景服务的。在这个层次，企业要明白自己坚持的原则，并要告诉社会和员工自己赞同什么、反对什么。

(3) 第三层是执行层，它包括企业的各种运营理念，如经营理念、质量理念、人才理念等。执行层是对企业管理中各职能理念的描述和倡导，同时也是对使命、愿景和核心企业精神、价值观在企业经营中的具体实践。

2) 市场导向型企业文化

市场导向型的企业往往把顾客需求和市场变化放在突出的位置，使整个企业保持一种"客户第一"的理念及行为态度。例如，SAP公司之所以能在激烈的竞争中不断取得成功，一个最重要的原因是贯彻了"客户第一"这一经营理念。SAP从建立之初就是一个非常重视市场的公司，这种重视不仅仅体现在销售市场、咨询服务等直接面对客户的部门，甚至研发部门也形成了很好的市场意识。SAP还制定了完善的产品设计、质量监控及售后服务流程，确保客户及市场的需要能够得到不同部门合理及时的反映，这一切构成了SAP重视客户及市场的整体文化。

3) 绩效导向型企业文化

具有绩效导向型文化的企业往往把企业目标放在最突出的位置，企业所有的活动都必须围绕目标来进行，并为企业目标的达成来服务。在具体的管理过程中，绩效导向型企业常需建立一种以绩效达成为导向的文化氛围，在这种氛围下，企业的总目标被分解成分年度的阶段性目标，同时这些目标也被层层分解到各个执行部门中。为了保证目标的完成，企业还需要制定相应的奖惩措施，以确保企业绩效管理措施能够顺利执行。

7.4.2 企业文化与服务性企业战略实施的关系

企业文化和企业战略看似两个泾渭分明的概念，其间却有着十分紧密的联系，这主要表现在以下几个方面。

1. 优秀的企业文化是服务性企业获得战略性成功的必要条件

优秀的文化能够突出服务性企业的特色，形成企业成员共同的价值观念，有利于企业制定出与众不同的发展战略。例如，微软公司辉煌业绩的背后，除了科技创新和优异的经营管理外，更重要的是创设了知识型企业独特的文化个性，以比尔·盖茨为代表的"微软人"有着一种敢于否定自我、不断学习的进取精神，这种以学习、进取为基础的创新文化是贯穿微软公司发展全过程的核心精神。

2. 企业文化是确保企业战略实施的关键

企业战略制定后，就需要全体成员积极有效地贯彻实施。对于服务性企业来说，企业文化是战略实施的软环境，而企业文化能否得到全体员工的认同，则关系着企业战略能否顺利达成。优秀的企业文化，不仅能为服务性企业创造良好的发展软环境，而且还能凝聚起全体员工的精神力量，促使大家齐心协力地为实现企业目标而努力。

例如，安邦财产保险公司成立于 2004 年，其战略目标是将公司打造成国内一流的价值增长型保险公司，中国优秀的民族保险企业，客户信赖、社会尊重的、最具影响力的中国金融企业。为保证其战略目标的实现，安邦公司提出了建设优秀的企业文化的目标，并推出了由"水"文化、"互联网"文化、"家"文化组成的"和谐"企业文化体系，如图 7.15 所示。在这个企业文化体系中，"水"文化体现了该公司追求自然、强调沟通、虚怀若谷、包容万物的企业哲学；"互联网"文化强调了该公司努力构造多方共赢的事业平台的愿景；"家"文化则体现了该公司对客户、对员工、对股东、对社会的责任感。

3. 企业文化与企业战略必须相互适应和相互协调

服务性企业的经营环境在不断地发生着变化，因此，战略制定之后并非一成不变，随着经营环境的变化，服务性企业的发展战略也会做出一些调整，在此情况下，服务性企业的文化体系也必须随之调整。一般情况下，新的战略与企业文化相匹配的情况可以分为以下四种，如图 7.16 所示。

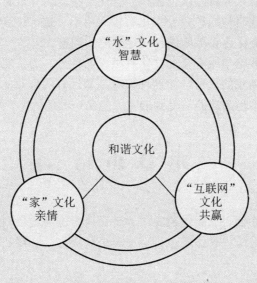

图 7.15　安邦保险的企业文化①

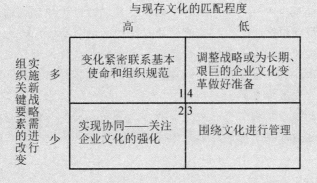

图 7.16　企业文化与企业战略实施相结合的形式②

第一种情况下,服务性企业实施新的战略往往是因为有了更好的机会或者是为了利用新的核心价值开拓新的市场。例如,IBM 公司进入网络产品市场的战略就是一个例子,要在这个截然不同的市场上运作,IBM 公司需要对组织体系做调整并使其与现有文化最大限度的匹配。为做到这一点,IBM 公司从内部和外部两方面做努力:在电视和杂志广告上,IBM 发布大量信息把这种新的网络处理系统与该公司传统的高质量服务联系起来;在公司内部,IBM 鼓励每个管理人员上网操作,通过亲身实践加强对公司新业务的认识。

第二种情况下,在实施新战略时,服务性企业原有的文化能够较好地与新战略融合,企业只需进行少量的变革即可。例如,某酒店集团决定涉入会展业,这就需要该企业对其组织结构和企业文化进行新的建设,由于该企业原有的管理人员已经非常精通住宿与餐饮

---

① 安邦财产保险股份有限公司,合智情报工作网. 2009-05-22.
② John A. Pearce Ⅱ,Richard B. Robinson.p308,2003.

服务性企业战略管理

方面的管理,在引入新的业务后,该企业只需聘任一些会展方面的管理人员就可以了。

第三种情况下,新战略与原有企业文化有较大的不一致,这就要求服务性企业必须围绕其新战略,对其企业文化建设措施进行一定幅度的调整。

第四种情况下,新战略与原有企业文化有很大的差异,为了实施新战略,服务性企业必须对其组织体系进行彻底的变革,而这种调整是和现有的企业文化相冲突的,是对现有文化的挑战,变革的成本是高昂的,受到的阻力也是巨大的。

本 章 小 结

战略实施是将服务性企业制定的战略方案付诸实施的过程,是企业战略管理过程的行动阶段和不可缺失的一环。服务性企业制定的战略只有得到实施才能体现出它的意义。

通过麦肯锡7-S模型和战略实施的六个杠杆的分析,结合服务性企业的特点,可以发现组织结构、服务人员和企业文化是服务性企业战略实施的关键要素。

服务性企业的组织结构要服从于企业的总体战略,组织结构的基本类型有简单直线组织结构、职能型组织结构、事业部型组织结构、矩阵型组织结构;组织结构的新形式主要有网络型组织结构、虚拟企业的组织结构、倒金字塔式的扁平组织结构等。

服务性企业文化的核心是共同的价值观,包含精神文化、制度文化、行为文化和物质文化四个层次。服务性企业可以构建战略导向型、市场导向型和绩效导向型等多种类型的企业文化发展模式。

服务性企业的组织结构、企业文化、服务人员必须与其总体战略相匹配,这三者之间也必须相互适应和相互协调,如此才能够保证企业发展战略的正确执行。

本章思考题

1. 服务性企业战略实施与战略制定的关系如何?
2. 影响服务性企业战略实施的因素有哪些?
3. 服务性企业可以采取的企业基本结构有哪些?
4. 什么是倒金字塔式的扁平企业结构?
5. 举例说明服务性企业组织结构如何与战略相匹配。
6. 举例说明服务性企业实施新战略时,企业现有文化与战略的匹配程度。

第8章 服务性企业战略控制与评价

本章导读：

战略控制与评价是服务性企业战略管理必不可少的一部分。战略控制的基本类型可分为前提控制、应急控制、战略监督、战略实施的控制，战略控制系统应当具有预警的功能，因而企业应尽早建立战略预警反应系统。本章重点介绍了六西格玛方法以及平衡计分卡，六西格玛方法是服务性企业进行业务控制的有效方法，平衡计分卡是服务性企业进行战略绩效评价的有效战略工具。

核心概念：

战略控制　战略失效　"浴盆曲线"　六西格玛　战略预警反应系统
平衡计分卡

8.1 战略转型：劳埃德银行成功的关键

战略决策付诸行动以后，如何保证决策的顺利实施就成为战略成败的关键，要使服务性企业的战略能够不断顺应变化的内外环境，除了使战略决策具有应变性外，还必须加强对战略实施的控制。服务性企业实行战略控制工作，除了根据控制目标进行测评、反馈和调整控制外，更重要的是要对企业的外部环境进行监控，保证企业的战略不发生方向性的错误。英国劳埃德银行在面临严峻形势的情况下及时调整了战略方向，从而使其从一个平庸的小银行转变为英国四大银行之一。

8.1.1 劳埃德银行的起源与困扰

劳埃德银行(LIoyds Bank)曾是英国银行业中最早开展国际业务的银行之一，1911年在法国设立了第一家分行，1918年在南非设立了分行。20世纪70年代，劳埃德银行进行了大规模的全球扩张：1971年收购了伦敦南美银行，将它与20世纪50年代收购的欧洲劳埃德银行合并；全面控制了新西兰国民银行；在纽约、洛杉矶等地开设了分行；1978年设立劳埃德商人银行进入投资银行业务。

到了20世纪70年代末至80年代初，劳埃德银行作为一家实行全球扩张和产品多元化的银行，受收入波动和大量不良贷款困扰，在拉美地区和商业房地产贷款中遭到严重损失，其中对拉美国家的不良贷款在英国银行中排名第二，且其不良商业房地产贷款的比重非常大。劳埃德银行的资产规模在英国四大商业银行中是最小的,资本基础比其英国竞争对手弱,这时的劳埃德银行面临着严峻的形势,继续发展的余地非常小。

8.1.2 战略转型:拯救劳埃德银行的利器

1983年,皮特曼就任劳埃德银行总裁,在与董事会就经营战略进行了多次认真、理性的讨论后,他意识到全球投资和批发银行业务的利润已经非常微薄且不稳定,相比之下,英国零售银行业务能产生巨大、稳定的利润,于是决定改变过去战略,将重点放在增加股东利益上。通过对通用电气公司和可口可乐公司为代表的全球业绩最好的企业进行分析,制定了每三年将股东利益翻番的目标。劳埃德银行选择了促进经营良好业务、剥离或出售经营不好的业务来实施这一战略。1987年,劳埃德银行关闭了其投资银行和在美国、欧洲及远东地区的许多分行,放弃在英国政府债券和欧洲债券的市场定价者的地位,放弃申请东京证券交易牌照。劳埃德银行如图 8.1 所示。

图 8.1 金融服务零售商店:劳埃德银行

在实施有选择性放弃战略的同时,劳埃德银行展开了新的并购活动,力图在英国建立一个多产品、多区域和多客户基础的零售金融服务企业。在皮特曼的领导下,劳埃德银行采取了一系列被英国银行家、银行分析家、咨询人员和专业人员所称道的"尖兵活动",其中最突出的三项:1988年收购阿倍国民银行,扩大了正在增长的保险业务;1995年收购查尔顿姆和格劳斯特,增强了银行的房屋抵押贷款业务;1996年合并信托储蓄银行(TSB)——TSB 是将保险和传统存款以及贷款产品结合得最好的银行,劳埃德银行与TSB 合并后,产生劳埃德 TSB 银行集团,扩大了客户基础以及为银行提供其他储蓄和保险产品的投资组合。上述每一项收购活动都扩大了劳埃德银行的产品和客户基础,巩固了该企业在英国零售银行业务市场的地位,降低了该银行在市场动荡不安环境下的脆弱性。皮特曼也因此被外界称为"最高明的银行业务整合巫师"、"皮特曼枪手"。

在英国,零售银行业务是"现金机器",而批发业务则是微利业务。皮特曼及其领导

第8章 服务性企业战略控制与评价

本章导读： 战略控制与评价是服务性企业战略管理必不可少的一部分。战略控制的基本类型可分为前提控制、应急控制、战略监督、战略实施的控制，战略控制系统应当具有预警的功能，因而企业应尽早建立战略预警反应系统。本章重点介绍了六西格玛方法以及平衡计分卡，六西格玛方法是服务性企业进行业务控制的有效方法，平衡计分卡是服务性企业进行战略绩效评价的有效战略工具。

核心概念：

战略控制　战略失效　"浴盆曲线"　六西格玛　战略预警反应系统
平衡计分卡

8.1 战略转型：劳埃德银行成功的关键

战略决策付诸行动以后，如何保证决策的顺利实施就成为战略成败的关键，要使服务性企业的战略能够不断顺应变化的内外环境，除了使战略决策具有应变性外，还必须加强对战略实施的控制。服务性企业实行战略控制工作，除了根据控制目标进行测评、反馈和调整控制外，更重要的是要对企业的外部环境进行监控，保证企业的战略不发生方向性的错误。英国劳埃德银行在面临严峻形势的情况下及时调整了战略方向，从而使其从一个平庸的小银行转变为英国四大银行之一。

8.1.1 劳埃德银行的起源与困扰

劳埃德银行(LIoyds Bank)曾是英国银行业中最早开展国际业务的银行之一，1911年在法国设立了第一家分行，1918年在南非设立了分行。20世纪70年代，劳埃德银行进行了大规模的全球扩张：1971年收购了伦敦南美银行，将它与20世纪50年代收购的欧洲劳埃德银行合并；全面控制了新西兰国民银行；在纽约、洛杉矶等地开设了分行；1978年设立劳埃德商人银行进入投资银行业务。

到了20世纪70年代末至80年代初，劳埃德银行作为一家实行全球扩张和产品多元化的银行，受收入波动和大量不良贷款困扰，在拉美地区和商业房地产贷款中遭到严重损失，其中对拉美国家的不良贷款在英国银行中排名第二，且其不良商业房地产贷款的比重非常大。劳埃德银行的资产规模在英国四大商业银行中是最小的,资本基础比其英国竞争对手弱,这时的劳埃德银行面临着严峻的形势,继续发展的余地非常小。

8.1.2 战略转型:拯救劳埃德银行的利器

1983年,皮特曼就任劳埃德银行总裁,在与董事会就经营战略进行了多次认真、理性的讨论后,他意识到全球投资和批发银行业务的利润已经非常微薄且不稳定,相比之下,英国零售银行业务能产生巨大、稳定的利润,于是决定改变过去战略,将重点放在增加股东利益上。通过对通用电气公司和可口可乐公司为代表的全球业绩最好的企业进行分析,制定了每三年将股东利益翻番的目标。劳埃德银行选择了促进经营良好业务、剥离或出售经营不好的业务来实施这一战略。1987年,劳埃德银行关闭了其投资银行和在美国、欧洲及远东地区的许多分行,放弃在英国政府债券和欧洲债券的市场定价者的地位,放弃申请东京证券交易牌照。劳埃德银行如图8.1所示。

图8.1 金融服务零售商店:劳埃德银行

在实施有选择性放弃战略的同时,劳埃德银行展开了新的并购活动,力图在英国建立一个多产品、多区域和多客户基础的零售金融服务企业。在皮特曼的领导下,劳埃德银行采取了一系列被英国银行家、银行分析家、咨询人员和专业人员所称道的"尖兵活动",其中最突出的三项:1988年收购阿倍国民银行,扩大了正在增长的保险业务;1995年收购查尔顿姆和格劳斯特,增强了银行的房屋抵押贷款业务;1996年合并信托储蓄银行(TSB)——TSB是将保险和传统存款以及贷款产品结合得最好的银行,劳埃德银行与TSB合并后,产生劳埃德TSB银行集团,扩大了客户基础以及为银行提供其他储蓄和保险产品的投资组合。上述每一项收购活动都扩大了劳埃德银行的产品和客户基础,巩固了该企业在英国零售银行业务市场的地位,降低了该银行在市场动荡不安环境下的脆弱性。皮特曼也因此被外界称为"最高明的银行业务整合巫师"、"皮特曼枪手"。

在英国,零售银行业务是"现金机器",而批发业务则是微利业务。皮特曼及其领导的劳埃德银行认识到通过向英国的主要分支机构投资后，可以产生比国际化批发业务和投资银行业务更大的利润。同时，劳埃德银行强调持续发展潜力，强调低成本、低价格战略，在收购过程中对分行、后台系统、总行行政管理支持系统和产品部门进行调整，持续降低成本。

在实施上述战略转型过程中，皮特曼及其所领导的劳埃德银行衡量业务的标准非常明确：是否赚钱及赚多少？是否与银行的战略和组织结构一致？风险和回报是什么？也就是说，能赚钱就去做，反之则不。

通过一系列的战略转型，劳埃德银行已由一家小型的、表现平庸的银行转变成为一家重点突出的英国零售业务银行。1997年，劳埃德银行的资产规模在四大商业银行中由1988年的第四位上升为第三位，达到1581亿英镑，股本回报率为41%，该行70%的利润来自零售银行业务，零售业务与批发业务收入之比由20世纪70年代的3∶7转变为现在的7∶3，该行市值/账面值为377%，而巴克莱银行、国民西敏寺银行分别为167%、166%。

8.1.3 战略控制：战略成败的关键

通过前文的分析，可以发现，劳埃德银行具有很强大的战略规划和战略执行控制能力。首先，劳埃德银行对经营环境的感知力很强，当其管理者发现银行批发业务的发展面临很大的困难时，立即果断地改变了战略发展方向，把银行主营方向转向零售银行业务，这是劳埃德银行取得成功的关键所在。其次，围绕新的战略发展方向，劳埃德银行对其业务结构和组织结构进行了大胆的调整。劳埃德银行把能否赚钱作为衡量业务成败的标准，并辅之以强势的领导、扁平化的组织结构以及"成果驱动，追求卓越，非常所罗门类型"的企业文化。通过这些卓有成效的工作，劳埃德银行成功地实现了战略转型，该银行在20世纪90年代就成为英国甚至全球最好的银行之一。

同时，在劳埃德银行的成功转型过程中，战略控制是保证该银行战略规划得以实施的不可或缺的一环。因此，对于更多的服务性企业来说，在制定了好的战略规划后，如何培养和具备与企业战略规划相适应的战略控制能力，是避免企业战略规划失效，保证企业战略规划顺利实施的必备管理过程。

8.2 服务性企业战略控制

8.2.1 战略失效与战略控制

1. 战略失效的"浴盆曲线"

很多情况下，服务性企业战略实施的结果并不一定与预定的战略目标相一致，有三个方面的原因使得这种偏差产生：①企业发展的外部环境发生了很大的变化，导致原定的企业发展战略与新的环境条件不相适应；②企业战略规划本身有重大的缺陷，在实施过程中难以贯彻，企业需要对原有规划进行修正、补充和完善；③在战略实施的过程中，受企业内部某些主客观因素变化的影响，战略执行偏离了原来的战略计划的预期目标，如某些企业领导采取了错误的措施，致使战略实施结果与战略计划目标产生偏差等。

对于服务性企业而言，其战略实施的结果偏离了预定的战略目标或战略管理的理想状态，出现非理想状态时，在战略学上称之为"战略失效"。战略失效按时间来划分有早期失效、偶然失效和晚期失效三种类型，如图8.2所示。

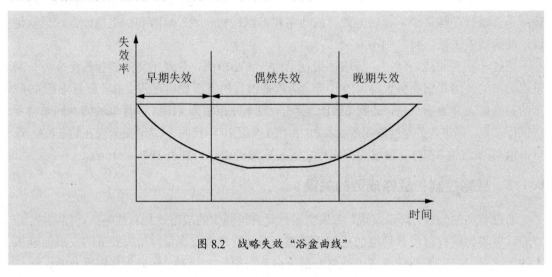

图8.2 战略失效"浴盆曲线"

就像图8.2所标示的那样，对于服务性企业而言，其制定的某一项战略在开始实施时，就有可能遇到早期失效。实践表明，大量的企业战略在实施的早期就面临着"失效"的危险，这是因为从"上面"下来的新战略还没有被员工们理解和接受，或者战略的实施者对新的环境和工作任务不适应。服务性企业的战略决策者对于这种早期失效应有所准备，不必惊慌失措，而应及时发现战略控制过程中的错误因素，马上加以修正。

度过早期失效后，服务性企业的战略控制工作可能进入平稳发展阶段，但是，这时可能会出现战略"偶然失效"的情况。所谓偶然失效，是指在战略的平稳实施阶段会出现一些意外因素来干扰战略的执行。大量的企业实践结果证明，偶然因素对企业战略控制的影响非常大，不断出现的偶然因素甚至会严重影响企业战略执行的最终结果，导致企业战略失效。当这种情况发生时，企业管理者一定不能掉以轻心，应该及时、慎重地处理这些情况，最大限度地降低这些偶然因素对企业战略执行的影响。

度过偶然失效期后，企业战略控制逐步进入了"晚期失效"阶段。此时，战略决策者应该审慎观察外部环境的变化，及时发现问题，积极创造条件推进战略计划目标的达成。

战略失效的"浴盆曲线"揭示了服务性企业战略实施过程中的一般规律，分析了不同阶段导致服务性企业战略失效的主要因素。"浴盆曲线"为服务性企业制定正确的战略实施控制策略提供了理论依据，同时，它使服务性企业的战略实施控制过程既有阶段性，又有相互联系、协调发展的连贯性，并提醒企业在战略实施控制的不同阶段应实施对应的改进方法，避免企业出现惊慌失措或固执原状的情况。

服务性企业战略控制与评价　第 8 章

典型案例

IBM 公司的战略失误

IBM 公司是从大型商用机起家的。大型商用机不允许出现半点的差错，并且需要强大的团队来开发和维护，这相当于筑起了一道高高的壁垒，限制了其他投资者的进入。在大型商用机独霸天下的时代，拥有强大资本和强大技术实力的 IBM 公司曾经被认为是永远不可战胜的。

但时代的发展悄然改变了这一判断，这就是个人电脑时代的迅速来临。IBM 公司显然忽视了这一转变，它一直躺在大型商用机上做着美梦。率先把握这一商机的是微软公司。微软公司对个人电脑进行了大规模的开发和投资，并做出了专业化的软件。1995 年，象征个人电脑时代来临的 Windows 95 操作系统被推出。但对 Windows 95 最为不屑一顾的就是 IBM 公司，它认为微软公司是靠 IBM 公司起家的，当初 IBM 公司把 DOS 操作系统交给微软公司去做，并不是 IBM 公司做不了，而是不屑于去做。基于轻敌的思想，1995 年 IBM 公司将 Windows 关起来，转而推行自己研发的 OS/2。IBM 公司当时认为，IBM 品牌远比微软强大，资本也远比微软公司殷实，人才也比微软公司优秀，而且 IBM 品牌的个人电脑可以先预装 OS/2，在这些优势之下，一定可以扼杀 Windows 95。但这场战争只进行了一年左右就分出了胜负，连 IBM 公司的个人电脑部门都抱怨：为什么不让装 Windows 95 呢，因为装上 OS/2 的机器根本卖不出去。

就在微软公司向 IBM 公司开战的时候，康柏、DELL 这些个人电脑公司，也趁机迅速成长壮大起来。当 IBM 公司于认识到个人电脑潮流不可逆转时，却发现对手早已不再只是一个微软公司，而且还有康柏、DELL 等公司。就这样，IBM 公司的这一轻敌和疏忽，成就了一大批个人电脑制造商。IBM 公司如今已经将最后一块电脑硬件业务卖掉，全面转型为 IT 解决方案提供商，这些都是行业发展趋势的必然结果，它别无选择。

IBM 公司由于忽视了对外部市场环境变化的观察，在自己开拓出的产品市场上沾沾自喜，麻痹大意，以至于被迫转型，这是一个战略控制失败的典型例子。由此可见，任何企业的成功都只是一时的，为了长久的生存，企业有必要保持对市场环境变化的高度敏感性，并持续保持强大的战略控制能力。

2. 战略控制的过程

战略控制是指在战略实施过程中，服务性企业对这个过程进行跟踪、发现问题，并做出必要的调整措施的过程。战略控制具有主动性、预防性和指导性的特点，其内容主要是回答以下两类问题：①企业前进的方向是否正确？是否应当调整或放弃现行战略？②企业的关键活动是否正常？战略执行情况如何，目标和进度是否相符？关于主要趋势和变化的假设是否符合实际？

具体而言,如图 8.3 所示,服务性企业的战略控制过程可以分为以下几个步骤。

(1) 设定绩效标准。根据战略目标,服务性企业结合企业内部人力、物力、财力及信息等具体条件,确定企业绩效标准,作为战略控制的参照系。例如,某年,商业服务企业 A 制定的绩效标准是年完成销售额 1 000 万元。

(2) 衡量实际绩效。服务性企业通过一定的测量方式、手段、方法,监测企业的实际绩效,并将企业的实际绩效与标准绩效对比。例如,到了当年年底,商业服务企业 A 实际完成销售额 900 万元,显然没有达到之前制定的销售额 1 000 万元的标准。

(3) 审查结果。找出实际绩效与绩效标准之间的差距,分析其中的原因,并判断企业的战略执行是否偏离了既定的方向。

(4) 采取纠正措施。测评的结果主要有两种,一是符合标准,二是不符合标准,出现偏差。出现了偏差,需要提出纠偏措施。例如,事业服务企业 A 偏差评估工作,发现了企业管理制度方面存在问题,因此,必须针对性地提出改进的措施。

必须指出的是,服务性企业的战略控制是一个持续的反馈纠正过程,这一反馈过程不是一次性完成的,而是要在整个战略实施的过程中不断地进行检测、衡量、反馈、再检测⋯⋯如此往复进行,直至战略实施过程的圆满结束。

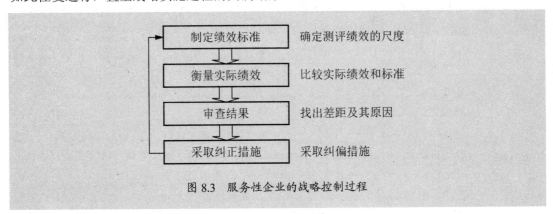

图 8.3 服务性企业的战略控制过程

8.2.2 战略控制的基本类型

服务性企业战略控制分类的方法有多种,从不同的角度可以将战略控制分为不同的种类,如按照控制时间可以将战略控制分为事前控制、事后控制和随时控制;按照控制主体可以将战略控制分为避免性控制和开关型控制。这里主要介绍战略控制的四种基本类型,即前提控制、战略监督、应急控制和战略实施的控制(John A. Pearce Ⅱ & Richard B. Robinson,2003:328),如图 8.4 所示。

1. 前提控制

战略都是建立在某种假定或预测之上,这些假定或预测就是战略的前提。前提控制贯穿于服务性企业战略制定、战略实施的整个过程中,用于系统、连续地检测企业战略的基础前提是否仍然合理,如果一个关键前提不合理,那么就必须改变战略,识别和否定不合理前提的时机越早,进行战略调整的机会就越多。对于服务性企业而言,外部环境的绝大部分因素是无法控制的,因此,企业战略通常建立在对这些主要因素的假设之上,这些因素主要有宏观环境因素和产业竞争因素。

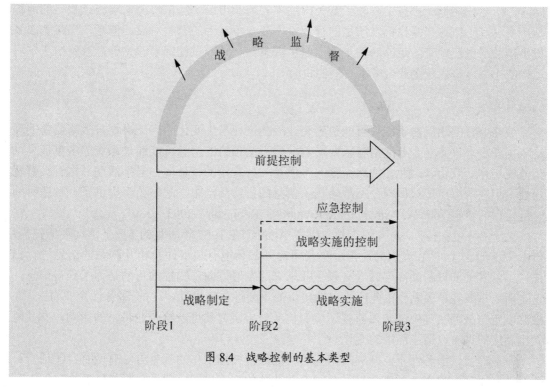

图 8.4 战略控制的基本类型

1) 宏观环境因素

宏观环境因素涉及经济、人口、法律、社会与文化、技术等方方面面，虽然服务性企业对宏观环境因素很难或根本无法控制，但这种因素对企业战略的成功有着重要影响。

有的服务性企业将自己的战略建立在一系列错误的前提条件之上，或者没有随着环境条件的变化而更新战略决策的前提假设，最终导致企业遭受重大损失。例如，美国迪士尼公司在 1983 年完全采用美国迪士尼的标准化经营模式建成了日本迪士尼乐园，在取得了显著的成功之后，1992 年又把日本迪士尼的经验用于法国，在巴黎建造了另一个海外乐园——欧洲迪士尼，结果到 1994 年底，欧洲迪士尼乐园共亏损 20 亿美元。美国迪士尼公司的欧洲扩张战略建立在欧洲文化与美国文化无差异的假设之上。在经营失败后，从 1999 年开始，迪士尼公司进行了一系列的文化调整，巴黎迪士尼乐园的经营状况才有所改善。这一案例说明，服务性企业要想避免陷入战略失败的困境，就必须时时对自己习以为常的一些假设和前提进行缜密的验证，尽可能的提前发现战略计划中的错误之处。

2) 产业竞争因素

在一个特定的产业中，企业的业绩往往会受到产业竞争因素的影响，不同产业的竞争情况各异，企业应该了解其所在产业中影响成功的因素，作出战略假设涉及的产业竞争因素有竞争者、供应商、替代产品和消费者等。

这一理论前提对于服务性企业也不例外。例如，沃尔玛公司在美国建立之初，主要依靠实施其经典的"农村包围城市"战略来获得成功，即将主要精力集中于整体市场中最狭窄、也是最具挑战力的乡村。经过十几年的努力，沃尔玛不断占领被其他大型零售商店所遗忘的小城镇细分市场，逐渐形成了星火燎原之势——在避开了激烈的大城市市场竞争的同时，沃尔玛在悄无声息中占领了全美国的零售商业市场。沃尔玛公司实施该战略的前提是，乡村和小镇这样的目标市场是同行业中主要竞争对手的忽略对象，但是，当时美国乡村小镇的居民已经有了足够的购买力，而生活条件和基础设施都不够完善，这就给沃尔玛这样的小型零售商业企业带来了发展的机会。

2. 战略监督

战略监督的功能在于监视可能引起企业战略过程产生变化的广泛事物。战略监督的理论依据在于，许多对企业战略有重要影响、但无法预料的信息可能通过系统的多重信息来源监视工作而获得，因此，战略监督的本质是一种宽松的"环境扫描"活动。尽管具有宽松性，但在所有可能获得与公司战略相关信息的日常活动中，战略监督提供了一种适时的广泛运用的警觉(John A. Pearce Ⅱ & Richard B. Robinson，2003：330)。

关于"环境扫描"，F. J. 阿吉拉尔(F. J. Aguilar)在1967年所写的《商务活动环境扫描》一书中下的定义："环境扫描是指一个公司对外部环境有关事件及相互联系的信息进行扫描，了解其动向以帮助高层领导规划企业未来的发展方向。扫描的目的是为了获得信息，它之所以重要在于关系到由此所作出的决策的重要性与正确性。"对于服务性企业而言，在战略制定与战略实施中都必须监视环境变化，分析研究其可能给企业带来的影响，并及时做出相应的调整以适应环境的变化。

一般而言，服务性企业开展战略控制中的环境扫描工作的基本方法有两种：①通查，即企业对"某一感兴趣的事物"及其对企业战略的影响进行一般性分析；②精查，即对某些重要的信息进行集中的、专门的研究，慎重分析其对企业战略执行的影响。

按照集中程度的高低，又可以将通查和精查细分为观察和监视，调查和研究。观察是为了取得一般信息或者对特定问题加深理解，或者为了选取关于某一件事要注意的信号(该信号有重要意义，也许含有集中精查的必要领域的信号)而利用这些扫描方式；监视是注意有明确意义的信息或信息源领域；调查意味着为了某一特定的目的收集特定的信息，在较狭窄的范围内进行有计划的调查活动；研究是为了特定的目的，利用有计划与有系统的资料收集、分析和解释的方法，获得解决问题的过程。而收集特定的信息，是正式成为体系的活动。

3. 应急控制

应急控制是由于突发的、意料之外的事件而彻底、迅速地重新考虑服务性企业的发展战略。例如，2001年的"9·11"事件、2002—2003年的SARS事件、2007年爆发的美国次贷危机事件、2008年的三鹿奶粉事件，以及媒体的消极报道等都会对相关企业(包括服务性企业和制造类企业)的发展战略产生严重的影响。

应急控制是服务性企业针对突发事件、突发危机的临时处置方式，常常没有经验和惯例可循，如果处理得当，就不会对企业战略造成消极影响；相反，如果处理不当，就会严重影响企业的发展，甚至危及生存。

对于知名的互联网服务企业——腾讯公司来说，2004年的"保钓"事件就是一起典型的案例。这起事件的经过是这样的：2004年7月26日起，陆续有网友发现，在腾讯QQ

游戏中输入"保钓"、"钓鱼岛"等词语时,页面会弹出提示语"请文明用语";而输入"尖阁列岛"、"尖阁岛"(日本对钓鱼岛的称呼)时,页面竟然可以正常显示;随即中华网论坛贴出了"腾讯公司依然顽固挑战 13 亿中国人的爱国情感"的文章。腾讯 QQ 的"保钓"事件几乎是瞬间传遍了每个网民。对此,腾讯公司对 QQ 游戏中存在的问题迅速向全国用户道歉,同时开始整改 QQ 游戏中存在的问题,并表示尽快推出专门的"保钓"专题。腾讯公司的积极措施很快减少了新闻及网络媒体的负面传播,使之对该企业的影响降至最低。与此相反,有些企业对突发事件的处理方式足以使企业的生存受到威胁,如 2002—2003 年的 SARS 事件中,有些企业借机哄抬物价,结果使本来良好的企业信誉遭到重创。

4. 战略实施的控制

服务性企业对于战略实施的控制必须做到实时、有效。战略实施的控制有三种形式。

1) 监控战略重点

服务性企业的整体战略是由诸多战略重点构成的,这些战略重点为管理者提供了必要的监控信息。例如,有些服务性企业采用战略监控地图的方式开展此类工作。所谓战略监控地图,就是企业将其战略重点挑选出来,形成公司战略重点的全景图,然后,企业会对照全景图开展针对重点目标的战略监控工作,以确保企业各项工作不偏离其战略方向。

2) 里程碑审查

里程碑原指设于道路两旁用以记载里数的标志,这里比喻企业发展过程中可以作为标志的大事件,它可以是关键的事件、主要的资源分配,也可以是某一个关键时间段。服务性企业开展里程碑审查工作,主要作用是对企业战略执行情况进行阶段性的评估和反思,以便后期战略执行工作的顺利开展。

3) 经营业务控制系统

一般而言,服务性企业的业务控制系统管理工作应该包括四个步骤:设立绩效标准、衡量实际绩效、评价业绩是否符合标准、采取纠正措施。如图 8.5 所示,首先,服务性企业的管理层要对企业经营业绩进行科学评价,如果发现轻微的偏差,则可做少量的调整,如果发现较大的或极端的偏差,则需要对战略执行计划做重大的修改,同时相应的管理职能、任务分配等也要做出调整。

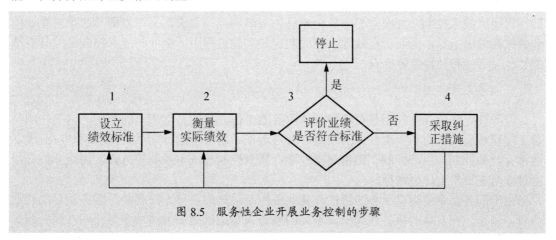

图 8.5 服务性企业开展业务控制的步骤

8.2.3 战略控制的层次

企业战略控制需要不同层次的经营管理来执行,一般而言,服务性企业的战略控制可以分为三个层次,即高层控制——战略控制层,中层控制——战术控制层,基层控制——业务控制层,如图8.6所示。

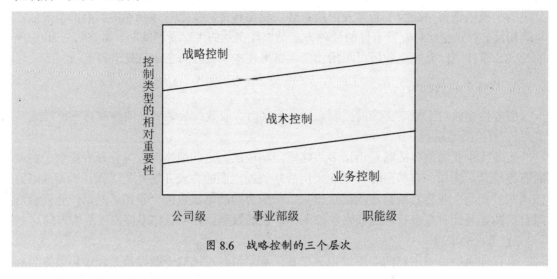

图 8.6 战略控制的三个层次

1. 战略控制

战略控制以服务性企业的高层领导为主体,关注的是与外部环境有关的因素和企业内部的绩效,着眼于企业发展与内外环境条件的适应性。战略控制层在完成战略组织后,将战略规划落实到战术控制层去执行,并对战术控制层进行领导、协调、监督和控制。由于战略控制涉及范围较广,时期较长,一方面需要适应市场的长期变化,另一方面又需要保持相对稳定,加上战略制定和实施的风险较大,因而其控制难度较大。

2. 战术控制

战术控制以服务性企业的中层领导为主体,主要处理战略规划实施过程中的局部、短期性问题。战术控制一方面需要服从企业总体战略规划的要求,另一方面又必须对企业的业务控制做出指导,因而,在战术决策的制定和实施过程中,企业的战术控制必须具有敏捷性、灵活性和独特性等特点。

3. 业务控制

服务性企业的业务控制是对负责具体业务的工作人员的日常活动的控制,它关注的是员工履行规定的职责和实现目标的绩效,处理近期活动,考虑近期(如月度、季度)业绩,通常有财务控制、生产控制、销售规模控制、质量控制和成本控制等方式,由企业的各级主管人员在日常工作中进行。

由于服务性企业提供服务的特性,其业务控制最好的获得方法就是对服务质量的普遍负责,但是,在具体的服务过程中,不同的服务人员提供的服务很难完全相同,同一服务人员为不同的顾客提供的服务也很难完全相同,这使得服务性企业对其提供服务的过程很难采用统一的标准来控制。在此介绍两种服务质量控制的方法以供借鉴。

1) 服务过程反馈系统

这种方法是将服务过程视为一种反馈系统(张跃先、康锦江，2006)，如图 8.7 所示，同时运用统计试验方法来测量控制输出量和可控变量的值，并确定其最优值，是一种控制服务过程的快速、有效的方法。

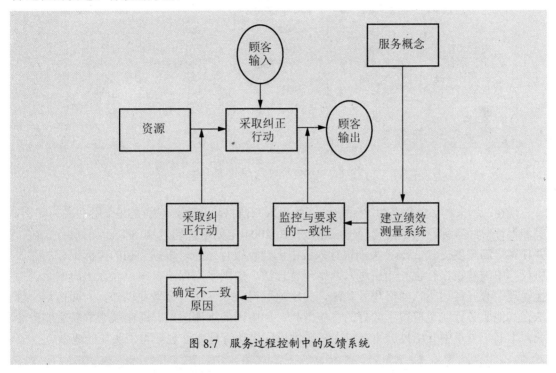

图 8.7　服务过程控制中的反馈系统

从图 8.7 可以看出，服务概念是设定服务性企业战略目标和建立绩效测量系统的基础，企业通过对服务本质化的理解，输入顾客和资源(技术、过程、有形展示和设备)，输出服务经历和服务结果。在反馈系统中，为使顾客输出与组织的战略目标保持一致，需要对顾客输出进行测量和监控，当测量结果与顾客需求不一致时，则要分析失误原因并采取合理的补救措施。

2) 六西格玛方法

六西格玛(6 Sigma)是一套系统的业务改进方法体系，是旨在持续改进企业业务流程，实现客户满意的管理方法。六西格玛方法通过系统地、集成地采用质量改进流程，实现无缺陷的过程设计，即面向六西格玛的设计(Design For Six Sigma，DFSS)，并对现有过程定义(Define)、测量(Measure)、分析(Analyze)、改进(Improve)、控制(Control)，简称 DMAIC 流程，如图 8.8 所示，消除过程缺陷和无价值作业，从而提高质量和服务、降低成本、缩短运转周期，达到客户完全满意，并增强企业的竞争力。

六西格玛方法是由美国摩托罗拉公司通信业务部的乔治·费舍首先提出的，当时的摩托罗拉公司虽有一些质量方针，但没有统一的质量策略，为了提高产品质量的竞争力，摩托罗拉公司将六西格玛这一创新的改进概念在企业内大力推广。采取六西格玛管理模式后，该公司平均每年提高生产率 12.3%。到了 20 世纪 90 年代中后期，通用电气公司(GE)的总裁杰克·韦尔奇在全公司实施六西格玛管理法并取得辉煌业绩，使得这一管理模式真正名声大振。

服务性企业战略管理

定义	测量	分析	改进	控制
◇ 发起项目 ◇ 定义流程 ◇ 定义关键流程输出变量	◇ 了解流程 ◇ 评估流程输入风险 ◇ 建立并评价测量系统 ◇ 测量初始流程绩效	◇ 分析数据 ◇ 区分关键变量优先顺序 ◇ 识别浪费	◇ 使用计划实验检验关键性输入 ◇ 设计改进 ◇ 试行新流程	◇ 最终确定控制系统 ◇ 验证长期流程能力

图 8.8　六西格玛的 DMAIC 流程[①]

现在，越来越多的服务性企业已经开始引入六西格玛管理，特别是在金融业尤为突出。美洲银行曾经宣称，六西格玛管理法让该行在 2004 年创造了超过 20 亿美元的财务收益，并使客户满意度提升 25%。美洲银行入股中国建设银行之后，根据当初的美洲银行的参股协议，中国建设银行也开始引进六西格玛管理法。中国平安保险公司已经在上海的全国后援管理中心开展运用六西格玛管理法，并迅速取得成效。除了金融业以外，六西格玛管理法在其他服务行业也取得了较好的实施效果，如中国的上海航空、海南航空等航空服务企业，本书第一章中介绍过的里兹·卡尔顿酒店应用该管理方法也获得了明显的成效。

典型案例

花旗集团实施六西格玛提高服务质量[②]

六西格玛方法把"缺陷"定义为导致顾客不满意和不快乐的任何事物。例如，以下顾客意见说明企业的服务低于最优状态：与你做生意有困难；你没有解决我的问题；你没有创新，你的系统落后；迟缓又复杂。

1997 年，花旗银行向其员工讲授六西格玛管理法的缺陷率降低和周期缩短策略。当时，很多人都认为缩短周期只适用于制造业，但花旗银行却发现周期缩短在消费金融和新兴市场等金融领域极其有用。

花旗银行私人银行部的客户有时会启用手动转账。当客户需要从自己的账户向外汇款时，他们会致电相应的银行职员，然后通过传真、电话，或邮件方式将要求处理交易的申请发送过去。由于流程过于复杂，客户的投诉非常多。多数投诉集中在私人银行部花费在完成流程的时间上，从"我不明白

---

① http://www.sbtionline.com.cn.
② 杨年峰. 全球金融行业与六西格玛的十年实践历程[EB/OL]. (2007-04-26). http://www. csteelnews.com. 编著者有改动.

服务性企业战略控制与评价　第8章

为什么你们没有收到我的申请"到"我的交易什么时候能确认"都有。据说，按照花旗银行的流程，如果所发的申请不是银行职员当天要优先处理的任务，那就有可能两三个小时以后才能到达后勤办公室。

在找到妨碍私人银行部达到客户完全满意的主要障碍后，花旗银行采用了六西格玛方法来解决这个问题。花旗银行的目标是到2000年12月份将其缺陷率和周期缩短到1/10，其后每两年再将缺陷率和周期缩短到1/10。

首先，由银行相关人员组成的团队确定整个转账流程，然后利用帕累托图列出缺陷并进行分析。缺陷图显示最高点是内部回叫程序，该程序要求员工致电申请转账的客户，确认所接收到的指示准确无误且无任何变更。在得知问题并进行改进之后，花旗银行每月的回叫次数从8 000降低到1 000，而且排除了73%的接入交易的回叫工作。

另外，花旗银行的全球现金和贸易组织采用了六西格玛方法来跟踪缺陷并记录结果。他们的做法是，对团队成员进行培训，包括确定合适的度量准则、确定基线、制定合适的标准并监控执行工作，这些方案都要求员工组成团队来解决所发现的问题。为此，花旗银行还专门成立了一个由80人组成的跨职能全球性团队。该团队首先确定了出资人，并成立了一个指导委员会来支持工作。他们邀请员工根据各自的专业和能力参与进来，协助制定解决方案。

在实施了六西格玛管理法的管理策略之后，花旗银行很多集团都通过缩短周期取得了惊人的成效，包括服务对象是富豪的私人银行——西半球。该集团内部回叫率降低了80%，外部回叫率降低了85%，信贷处理时间缩短了50%。该集团提高了从客户下订单到产品交货之间所有步骤的周期，并将信贷决策周期缩短了67%。

面对如此成效，花旗银行对于六西格玛管理法更加重视，在两年之内，让全球92 000名员工接受了六西格玛管理法的训练。

8.2.4 战略预警反应系统

传统的企业战略控制系统要关注战略计划的每个方面，并通过建立绩效标准、预算控制等手段来达到战略控制的目的。但是，随着信息化时代的发展，服务性企业生存的环境变化很快，各服务企业之间的竞争态势也在快速变化，这就要求企业战略控制系统能够更加快捷、更加敏感。在此前提下，战略预警反应系统越来越受到服务性企业管理层的青睐。

1. 战略预警反应系统的一般模式

企业战略预警系统的一般模式主要基于三个假设。

(1) 企业发展阶段可划分。服务性企业在不同的发展阶段，需要不同的战略计划和战略业务单位(Strategic Business Unit，SBU)组合，阶段更替规律和各阶段对企业战略的差异性要求，是企业采取不同对策的内在驱动力。

(2) 解决同一问题的技术具有周期性发展的特点，技术周期性突变决定着产业演进的方向和步伐，对企业研发和市场政策有重要影响。社会技术环境的变化或技术突变的外部压力，是企业进行组织变革的外在驱动力。

(3) 战略管理可从永久性目标、追求目标的过程、阶段性目标三个方面构建一个战略管理动态框架，通过这个框架，企业可以主动把握自身命运，驱动态势管理、过程管理、绩效管理三个车轮。

企业战略预警反应系统的一般模式包括五个组成部分(朱跃军，2000)：①核心战略团队，系统"有形的领袖"；②核心经营理念子系统，系统"无形的魂魄"；③现况改善子系统，企业生存曲线的执笔者；④未来创建子系统，企业发展曲线的设计者；⑤战略信息子系统，战略预警反应系统整个大厦的资料基础。

如图 8.9 所示，在这五个子系统的构造下，企业战略预警反应系统犹如一辆战略管理"战车"，在企业自身发展规律、技术发展周期、经营环境变化的驱动下，这辆"战车"通过主动预警和有效的战略反应，驱动"战略态势管理"、"战略过程管理"、"战略绩效管理"三个车轮前进。作为系统"有形的领袖"，核心战略团队直接指挥整个"战车"及各个子系统的活动；作为系统"无形的魂魄"，核心经营理念子系统对各个子系统，包括核心战略团队都有制约和指导作用；战略信息子系统作为系统的信息基石，是系统得以准确预警和有效反应的关键所在，它主要通过战略信息的"粗加工"实现预警功能，同时为其他子系统，特别是现况改善和未来创建子系统的有效运转提供资料支持，帮助企业不断谋求改进，及时回应变化的冲击，主动、提前进行战略变革，把握竞争主动权。

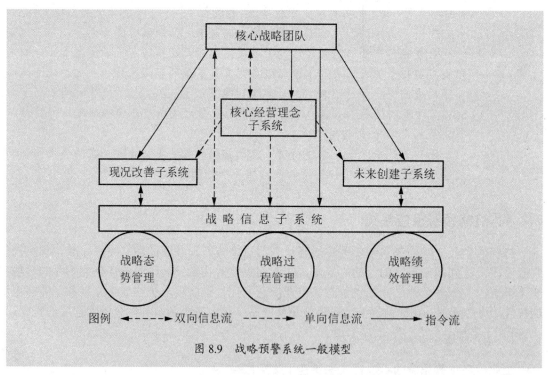

图 8.9 战略预警系统一般模型

对于服务性企业而言，通过五个子系统的有效运作，战略预警反应系统将企业的各项工作和资源连接在一起，围绕企业的战略工作形成了遍布企业各处的网络化关系，以及内外环境中的战略信息监控体系，从而使得企业能够敏锐地感知到内外环境的变化，并适时地进行战略调整。同时，战略预警反应系统又将各级员工纳入到战略工作范畴，使战略管理不再是"上面几个领导的事情"，这就最大限度地挖掘和释放了各级员工的潜能，激发员工的创造性，延伸了企业战略管理的触角。

2. 战略预警反应系统的运行机制

战略预警反应系统的运行机制可从预警和反应两个方面来说明。如图 8.10 所示，战略预警信息主要来源于战略信息子系统和核心经营理念子系统。其中，前者负责全面的持续监控、分析，后者主要对企业的重大战略行动是否坚持了核心目标追求和核心价值观，员工契约的内容是否遭到破坏，是否需要修复和修改等问题提出预警。从预警的领域划分，两个子系统的预警都可归于战略态势、战略过程、战略绩效范畴。

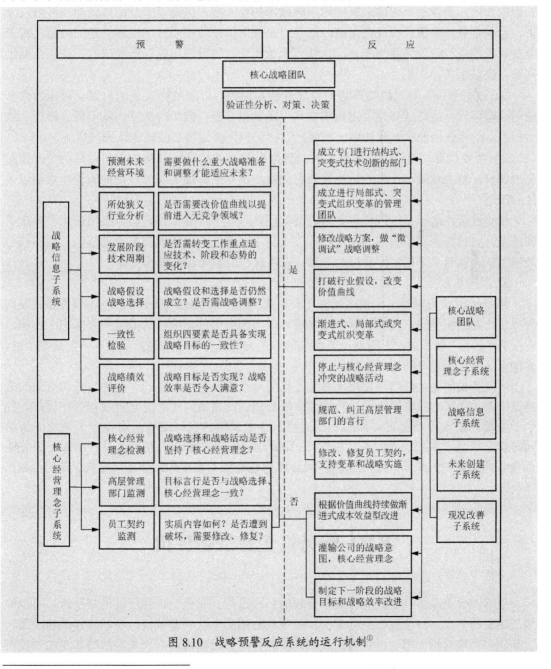

图 8.10 战略预警反应系统的运行机制[①]

---

① 朱跃军. 企业战略预警反应系统[EB/OL]. 德明顾问网.

1) 预警机制

战略信息子系统直接接受服务性企业的核心战略团队的指令开展工作，主要就下列几个方面预警。

(1) 态势预警。通过预测和推演未来，描绘企业将要置身其中的竞争环境，对环境做出判断，提前示警；通过绘制多条行业价值链，以及企业自身和竞争对手的价值曲线，进行持续监控和分析，对企业所在的行业、上下游企业发生了和将要发生什么变化，对企业的影响如何，企业是否应该采取应对措施做出初步判断，提前示警；通过企业发展阶段分析，绘制企业态势图，检视创新流，以及对企业所依赖的核心技术发展周期的分析，对企业是否需要进行阶段更替的准备，从整体上平衡生存与发展问题，转换战略工作焦点做出判断，提前示警。

(2) 过程预警。通过战略态势的持续分析和监控，以及战略实施的反馈，对服务性企业的战略假设、战略选择是否仍然成立和正确做出判断，向核心战略团队示警；进行一致性检测，对组织四要素一致性做出判断，发出警报，提请核心战略团队采取措施。

(3) 绩效预警。通过专项调查，对一定战略阶段的战略绩效从效率和目标两个方面做全面评价，对企业战略反应的敏捷性和有效性做出判断，提请服务性企业的管理者加以关注和改进。

核心经营理念子系统同样也在核心战略团队领导下开展工作，但与战略信息子系统不同的是，它的预警对象和内容在很大程度上集中在服务性企业的高层管理部门，包括核心战略团队，而且多采用定性分析的方法，它所进行的预警都是过程预警。

2) 反应机制

从图 8.10 中可以看出，战略预警反应系统的反应机制包括两个部分：①预警系统发出警报后，在组织变革、技术创新、战略调整等方面所做的响应；②持续的"常态"反应。在没有"异常"情况时，不断就价值曲线的三个方面进行渐进式创新和成本—效益型改进，灌输企业高层管理者的战略意图。

需要指出的是，战略预警反应系统是作为一个整体开展工作的。例如，任何有效的战略反应都是由核心战略团队经过验证性分析后做作的决策，而且受它直接指挥；同时，各个子系统的活动和功能实现都离不开战略信息子系统的资料支持，而各个子系统的活动同时也是信息子系统的"源头活水"，它们彼此之间存在密切的互动关系。因此，服务性企业要形成有效的预警—反应机制，就必须构建有效的企业组织体系，增强企业的动态反应能力。

8.3 服务性企业战略评价

战略评价是服务性企业进行战略管理的必要过程。服务性企业通过战略评价，可以检测战略实施效果，评价战略执行业绩，审视战略的科学性和有效性，不断修正战略决策，以期达到预期目标。服务性企业的战略评价包含两方面的内容：一是对战略本身的评价，二是对战略实施过程的评价。

8.3.1 战略方案评价标准

英国战略学家理查德·努梅特(Richard Rumelt)提出了战略评价的四条标准：一致(Consistency)、协调(Consonance)、优越(Advantage)和可行(Feasibility)。其中，协调与优越是针对外部环境评价的，主要用于检查企业战略的基础是否正确；一致与可行则主要用于企业内部评价，主要是检查战略实施过程中的问题。

1. 一致性

服务性企业的一个战略方案中不应出现不一致的目标和政策，企业内部的冲突和各部门间的争执往往是管理失序的表现，但它也可能是战略不一致的征兆。对此情况，建议采用以下三条判断准则。

(1) 尽管更换了人员，管理问题仍持续不断，以及如果这一问题好像是因事而发生而不是因人而发生的，那么便可能存在战略的不一致。

(2) 如果一个组织部门的成功意味着或被理解为意味着另一个部门的失败，那么，服务性企业的战略方案中可能存在不一致的问题。

(3) 如果政策问题不断地被上交到最高领导层来解决，就意味着企业的战略内容可能存在不一致的问题。

2. 协调性

协调性是指在评价企业的战略方案时，既要关注单个战略任务内部执行的协同性，又要关注战略组合的匹配性，即服务性企业的战略方案必须对外部环境和内部发生的关键变化做出适应性的反映。对于服务性企业的具体实践而言，协调性问题之所以经常出现，是因为外部因素常与内部因素纠缠在一起，相互影响，企业管理者必须判断究竟是哪一个或哪一些因素在起主导作用。

3. 优越性

服务性企业的战略方案必须能够促使企业在特定的业务领域保持竞争优势。服务性企业的竞争优势通常来自如下三方面的优越性：①资源占有和配置的优势；②服务和管理技能的优势；③良好的位置优势。

4. 可行性

对于服务性企业而言，最好的战略是可以实施的战略，因此，对战略方案最终的检验标准是其可行性，即企业能否依靠其人力、物力和财力资源实现预定的战略目标。一个好的战略规划，不仅不能浪费资源，更不能超出企业现有的资源边界。但需强调指出的是，对于服务性企业而言，尽管可用(存量)资源的约束是刚性的，但挖掘(增量)资源的方法却是多样的。以企业融资为例，内部财务公司、销售回租安排及将厂房抵押与长期合同挂钩等方式，均可有效地用于协助快速扩张的企业获得关键资源。因此，在评价战略规划时，不仅要注重服务性企业过去所执行的战略是否充分利用了各种资源，还要看现有战略规划是否能够激励企业通过各种创新手段，来扩大企业战略的资源基础。

8.3.2 战略绩效评价工具——平衡计分卡

在复杂多变的动态竞争环境中,全方位评价经营绩效是服务性企业了解自身运行情况、发现缺陷和不足之处并及时进行调整的有效途径。传统的绩效评价体系只由纯粹的财务指标构成,其最初形式为单一的财务指标,后来发展为采用由多个指标构成的评价指标体系,其中运用最为广泛的是杜邦财务分析体系。但是,大量的企业实践表明,单纯依据财务指标评价并不能真实地反映企业战略的绩效,因为它们可能忽视了企业创造未来价值的潜在能力,即只看重企业的短期绩效,而忽视了企业的长期发展。在传统的绩效评价体系面对今天的企业经营环境显得力不从心的情况下,平衡计分卡应运而生。

1. 平衡计分卡的基本构成

平衡计分卡(Balanced Score Card,BSC)源自哈佛大学教授罗伯特·卡普兰(Robert Kaplan)与诺朗顿研究院戴维·诺顿(David Norton)的研究成果,他们在对美国 12 家绩效管理成绩卓著的公司进行系统研究后,于 1992 年在《哈佛商业评论》上发表了《平衡计分卡:驱动绩效的量度》这篇文章。作为一种新的战略绩效评价体系,平衡计分卡受到全球企业界的广泛欢迎,据统计,到 2000 年为止,全球财富排名的前 1 000 家公司中,有 40%的公司在其管理体系中运用了平衡计分卡的方法。

平衡计分卡突破了传统的以财务为核心的计量评价体系,把企业的战略目标与实现的过程联系起来,把企业当前的业绩与未来的获利能力联系起来,通过评价体系使企业的组织行为与企业的战略目标保持一致。如图 8.11 所示,平衡计分卡将传统的财务指标和非财务指标结合起来评估企业的战略绩效,一套完善的平衡计分卡应该是从公司战略目标出发,从四个方面分别设定有助于达到战略目标的绩效管理指标。

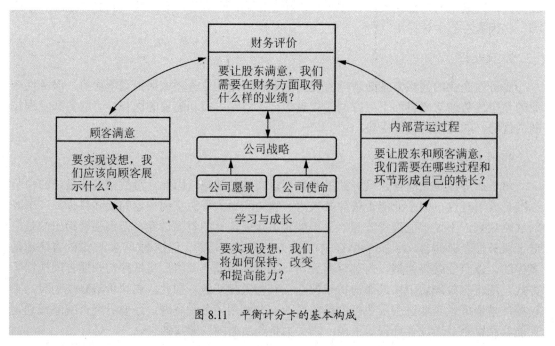

图 8.11 平衡计分卡的基本构成

1) 财务绩效指标

财务绩效指标(Financial)主要包括以下几种：①收入增长指标；②成本减少或生产率提高指标；③资产利用或投资战略指标。当然，也可以根据企业的具体要求，设置更加具体的指标，如经济增加值、净资产收益率、资产负债率、投资报酬率、销售利润率、应收账款周转率、存货周转率、成本降低率、营业净利额和现金流量净额等。平衡计分卡还要求企业根据不同发展时期的不同要求，选择相应财务绩效指标。

平衡计分卡的设计不是否认财务数据的重要性，而是在财务指标的基础上，对传统企业管理中因过度重视财务而忽视了其他方面造成的"不平衡"状况进行修正，使财务成为四项主要指标之一。

2) 客户绩效指标

现代管理理念认为，客户满意度的高低是企业成败的关键，客户指标(Customer)十分重要，这个理念尤其适用于服务性企业。对于服务性企业来讲，要想取得长期的经营绩效，就必须创造出受客户青睐的产品与服务，因此，企业的活动必须以客户价值为出发点。平衡计分卡在客户方面的绩效指标主要包括以下几种：①市场份额；②客户保留度；③客户获取率，即企业吸引或取得新客户的数量或比例，既可以用绝对数来表示，也可以用相对数来表示；④客户满意度，即反映客户对其从企业获得价值的满意程度；⑤客户利润贡献率，即企业为客户提供产品或劳务后所取得的利润水平。

3) 内部营运绩效指标

平衡计分卡的内部营运绩效指标(Internal Operational Processes)主要包括三个方面：①评价企业创新能力的指标；②评价企业生产经营绩效的指标，如产品和服务的质量、产品和服务的成本等；③评价企业售后服务绩效的指标，如售后服务的一次成功率、客户付款的时间等。

4) 学习与成长绩效指标

学习与成长绩效指标(Learning and Growth)主要考评企业获得持续发展能力的情况，主要包括三方面内容：①评价员工能力的指标，如员工满意程度、员工保持率、员工工作效率、员工培训次数、员工知识水平等；②评价企业信息能力的指标，如信息覆盖率、信息系统反映的时间、接触信息系统的途径、当前可能取得的信息与期望所需要的信息的比例等；③评价激励、授权与协作的指标，如员工所提建议的数量、所采纳建议的数量、个人和部门之间的协作程度等。

 相关链接

平衡计分卡早期使用者获得的成功

信诺保险集团(CIGNA Insurance)财产及意外险事业部于 1993 年引入平衡计分卡，帮助信诺从一个亏损的多元化经营者，转变成一个位居行业前列、专注主营业务的企业。其结果同样迅速和富有戏剧性，两年内，信诺扭亏为盈。1998 年，该公司的绩效迈入行业的前四强。

汉华银行(Chemical Retail Bank)(现在的汉华大通)——平衡计分卡于 1993 年被引入，以帮助银行吸收一家并购银行，引进更为一体化的金融服务，加速电子银行的使用。平衡计分卡明确地说明了战略的重点,并为在战略与预算间建立联系提供了构架。3年内,其获利率增长了20%。

Brown & Root 能源服务集团 Rockwater 分公司——1993年,该分公司总裁为管理团队引进了平衡计分卡,用以帮助两个新合并的工程公司明确战略并达成共识,将他们从低成本的小贩转变为有高附加值的合作伙伴。计分卡的设计过程被用于构建团队、鉴别客户价值目标的不同观点以及为企业目标达成共识。1996年,该公司的增长和获利率均在本行业位居榜首。

2. 平衡计分卡中的因果关系

平衡计分卡的四个层面是有因果关系的,就像四座紧密相连的桥梁,连接了战略与执行之间的鸿沟,如图8.12所示。平衡计分卡通过因果关系提供了把战略转化成可操作内容的一个框架。根据因果关系,服务性企业可对其战略目标进行划分,找出实现战略目标的几个子目标,这些子目标是各个部门的目标,同样地,各中级目标或者评价指标也可以根据因果关系继续细分直至最终形成可以指导个人行动的绩效指标和目标。

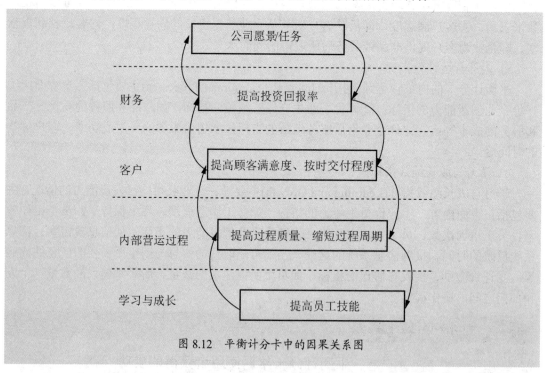

图 8.12 平衡计分卡中的因果关系图

例如,利用资本回报率可以是财务方面的一项平衡计分卡衡量方法。这一方法的使然因素可能是现有客户重复购买和购买量的增加,而这又是由于客户青睐程度高。因此,客户满意度被纳入平衡计分卡的客户方面,因为预计它将对资本回报率产生很大影响。

但是,服务性企业如何才能获得客户的青睐呢?对客户偏好的分析结果可能会显示,客户很重视产品按时交付和高质量的服务。因此,准时交付率和服务质量的提高预计将导致客户青睐度的上升,准时交付率和质量指标被纳入计分卡的内部营运过程方面;而要提高准时交付率，则需要在企业内部营运过程方面进行一系列的改善，包括对于各种流程的重组与优化，采用计算机信息系统等；要提高服务质量则需要加强服务质量管理，而要从根本上提高准时交付率和质量，则需要通过提高企业和员工的学习能力来实现(邓为民，2003)。①

由此看来，在平衡计分卡的管理体系下，服务性企业的发展目标可以被逐步分解并落实到每一个员工的行为上，因此，平衡计分卡不仅是一种管理手段，而且也体现了一种管理思想。

总之，一份好的平衡计分卡应当具有如下两个特征。

(1) 全面反映企业的战略。它应该确认和阐明评价结果和这些结果的绩效使然因素之间的因果关系，也就是说，被选中列入平衡计分卡业绩评价体系的每一项评价方法都应当是因果关系链的组成部分，这种由因果关系构成的评价链条把企业战略的含义传达给下属各级组织。

(2) 应当兼具衡量战略结果和发现绩效使然因素的综合作用。一份平衡计分卡如果仅有衡量战略结果的作用，而没有发现绩效使然因素的功能，那么，它就无法说明，企业怎样才能取得理想的战略结果，并且也不能及时显示企业的战略方案是否正在成功地实施。

3. 平衡计分卡的实施步骤

服务性企业应用平衡计分卡方法，需要综合考虑企业所处的行业环境、企业自身的优劣势，以及企业所处的发展阶段等，具体实施时一般包括如下步骤。

1) 发展愿景与战略目标的建立

服务性企业首先要确立企业发展的远景和战略目标，这些战略目标最好能够与各部门的绩效衡量指标相联系。同时，企业应成立平衡计分卡小组或委员会去解释企业的发展远景和战略目标，并建立财务、客户、内部营运过程、学习与成长四个方面的具体目标。

2) 关键绩效指标体系的设计与建立

本阶段的主要任务包括以下内容：①依据企业的总体战略目标和财务、客户、内部营运过程、学习与成长四类具体指标，结合企业的长短期发展需要，设计出有意义的绩效衡量指标体系；②针对设计出的指标体系，开展自上而下、从内部到外部的交流活动，征询各方面的意见，吸收各方面、各层次的建议；③根据各方面意见，对指标体系进行修改，使之达到平衡，即能够全面地反映和代表企业的战略目标。这一工作的具体方法和步骤如图 8.13 所示。

3) 加强企业内部沟通与教育

企业发展目标和指标体系确定好以后，服务性企业应利用各种渠道加强与内部员工的沟通，让各级员工能够了解、明确企业的发展远景、战略目标和绩效衡量指标，以及这些内容与员工发展的关系。

4) 与企业运营管理结合

围绕企业发展目标和指标体系，服务性企业应确定每年、每季、每月的绩效衡量指标的具体数字，并使之与企业的计划和预算相结合，要注意各类指标间的因果关系、驱动关系与连接关系。

---

① 邓为民. 信息时代的业绩评价工具：平衡记分卡[N]. 中国企业报，2003.

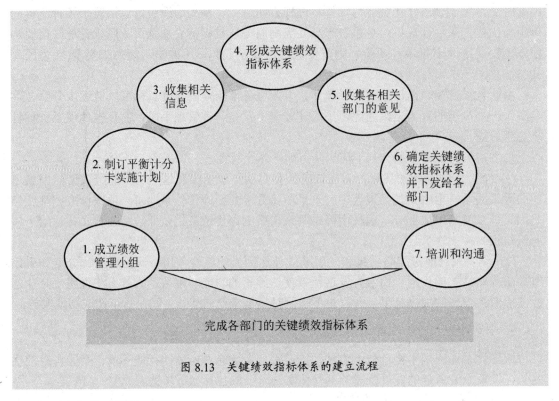

图 8.13　关键绩效指标体系的建立流程

5) 建立员工激励

围绕企业发展目标和指标体系，服务性企业应建立有效的员工激励机制，应将每年的报酬奖励制度与平衡计分卡挂钩。

6) 绩效指标体系的完善与提高

经过阶段性应用，服务性企业应搜集各方面反馈情况，对平衡计分卡的绩效指标体系做进一步的完善和提高。首先，应重点考察绩效指标体系的设计是否科学，是否能真正反映本企业的实际；其次，要发现绩效评价中的不足之处，并补充新的测评指标，以使平衡计分卡不断完善，更好地为企业战略目标服务。

4. 平衡计分卡的缺陷

尽管平衡计分卡的出现解决了一些绩效管理方面的问题，但很多已实施的企业却传出质疑的声音——平衡计分卡不仅未能解决企业绩效考核的难题，反而使考核变得更加无序，因为平衡计分卡自身存在着缺陷(赵凤敏、谯梁，2010)[①]。

1) 理论前提的缺陷

平衡计分卡假设企业处在一个静态的环境中，其绩效的各种要素均得到充分的理解，那么为企业绩效找到"正确的标准"也就可以实现了。但这样的环境在现实中是不存在的，任何一个企业从一开始就处在一个激烈的竞争环境里，未来的不确定性是他们面临的最大

---

① 赵凤敏，谯梁. 浅析影响平衡计分卡在我国本土化成功的因素[J]. 苏州大学学报(哲学社会科学版)，2010，(2).

的难题。平衡计分卡虽然在"平衡"性上表现突出,但它仍然改变不了绩效测量这一根本难题。

另外,平衡计分卡也不具有普遍统一性,其测量标准很可能随着单位的不同而有所变化。实践证明,就普遍性而言,也只有极少数的非财务标准可以普遍适用于整个组织。虽然这些个体经营单元独有的指标相当重要,但是按照平衡计分卡进行多部门评价的管理者常常会低估甚至忽略这些特别的指标。这种认识上的局限极大地降低了平衡计分卡在抓住经营单元特性方面的潜力。

2) 非财务指标难以建立

平衡计分卡中有一些条目是很难解释清楚或加以衡量的。尤其是非财务指标,往往需要企业长期探索和总结才可以建立起来,对于部分很抽象的非财务指标的量化工作就更加困难,如客户指标中的客户满意程度和客户保持程度如何量化,再如员工的学习与发展指标及员工对工作的满意度如何量化等。而且,企业会根据自身不同的情况设定不同的目标,这也使得在评价企业业绩时不可避免地带有主观因素。

3) 执行成本高

平衡计分卡要求企业从财务、客户、内部营运过程、学习与成长四个方面考虑战略目标的实施,并为每个方面制定详细而明确的目标和指标,即除了对战略有深刻理解外,还需要将其分解到各个部门,找出恰当的指标。落实到最后,指标可能会多达15~20个,进而会使得数据的考核与收集工作极为烦琐。此外,平衡计分卡的执行也是一个耗费资源的过程,一份典型的平衡计分卡需要5~6个月去执行,另外再需几个月去调整结构,使其规则化,从而总的开发时间经常需要一年或者更长的时间。当组织战略或结构变更的时候,平衡计分卡也应当随之重新调整,而负面影响也随之而来:因为保持平衡计分卡随时更新与有效需要耗费大量的时间和资源,以前以极高的成本和极长的时间建立的综合评价体系可能会发生较大改变甚至需要重新建立。

本 章 小 结

战略控制具有主动性、预防性和指导性的特点。服务性企业的战略控制过程可以分为设定绩效标准、绩效监控与偏差评估、纠正偏差、监控外部环境的关键因素等几个步骤。服务性企业战略控制的四种基本类型是前提控制、战略监督、应急控制和战略实施的控制。

服务性企业的战略控制可以分为三个层次:高层控制——战略控制层,中层控制——战术控制层,基层控制——业务控制层。在服务过程中,不同人员提供的服务很难完全相同,同一员工为不同的顾客提供的服务也难以相同,服务性企业的这一特性决定了其业务控制的最好方法是员工对服务质量的普遍负责。服务过程反馈系统和六西格玛是服务性企业经常采用的两种服务质量控制方法。

服务性企业的战略评价包含两方面的内容:一是对战略本身的评价;二是对战略实施过程的评价。一致(Consistency)、协调(Consonance)、优越(Advantage)和可行

(Feasibility)是战略评价的四条标准,平衡计分卡是服务性企业开展战略绩效评价的有效工具,它从财务、客户、内部营运过程、学习与成长四个方面分别设定有助于达到战略目标的绩效管理指标。必须注意的是,尽管平衡计分卡具有明显的优越性,但服务性企业使用它时还是应立足于自身的需求和环境特点。

本章思考题

1. 结合服务性企业的实例,解释战略失效的"浴盆曲线"。
2. 服务性企业开展战略控制的必要性是什么?
3. 服务性企业进行战略控制的基本类型是什么?它们之间有何联系?
4. 六西格玛方法是如何进行服务质量控制的?试结合服务性企业的实例说明。
5. 服务性企业战略预警反应系统的一般模式是如何运作的?
6. 服务性企业实施平衡计分法的步骤有哪些?

参 考 文 献

[1] A.Parasuraman, V.A.Zeithaml, L.L.Berry. *A Conceptual Model of Service Quality and Its Implications for Future Research* [J]. *Journal of Marketing*, vol. 49, Fall 1985.

[2] [美]彼得·圣吉. 第五项修炼——学习型组织的艺术与实务[M]. 郭进隆, 译. 上海: 上海三联书店, 2002.

[3] 陈继祥, 王家宝. 旅游企业战略管理[M]. 北京: 旅游教育出版社, 2006.

[4] 陈广. 星巴克攻略[M]. 北京: 企业管理出版社, 2005.

[5] 陈明光. 略谈中国古代商业史的几个问题[J]. 历史教学, 2007.

[6] 陈雪琼. 虚拟经营方式在酒店中的运用[J]. 北京第二外国语学院学报, 2002, (01).

[7] 程大中. 中国经济正在趋向服务化吗[J]. 统计研究, 2008, (9): 36-43.

[8] Dick,A.S., Basu.K. *Customer Loyalty: toward an integrated conceptual framework*[J]. *Journal of Academy of marketing Science*, Vo1. 22. 1994.

[9] 董大海. 战略管理[M]. 大连: 大连理工大学出版社, 2000.

[10] 邓为民. 信息时代的业绩评价工具: 平衡记分卡[N]. 中国企业报, 2003.

[11] 邓正红. 企业信息化与倒金字塔[J]. 博锐管理在线, 2007.

[12] [美]弗雷德·R.戴维. 战略管理[M]. 李克宁, 译. 北京: 经济科学出版社, 1998.

[13] 傅云新. 服务营销实务[M]. 广州: 广东经济出版社, 2002.

[14] [英]Gerry Johnson, Kevan Scholes. 公司战略教程[M]. 金占明, 贾秀梅, 译. 北京: 华夏出版社, 2003.

[15] 顾伟. 日本7-11便利店的经营理念[J]. 北京城市学院学报, 2006, (02): 64-66.

[16] 郭立, 吴文彬. 跟着顾客需要走: 北辰购物中心经营案例及分析[J]. 企业管理, 2002, (5).

[17] 韩顺平. 服务企业竞争战略研究[M]. 南京: 南京大学出版社, 2004.

[18] 韩伟. 关于服务承诺框架体系及其应用的研究[C]. 东北大学硕士学位论文, 2006.

[19] 何彪. 企业战略管理[M]. 武汉: 华中科技大学出版社, 2008.

[20] 黄其新. 旅游景区管理[M]. 武汉: 华中科技大学出版社, 2009.

[21] [美]James L.Heskett. 服务利润链[M]. 王兆刚, 译. 北京: 机械工业出版社, 2005.

[22] [美]加里·胡佛. 愿景: 企业成功的真正原因[M]. 薛源, 夏扬, 译. 北京: 中信出版社, 2004.

[23] 姜增伟. 论全球背景下中国现代服务业发展思路[J]. 商业时代, 2008, (25).

[24] [美]John A Pearce Ⅱ, Richard B. Robinson. 战略管理: 制定、实施和控制[M]. 王丹, 高玉环, 史剑新, 译. 北京: 中国人民大学出版社, 2003.

[25] [美]C.W.L.希尔, G.R.琼斯. 战略管理[M]. 孙忠, 译. 北京: 中国市场出版社, 2005.

[26] 揭筱纹, 张黎明. 创业战略管理[M]. 北京: 清华大学出版社, 2006.

[27] 康健. 论服务企业虚拟经营战略的研究视角[J]. 企业经济, 2009, (04).

[28] [芬兰]克里斯廷·格罗鲁斯. 服务管理与营销: 基于顾客关系的管理策略[M]. 第2版. 韩经纶, 等译. 北京: 电子工业出版社, 2005.

[29] [美]克里斯托弗·洛夫洛克, 约亨·沃茨. 服务营销(亚洲版)[M]. 第2版. 郭贤达, 陆雄文, 范秀成, 译. 北京: 中国人民大学出版社, 2007.

[30] 孔翰宁, 张维迎, 奥赫贝. 2010商业模式: 企业竞争优势的创新驱动力[M]. 北京: 机械工业出版社, 2008.

[31] 雷银生. 企业战略管理教程[M]. 北京: 清华大学出版社, 2006.

[32] [美]理查德·诺曼. 服务管理：服务企业的战略与领导[M]. 第3版. 范秀成，卢丽，译. 北京：中国人民大学出版社，2006.

[33] 李明. 传媒产业化催促媒介并购步伐[J]. 新闻实践，2009，(01).

[34] 梁东，刘建堤. 市场营销学[M]. 北京：清华大学出版社，2006.

[35] 刘大星. 共同愿景：创建学习型组织培训教程[M]. 北京：北京大学出版社，2004.

[36] 刘丽文，杨军. 服务业营运管理[M]. 北京：中国税务出版社，2005.

[37] 刘颖. 企业战略管理[M]. 北京：中国电力出版社，2007.

[38] 刘君强. 案例解读——波特战略[M]. 北京：中国人民大学出版社，2004.

[39] 罗时龙. 传统服务型企业战略选择与发展路径研究：以中国邮政集团公司为例[J].现代经济探讨，2008，(06).

[40] 罗影. 星巴克垂直整合[J]. 英才，2011，(01).

[41] 迈克尔·A.希特，R.杜安·爱尔兰，罗伯特 E.霍斯基森. 战略管理[M]. 吕巍，等译. 北京：机械工业出版社，2006.

[42] [美]迈克尔·波特. 竞争战略[M]. 陈小悦，译. 北京：华夏出版社，2005.

[43] Michael D.Eisner. 作客迪斯尼——客户服务的完美艺术[M]. 王华玉，译. 北京：机械工业出版社，2006：95.

[44] Nick a. Shepherd. 服务业的质量成本分析[J]. 良翰，编译. 质量译丛，2000，(01).

[45] [美]Paul Peter, Jerry C. Olson. 消费者行为与营销战略[M]. 韩德昌，译. 大连：东北财经大学出版社，2000.

[46] 潘皓波. 基于公司价值链的旅行社业务流程重组[J]，旅行社之友，2005.

[47] 裴中阳. 使命与愿景：企业历久不衰的真谛[J]. 现代企业文化，2010，(Z1).

[48] 盛梅. 日本7-ELEVEN：应对变化 朝令夕改[J]. 中外企业文化 2004，(12)：28-29.

[49] [美]Stephen P. Robbins. 管理学[M]. 黄卫伟，等译. 北京：中国人民大学出版社，1997.

[50] 孙树杰. 牛津新战略教程[M]. 北京：人民邮电出版社，2005.

[51] 孙敬平. 基于核心能力提升的企业虚拟经营模式研究[J]. 合肥学院学报(社会科学版)，2007，(01).

[52] 谭力文，吴先明. 战略管理[M]. 武汉：武汉大学出版社，2006.

[53] 田玉堂. 21世纪瑞海姆国际旅游度假村经营模式[M]. 北京：中国旅游出版社，2000.

[54] [韩]W.钱·金，[美]勒妮·莫博涅. 蓝海战略[M]. 吉宓，译. 北京：商务印书馆，2005.

[55] 王迎军，柳茂平. 战略管理[M]. 天津：南开大学出版社，2003.

[56] 王永贵，韩经纶. 不同服务企业的核心能力与绩效改进探析[J]. 南开经济评论，2002，(02)：28-32.

[57] 王永贵. 顾客资源管理[M]. 北京：北京大学出版社，2005.

[58] 王吉鹏. 企业文化建设的三种类型[EB/OL]. 中国物业管理师网，2008-01-03.

[59] 韦福祥. 服务质量评价与管理[M]. 北京：人民邮电出版社，2005.

[60] 项保华. 战略管理：艺术与实务[M]. 北京：华夏出版社，2005.

[61] 肖怡. 日本7—11便利店市场扩张战略分析[J]. 商场现代化，2001，(06)：29-31.

[62] 杨坤，肖淑玉. 服务型企业多元化战略的协同效应研究[J]. 未来与发展，2008，(01).

[63] 杨年峰. 全球金融行业与六西格玛的十年实践历程[EB/OL]. http://www.csteelnews.com, (2007-04-26).

[64] 叶万春. 服务营销学[M]. 北京：高等教育出版社，2001.

[65] [美]詹姆斯·A.菲茨西蒙斯，莫娜·J.菲茨西蒙斯. 服务管理：运作、战略与信息技术[M]. 张金成，范秀成，译. 北京：机械工业出版社，2006.

[66] 赵凤敏，谯梁. 浅析影响平衡计分卡在我国本土化成功的因素[J]. 苏州大学学报(哲学社会科学版)，2010.(02).

[67] 张德斌. 服务制胜的技巧与实例[M]. 北京：中国国际广播出版社，2003.
[68] 张世琪，黄浏英. 饭店业服务的互动质量分析及控制研究[J]. 商业经济管理，2004，(09).
[69] 张秀玉. 企业战略管理[M]. 北京：北京大学出版社，2006.
[70] 张跃先，康锦江. 服务过程控制中的反馈系统研究[J]. 科技进步与对策，2006，(05).
[71] 郑向敏. 中国古代旅馆流变[M]. 北京：旅游教育出版社，2000.
[72] 中国国家统计局. 2004年国际统计年鉴[M]. 北京：中国统计出版社，2004.
[73] 周明. 服务营销[M]. 北京：北京大学出版社，2009.
[74] 周三多，邹统钎. 战略管理思想史[M]. 上海：复旦大学出版社，2002.
[75] 朱跃军. 设立企业的预警反应系统[J]. 政策与管理，2000，(08).